中国档案学会
2024年度学术论文集

—— 档案信息化篇

中国档案学会档案信息化技术委员会◎编

中国文史出版社

图书在版编目（CIP）数据

中国档案学会 2024 年度学术论文集 . 档案信息化篇 / 中国档案学会档案信息化
技术委员会编 .

— 北京 : 中国文史出版社，2024.8.

— ISBN 978-7-5205-4760-4

Ⅰ . G270-53

中国国家版本馆 CIP 数据核字第 20249HG695 号

出 品 人：彭远国
责任编辑：戴小璇　　詹红旗

出版发行：中国文史出版社
社　　　址：北京市海淀区西八里庄路 69 号院　邮编：100142
电　　　话：010-81136606　81136602　81136603（发行部）
传　　　真：010-81136655
印　　　装：北京中科印刷有限公司
经　　　销：全国新华书店
开　　　本：787×1092　1/16
印　　　张：132　字数：2400 千字
版　　　次：2024 年 11 月北京第 1 版
印　　　次：2024 年 11 月第 1 次印刷
定　　　价：398.00 元（全 6 册）

出版说明

　　新时代档案信息化技术的开发与应用对推动档案事业高质量发展具有重要意义。在"十四五"全国档案事业发展规划目标的背景下，结合全国档案工作会议精神及全国档案信息化发展总体情况，探讨档案信息化的理论与实践，有助于总结档案信息化技术开发应用的相关经验，推动档案信息化技术水平的提升。为提供档案信息化技术前沿理论及应用的学术交流平台，中国档案学会档案信息化技术委员会组织开展档案信息化主题征文活动，各地档案工作者积极响应，结合工作实践和个人学术思考，踊跃提交论文。经评议遴选，结集汇编为《中国档案学会 2024 年度学术论文集——档案信息化篇》。入选论文主要围绕档案信息化主题，对相关的政策规范和制度体系、新技术的开发应用、电子档案管理和资源共建等领域展开了深入研究。

目 录

档案开放利用过程中围绕隐私保护法规对个人信息去标识化技术措施的探讨

高伟波[1]　李仲琴[1]　赫明春[2]

1 江西省地质局核地质大队

2 浙江大学计算机科学与技术学院

摘要：在信息开放和共享时代，频发的数据泄露事件以及公众对隐私保护意识的增强，如何在档案的公开利用中有效保护个人信息，已成为亟待破解的难题。本文围绕隐私保护法规对个人信息去标识化技术措施，探讨和评估了在档案开放利用过程中去标识化技术措施在遵循隐私保护法规过程中的应用与挑战。阐述了其主要技术方法，提出了一系列推动档案开放利用中个人信息保护的策略和建议，为档案管理部门提供了实践指导，同时也为信息科技专业人员在隐私保护领域的研究提供了理论依据和技术参考。

关键词：个人信息保护；去标识化技术；档案开放；隐私法规；数据安全

0 前言

在当今信息化快速发展的时代，公共档案的开放利用已经成为推动学术研究和社会发展的重要资源。然而，随着大量敏感个人信息的涌现，如何在开放利用档案中同时保护这些信息的隐私，防止数据泄露与滥用，成了一个严峻的挑战。本文通过探讨和分析在档案开放利用过程中，个人信息去标识化技术的应用及其法律合规性，以期找到有效的平衡点，既能保护个人隐私，又能利用历史数据的价值。在全球范围内，隐私保护逐渐成为法律体系的核心部分，特别是欧洲通用的数据保护法规（GDPR）和美国的 HIPAA（健康保险流通与责任法案），都为处理个人信息设定了严格的边界和高标准。

在档案利用查询的过程中去标识化尤为关键，其中的档案涉及公共档案和相关的历史文献等资料，当上述档案需要被社会机构或公众查询利用时，不可避免地会暴露其中所含的个人隐私等信息。通过去标识化处理，可以最大限度地减少泄露风险，使档案开放利用能够在不泄露个人隐私的前提下进行。

我国于 2017 年颁布实施《网络安全法》，从法律和技术规范双层面加强了对个人信息的立法保护，国家安全标准化技术委员会于 2023 年 3 月 23 日正式发布国家标准《信息安全技术个人信息去标识化效果评估指南》（GB/T42460-2023），该标准已于 2023 年 10 月 1 日起开始实施。组织和机构能否实现个人信息的去标识化是非常重要的合规义务，根据《个人指南》第 73 条第 3 款的规定，去标识化是指在不借助额外信息的情况下，对特定自然人进行身份识别而对个人信息进行处理的过程。目前，国家标准《信息安全技术个人信息安全规范》（GB/T35273-2020）明确了去标识处理的要求，国家标准《信息安全技术个人信息去标识指南》（GB/T37964-2019）细化了去标识活动的实施流程。《指南》则不断推动个人信息去标识技术、流程和配套的评价措施向精细化、量化方向发展，通过细化个人信息标识的分级和评价方法，为具体评价是否真正实现了有效地去标识提供指引。

1 档案开放利用过程中个人信息去标识化的定义及过程

在档案开放利用的过程中，对其中含有公民个人隐私的数据和信息进行去标识化，是一项确保隐私和数据安全的关键技术，其目的是降低个人信息被暴露的风险，同时又满足档案开放利用的基本准则。去标识化的目标是将档案资料中的个人信息处理成无法被识别和关联的状态，且无法被一系列关联数据所交叉识别[1]，这一技术在公共档案利用领域的数据处理中显得尤为重要。

去标识化技术的选用和实施是一个需要综合考虑技术、法律和实际操作的复杂过程。合理地应用去标识化技术，不仅能够保护数据主体权益，还对促进档案资料安全和广泛利用发挥着积极的作用，就查阅涉及公共个人信息的档案来说，其通常包括两个基本步骤：一是识别和去除明显的个人标识，如姓名、地址、电话、社保号码等；另一类是处理可能间接识别个体的信息，如年龄、职业、地理位置等，这类信息往往需要更复杂的数据处理技术才能实现。去标识化是指通过对个人信息的技术处理，利用假名、加密、哈希函数等技术手段，对个人信息进行识别替代，在不借助附加信息无法识别具体自然人的过程，与《信息安全技术个人信息安全规范》第 3.15 条的定义相同，并进一步指出保留个体颗粒度的去标识化。相比较而言，《中华人民共和国个人信息保护法》主要强调"可识别性"，而《信息安全技术个人信息去标识化指南》和《信息安全技术个人信息安全规范》则强调"识别性"和"关联性"，在一定程度上对于去标识化的认定有着更为系统和贴近技术层面的规范。

去标识化过程通常分为四个步骤，分别是确定目标、识别标识、处理标识和验证批准，而监控审查则贯穿整个过程，如图1所示：

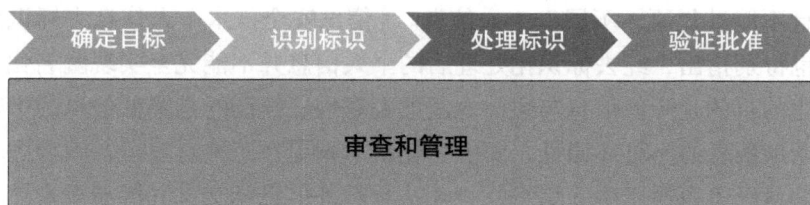

图 1　去标识化流程

2 去标识化与匿名化等定义之间的区别

在档案开放利用的过程中，去标识化与匿名化是两种常见但具有明显区别的个人信息保护技术。虽然这两者都旨在保护个人隐私，防止数据主体被识别，但在技术实施和法律意义上存在着重要的区别。

去标识化（De-identification）的核心在于从原始数据中移除直接标识符（如姓名、身份证号码等）以及可能通过合并其他数据而导致个体被认出的间接标识符（如职业、教育背景等）。去标识化的目标是减少将数据与其数据主体关联的可能性，但并不完全排除重新识别的风险。重要的是，去标识化处理后的数据，在某些情况下，若给定足够的额外信息，仍有可能重新连接到特定个体。因此，去标识化数据通常还需要配合其他保护措施和法律约束来确保数据的安全性。

相比去标识化技术，匿名化在隐私保护的技术层面做得更为彻底，其旨在通过技术手段将目标信息的关键属性彻底移除或改变，使数据与主体之间的关联性被彻底斩断和灭失。这个过程包括去除所有显性和隐性的可能暴露个人信息的标识，并对目标数据进行二次或多次的覆盖处理，包括乱序混淆和噪声干扰等，以确保目标信息在去标识化的技术层面做到绝对隐秘，这个过程也意味着输出的信息资料不再被定义为个人信息，相关的法律约束也不再适用。

虽然去标识化和匿名化等技术极大地提升了在数据隐私保护方面的作用，但将其应用于档案资料的开放利用领域必须综合考虑多方面的影响，例如在教育福利、社会研究和医疗卫生等领域，通过完全的匿名化和去标识化，很有可能导致拟使用的数据可用性、完整性和参考性大大降低，影响其学术价值、参考价值和决策价值，因此在选用合适的匿名化处理技术时，必须平衡隐私保护和数据可用性之间的互补关系。

按照《中华人民共和国个人信息保护法》的定义，去标识化信息在某些情况下仍有可能被复原，属于个人信息；而匿名化信息则无法识别到特定对象，且不能被复原，不属于个人信息。《信息安全技术个人信息去标识化指南》也特别指出，经去标识化处理后的个人信息并不能完全实现匿名化。去标识化的目的是降低信息与主体之间的关联性，强调的是降低信息的可辨识度，增加信息的不可还原性，而匿名化技术则更在意绝对安全，因为匿名化后的信息已不再属于个人信息，且无法与额外信息相交叉并溯源至主体，匿名化技术的目标是实现相对绝对的不可识别。

表 1　去标识化与匿名化技术的属性区别

	仅从该信息本身无法指向特定的个人	结合其他信息也无法指向特定的个人	处理后的信息不可能被复原为个人信息
去标识化	是	否	否
匿名化	是	是	是

（1）匿名化技术：通过特定的技术手段，对目标信息进行加工，使关键信息主体无法被识别，且加工后信息不可被还原。

（2）去标识化技术：利用技术手段对目标信息进行加工处理，使源信息在不依赖额外信息交叉验证的原则下，实现信息主体无法被溯源的过程。

（3）假名化技术：假名化技术是一种去标识化技术，使用随机字段替代目标字段（或其他敏感标识符）。

（4）K－匿名技术：在指定标识符（直接标识符或标准标识符）属性值相同的每一类价类中，K-匿名模型要求公布的数据中都包含至少 K 条记录，这样信息获取者就无法区分个人信息所属的特定个体，从而对个人信息安全起到保护作用。

根据描述中对去标识化与匿名化的定义，可看出匿名化的门槛（处理结果的识别的可读性标准）比去标识化门槛更高。同时，若一个技术被归类为匿名化技术，那么其技术方法一定满足去标识化的技术规范。假名化和 K－匿名一般指的是两种具体的实施技术，它们一定属于去标识化技术的范畴。而 K – 匿名（K-anonymity）的模型通过 K 个相同的记录，使得外接无法识别该记录的"个人信息主体"，可看作是一种理想的匿名化实现手段，但其与匿名化技术仍然存在不同，因为在 K – 匿名中，敏感数值的属性相同，相当于攻击者进行了"重识别攻击"，如图 2 所示，故而不满足匿名化的目标。

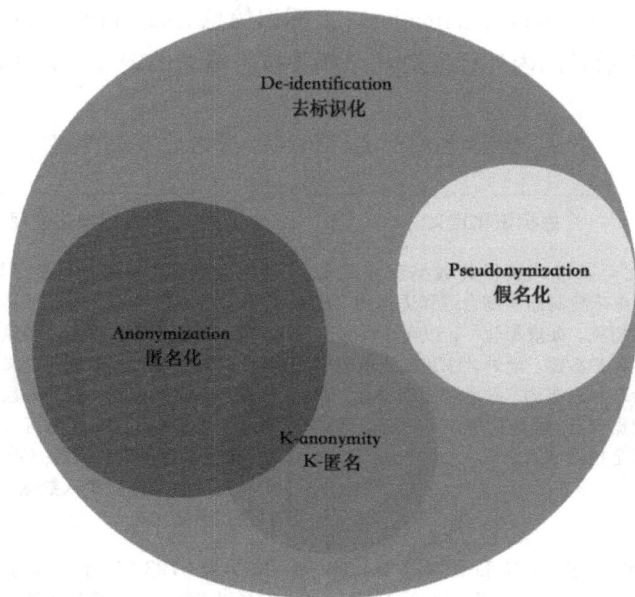

De-identification
去标识化

Pseudonymization
假名化

Anonymization
匿名化

K-anonymity
K-匿名

图 2　四个概念之间的关系

在档案开放利用的过程中，应用上述去标识化的技术，前提是必须遵循所在地的有关法规条款，满足其技术标准和流程规范。因此，档案信息的发布共享需要综合考虑目标资料的性质、用途、约束力以及后续可能产生风险的应对措施，从多个维度实现其合法性、安全性和可用性。

3 国际上对去标识化的定义

在国际范围内，随着数据驱动的研究和政策制定日益增多，档案的开放利用已成为一个重要议题。同时，个人信息的隐私保护也越来越受到重视。在这种背景下，去标识化作为一种保护个人隐私的技术手段，在档案开放利用中发挥着至关重要的作用。去标识化的定义通常涉及通过技术手段将档案中的明显的个人标识信息（如姓名、地址、电话号码等）通过技术手段转化为无法单独或关联其他信息交叉识别的状态。

除了匿名化、去标识化等概念外，在国内外的数据安全技术标准中，我们还可以看到另外两个更为相似的概念，假名化 (Pseudonymization)、K－匿名（K-anonymity）。需要注意的是，技术标准强调的是围绕技术所做出的应用，是实操过程，应用手段；而法规重视的是应用后得到的结果或者达到的目的，如匿名信息 (Anonymous information)、去标识信息 (Deidentified information)。如表 2、表 3 所示对国内外标准对几个相关技术概念的定义进行比较和辨析。

表 2　国际上对于去标识化（匿名化）的定义

地区	去标识化定义	去标识化使用
欧盟	假名化可以帮助履行其数据安全义务。GDPR 要求控制器实施合理和适当的"技术和组织措施，如虚拟化"，以在设计和默认情况下保护数据。此外，GDPR 要求控制员实施合理和适当的"技术和组织措施"，以确保数据安全。假名化是 GDPR 明确规定的两个安全措施示例之一	尽管化名并不是唯一一种足以免除控制人 GDPR 要求的技术，但 GDPR 认识到，化名"可以降低相关数据主体的风险，帮助控制人和处理者履行其数据保护义务"。因此，GDPR 为控制者以化名个人数据创造了重大激励。根据 GDPR，化名可以帮助控制器：(1) 履行其数据安全义务；(2) 出于科学、历史和统计目的保护个人数据；以及 (3) 减轻其违约通知义务
美国	《加州消费者隐私法案》(California Consumer Privacy Act, 简称 CCPA）"去标识"（Deidentified）指的是信息不能合理地 (reasonably) 识别、关联、描述、被联系在一起，或者说被链接，直接地或间接地，到特定消费者。提供商业使用的去标识的信息（满足）	CCPA 第 1798.145 条 (a) 款规定 CCPA 不规制经过去标识化处理的消费者数据。此外，HIPPA（Health Insurance Portability and Accountability Act）中确立了专家个案审查的去标识化制度，即由专家委员会对单一案例内的数据的可识别性进行判断，通过个案判断来更精确地判断去标识化数据的范围
日本	《个人信息保护法》：第二条第 9 款，本法中的"匿名处理信息"（Anonymously processed information）是指通过处理个人信息而产生的相关信息，它既不能根据采取以下规定的处理措施来识别到特定个人，也无法还原成个人信息。(i) 删除个人信息包含的个人描述部分等（包括将描述部分替换为其他描述部分，或者使用具有不可恢复的方法等）；(ii) 删除所述个人信息中所包含的全部标识符（包括将标识符替换为其他描述部分，或者使用具有不可恢复的方法等）	《个人资料保护委员会秘书处的报告：匿名处理信息》：关于匿名处理信息的处理和适当处理，由第三方组织（即个人信息保护委员会）提供最低标准，而经认可的组织等应制定个人信息保护政策和其他特定的自愿性规则，以及促进相关业务运营商遵守此类规则。期望通过这种措施来确保正确地使用个人数据，从而确保公众的安全感

表 3　国际上对数据脱敏程度的表达方式

	结合其他信息可识别	合理可能的不可识别	不可复原的不可识别
中国	去标识化		匿名化
欧盟	假名化	匿名化	

欧盟认为，去标识化处理后的信息仍是需要遵守个人信息处理相关规则的个人信息，我国采取的立法模式与欧盟类似。但是美国的立法模式不一样，它是以促进数据自由流通为导向的，所以 CCPA 直接规定它不适用于去标识化处理的个人信息，并且在非常大程度上给予了这类数据授权豁免，加快了数据的流通使用，体现了立法意图，尽可能地促进数据创造它的价值。此外，欧盟和中国都强调客观上不能认定去标识化，而美国则要求信息处理者既要客观上不能合理认定具体个人，又要在主观上确保不会重新认定。而美国 CCPA 对去识别性信息的定义为"去识别性"，是指企业或相关组织无法通过已知条件，直接或间接地识别特定消费者的信息。

对国外法规标准进行研究后得出结论：

（1）欧盟（GDPR）和日本（《个人信息保护法》APPI）在法规中多采用匿名化 (Anonymization) 相关概念。

（2）美国的法规（如 HIPAA, CCPA）采用去标识化（De-identification）的相关概念。

（3）美国的 CCPA 对去标识信息（De-identifiedinformation）定义比欧盟的GDPR 对匿名信息 (Anonymous information) 的定义门槛更低，但 CCPA 对此类数据做了更多的限制，通过法规和技术措施防止重识别；GDPR 语境下的匿名信息不是个人信息，不受 GDPR 的重重管制。

（4）欧盟的 GDPR 对匿名信息的判定"合理且可能"的识别手段，《关于匿名化技术的意见书》可看出需要企业向相关的管理局提供评估报告。日本的做法与欧盟不同，在《个人信息保护法》及标准明确指出由个人信息保护委员会提供最低标准，标准更加统一且具体。

在档案开放利用的操作实践中，去标识化不仅需要技术的精确执行，还需评估开放利用后的档案去标识化后的再识别风险[2][3]，即使档案资料已经按照高标准进行处理，也存在因技术进步或数据泄露等原因导致隐私侵犯的可能。因此，我们必须建立可持续监控和评估去标识化效果的业务流程，如图3所示，以确保连续的安全性和合规性。

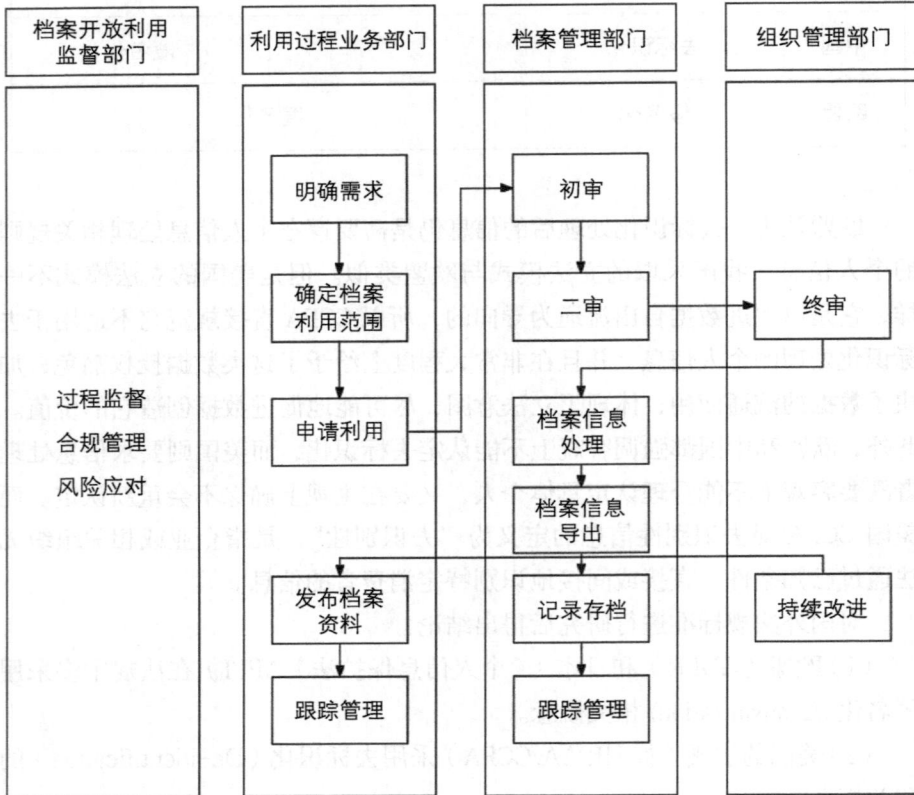

图 3　组织去标识化业务流程图

目前国际上对档案开放利用过程中的去标识化定义，普遍共识是一系列技术和过程的集合，其主旨在从拟开放的档案信息中，通过技术手段去除或隐秘可以直接或间接识别个人身份的信息[4]，同时保留档案信息的实用性，此过程可实现在不泄露个人身份的情况下促进档案信息的利用或共享。

4 档案开放利用过程中去标识化的原则

档案开放利用过程中去标识化，应遵循以下四项原则：一是符合我国现行法律法规、标准规范、行业准则以及档案利用中各方对个人信息安全保护的有关规定；二是坚持资料的可用性，在保证信息安全的前提下，保留档案资料的有用性，确保利用目的达到预期；三是技术应用与管理手段相结合，通过齐抓共管，事半功倍的举措让档案开放利用在合规高效的隐私保护框架下，达到最佳效果；四是持续改进方法，积极地采用新技术、新工具对档案开放过程中的数据资料进行定性保护评估，保障数据安全。

在档案开放利用过程中，去标识化技术框架是保证信息安全的重要措施[5]，本文结合应用实践，设计了以数据识别、去标识化过程、评估以满足要求、制度建设、技术规范与实施以及持续改进等六部分为核心的去标识化技术框架，如图 4 所示。

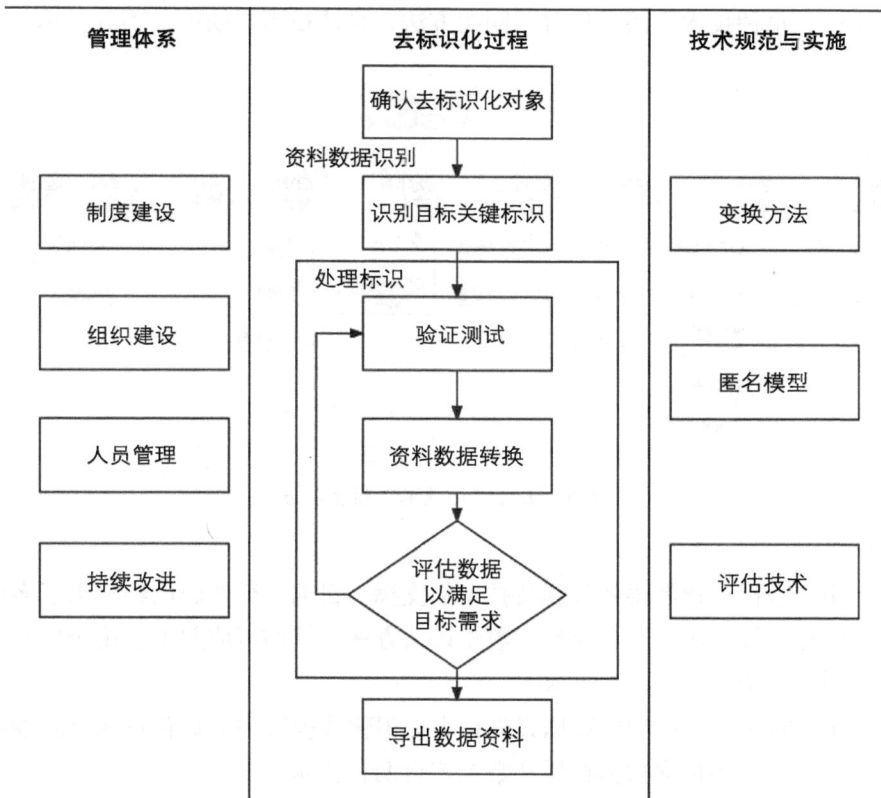

```
┌─────────────────┬─────────────────────────────┬─────────────────┐
│  管理体系        │      去标识化过程            │  技术规范与实施  │
│                 │   ┌──────────────────┐       │                 │
│                 │   │  确认去标识化对象  │       │                 │
│                 │   └──────────────────┘       │                 │
│                 │      资料数据识别            │                 │
│ ┌─────────────┐ │   ┌──────────────────┐       │ ┌─────────────┐ │
│ │  制度建设    │ │   │  识别目标关键标识  │       │ │  变换方法    │ │
│ └─────────────┘ │   └──────────────────┘       │ └─────────────┘ │
│                 │    处理标识                  │                 │
│ ┌─────────────┐ │   ┌──────────────────┐       │ ┌─────────────┐ │
│ │  组织建设    │ │   │  验证测试         │       │ │  匿名模型    │ │
│ └─────────────┘ │   └──────────────────┘       │ └─────────────┘ │
│ ┌─────────────┐ │   ┌──────────────────┐       │                 │
│ │  人员管理    │ │   │  资料数据转换      │       │                 │
│ └─────────────┘ │   └──────────────────┘       │                 │
│ ┌─────────────┐ │      评估数据              │ ┌─────────────┐ │
│ │  持续改进    │ │     以满足目标需求          │ │  评估技术    │ │
│ └─────────────┘ │   ┌──────────────────┐       │ └─────────────┘ │
│                 │   │  导出数据资料      │       │                 │
│                 │   └──────────────────┘       │                 │
└─────────────────┴─────────────────────────────┴─────────────────┘
```

图 4   去标识化体系框架

首先，在数据识别阶段需要识别出档案中包含的敏感数据，采用适当的技术工具和解决方案来实施去标识化处理[6]，并按照类型对数据进行分类和标记，在接下来的去标识化过程中，选择合适的去标识化技术对目标数据进行脱敏处理并开展风险评估，评估依据主要以相关法律法规和政策为基准，确保档案开放利用过程中的隐私保护要求，与此同时，需要建立一个事后持续跟踪机制，持续地监控和审计上述流程的有效性，并进行事件响应。

去识别技术是一种用于变换数据集的方法，其目的是减少数据与特定数据主体相关联的程度。目前常用的去标识化技术主要有统计技术（Statistical tools）、密码技术（Cryptographic tools）、抑制技术（Suppression techniques）、假名化技术（Pseudonymization techniques）、泛化技术（Generalization techniques）、随机技术（Randomization techniques）、合成技术（Synthetic data）、K-匿名模型（K-anonymity model）和差分隐私模型（Differential privacy model）。每种技术下面又包含不同的方法，具体技术、模型如图 5 所示：

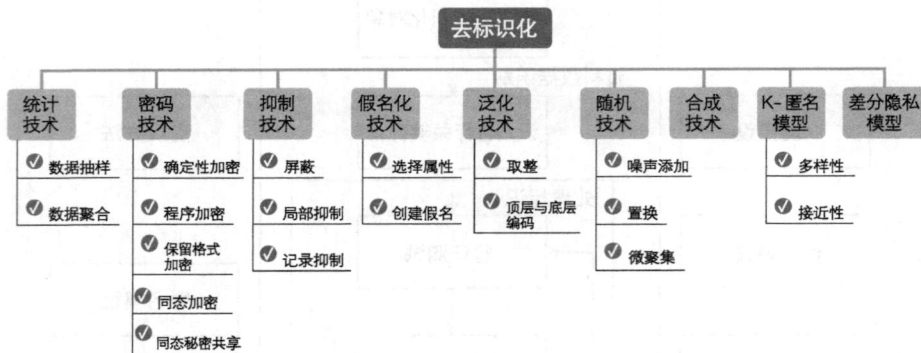

图 5　去标识化技术及模型特点

实现去标识化需要依赖相关技术的支撑。目前，行业内已经提出了多种去标识化变换方法、匿名模型和数据评估方法，其均可成熟地应用于档案开发利用过程中 [7]，如表 4 所示。

统计技术：是一种对数据集进行去标识化或提升去标识化技术有效性的常用方法，主要包含数据抽样和数据聚合两种技术。

密码技术：包括确定性加密、保序加密、保留格式加密、同态加密、同态秘密共享。

抑制技术：即对不满足隐私保护的数据项删除，不进行发布，包括屏蔽、局部抑制和记录抑制。

假名化技术：是一种使用假名替换直接标识（或其他准标识符）的去标识化技术，包括独立于标识符的假名创建和基于密码技术的标识符派生假名创建。

泛化技术：是指一种降低数据集中所选属性颗粒度的去标识化技术，对数据进行更概括、抽象的描述，包括取整、顶层与底层编码。

随机技术：指通过随机化修改属性的值，使得随机化处理后的值区别于原来的真实值，包括噪声添加、置换、微聚集和数据合成技术。

合成技术：以预设的数据集为样本库，通过人工定义的方式生成微数据，以标识匹配的数据模型。

表 4　个人档案隐私信息去标识化技术解析

技术方法	原　理	举　例
抑制技术	对标识符数据项进行抑制处理，对其进行删除或者隐藏。屏蔽可以针对整个数据项进行，也可以选择对数据项的一部分进行	屏蔽身份证号"13870000000"时，可选择直接删除，也可使用"1387******0"代替
随机技术	使用随机产生或分配的数据代替原来的数据项，随机方法可以包括噪声添加、完全随机产生、数据项重排置换等	中文姓名使用随机生成的姓和汉字表示，如使用随机生成的"三五一"代替"赵钱孙"
泛化技术	通过降低数据精度，使用概括、抽象的办法表示原有的数据项。对于数值型数据项，可以使用取整、取最大值等方法对数据进行泛化	如实数数据"3.14159"可以泛化为"3.1"；如"李一二"可以泛化为"李某某"
密码技术	采用密码学方法对数据项进行变换，包括对称加密、非对称加密和杂凑运算等。如果需要保留原有数据项的某些特性，还可以使用保序加密或保留格式加密等算法	如家庭住址"幸福路海湾小区66号"可以加密为"XFLHWXQSSN"

档案开放利用过程中实施去标识化的原则必须是仅对必要的个人数据进行处理，同时开展全流程的风险评估，其作用在于降低目标档案信息的重识别风险[8][9]，并在遵守保护法规的前提下，通过一系列制度和管理措施防止档案信息的超范围扩散，持续监督以改进工作手段，实现去标识化后的档案信息质量符合开放利用的基本条件。

5 结论

在信息技术高速发展的时代背景下，去标识化技术是保护个人隐私同时实现档案开放利用的有效工具。通过合理应用数据脱敏、伪装、数据聚合等技术方法，可以在大幅降低个人信息被识别风险的同时，保留数据的研究与应用价值。但是，单纯地依靠技术手段难以实现个人信息的绝对去标识化（匿名化），而且过高的匿名化标准要求还会对应用中数据的质量产生负面影响。因此个人信息去标识化，可以作为保障个人信息安全和促进信息利用的一项重要举措，同时，对个人信息进行去标识化处理，还可以避免第三方根据开源情报、大数据直接识别出原始目标，从而增强个人信息的安全性。去标识化技术在档案开放利用中发挥着重要的作用，若要在保护个人隐私和促进信息共享之间找到平衡点，必须不断完善去标识化相关技术、加强法律法规建设，提升社会对档案开放利用过程中隐私保护机制的认识，整体提升档案共享利用机制和数字政府建设过程中的效能水平。

注释及参考文献

[1] 聂云霞，李欣然，舒丽莎.《个人信息保护法》观照下档案开放利用的路径优化 [J]. 中国档案,2023(12):64–66.

[2] [5] 陈忠海，吴雁平，刘东斌. 档案开放利用及相关概念辨析 [J]. 档案管理,2023(5):40–43.

[3] [7] [8] 刘子聪. 档案开放与个人信息删除权冲突的内在机理及其纾解策略 [J]. 中国档案,2023(4):24–26.

[4] 张博. 数据跨安全域流动的重点政策要求及实践研究 [J]. 保密科学技术,2023(1):28–34.

[6] [9] 郑佳宁. 数据匿名化的体系规范构建 [J]. 政法论丛,2022(4):61–71.

档案数字化与执法信息化加速融合
助力科技治超的探索和实践
——以山东省滨州市沾化区为例

苏同磊

滨州市沾化区交通运输事业服务中心

摘要： 货车超限运输不仅降低公路和桥梁使用寿命，严重破坏公路设施，而且危害交通安全，极易引发事故。本文在持续深化档案信息化建设和数字化转型，稳步推进机关业务系统电子文件归档与管理试点评估的大背景下，介绍滨州市沾化区治理公路货运车辆非现场执法模式，提出将执法信息化建设与电子档案资源建设相结合，克服传统公路治超模式弊端，共同助力交通运输行业治理能力提升的思路，并在行业治理中付诸实践，取得了良好的效果。不仅推动了档案数字资源"增量电子化"，而且通过提供检索、查询和利用，全面展示执法过程，发挥了重要的凭证价值，有效解决了行政执法争端，为同行业开展公路治超执法工作提供了重要参考和借鉴。

关键词： 超限超载；档案数字化转型；增量电子化；非现场执法；行政执法电子卷宗

0 引言

据统计，如果货车超限超载50%左右，公路使用年限将缩短约80%；我国载重货车80%以上道路交通事故的主要原因是超限超载，超限超载给国家和群众生命财产安全造成了巨大损失。近年来，国家档案主管部门、各级政府及交通运输等职能部门相继出台了不少电子文件归档管理方面的规范性文件，通过制定法律法规、发布规划和行业标准对电子文件归档、信息化建设、电子档案管理等方面都作出了要求和规范。浙江、北京、上海、深圳等地相继出台了电子档案管理或电子文件归档的规范性文件或地方标准。《山东省行政执法案卷管理办法》对行政执法电子卷宗做出了专门规定。同时为适应大数据时代行政执法电子案卷井喷式增长的新形势，饶阳、巴南等一些基层交通运输部门也制定了相应的规范性文件，依托办案系统对执法全过程进行归档并数据化记录。本文聚焦交通运输部门治理公路货车超限超载这一典型领域，就如何做好执法信息化建设与档案数字化转型的融合文章，共同推动将行政执法活动纳入行政执法信息化系统，逐步实现行政执法案卷增量电子化管理，从而破解传统治超模式的先天不足展开研究。

1 沾化区公路治超工作现状及存在的突出问题

1.1 沾化区公路治超工作现状

沾化区北部沿海靠港，发展临港产业具有得天独厚的资源优势和交通便利。近年来，通过优化资源配置，大力培育产业集群，先后引进了魏桥创业、中海精细化工、日科橡塑等大型龙头企业，逐步发展成为鲁北地区重要的盐化、石化、矿石及建筑材料集散地、货源地和中转站，公路货运量激增，物流运输四通八达。滨州市沾化区交通运输局下属的交通运输综合行政执法大队是承担辖区内公路货运车辆超限超载治理职能的专门执法力量，受综合行政执法改革编制锁定，人员只出不进等政策影响，现有的 28 名执法人员中 50 周岁以上 21 人，占全队总数的 75%。大队负责辖区内 225.91 公里的干线公路（4 条高速公路、3 条国道、2 条省道）以及 2313.8 公里的农村公路路政管理工作，2021—2023 年年均办理公路超限超载案件达到 420 余件，"小马拉大车"、执法力量不足、队伍人员老化等不利因素给交通运输治理带来了很大的压力，继续依靠执法人员开展路面执法的传统治超模式已经难以为继。

1.2 沾化区公路治超存在的突出问题

货运车辆超限超载治理工作是一项长期而艰巨的任务。由于公路运输线长、面广、点多，交通执法力量的路面管控虽显效快，但是执法成本高、人力少、难度大，治理过程中普遍存在"发现难""取证难""处理难"三大弊端，同时还存在"人情执法"和效率较低等突出问题。

2 档案信息化破解行业治理难题的思路和措施

2.1 应对沾化公路治超新形势的思路

为有效应对沾化公路货运车辆超限超载治理的新形势，沾化区依托"公路超限综合监控平台"，通过公路治超行政执法全过程数据化记录和数字化归档管理（含图像和电子数据信息和其他信息），着力破解超限运输车辆 24 小时自动检测、识别号牌、信息筛录（发现难），执法过程中形成的电子文件、电子档案实施全程集中管理（取证难）以及证据内容真实性存疑（处理难）等突出问题，在提升公路超限超载治理执法水平和工作效率方面进行有益的探索和实践，为档案信息化赋能行业治理提供可行的新方法、新对策。

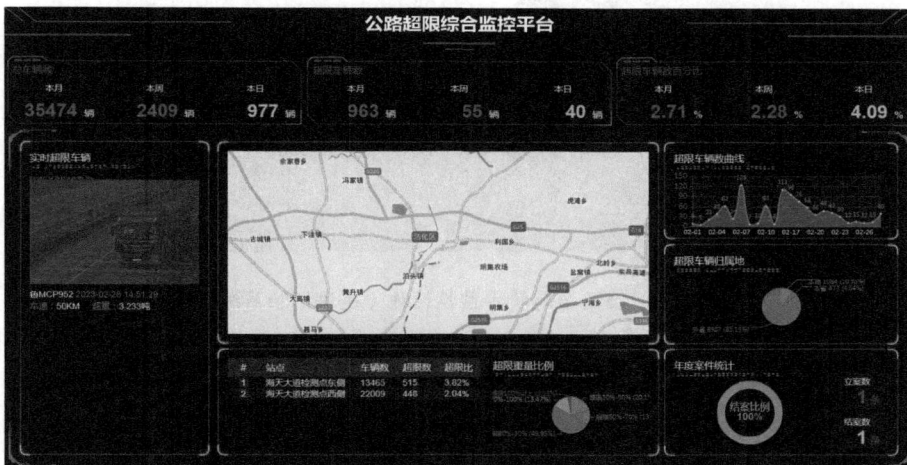

图 1 公路超限综合监控平台

2.2 档案信息化赋能公路治超行业治理的具体措施

2.2.1 政府主导，不断提升行业治理智慧监管水平

近年来，沾化区委、区政府把科技治超作为一项重点工程来抓，在组织、经费、人员等方面提供全要素保障。区交通运输局按照"政府主导、数据赋能、智慧监管"的工作思路，探索和引入非现场执法模式，加快执法设施和设备提档升级，融合应用人工智能、大数据、数据甄别与动态检测等互联网和云计算技术，运用公路超限综合监控平台开展行政执法工作，全力打造沾化公路货车超限超载治理智慧监管新模式。

2.2.2 走访调研，科学规划技术监控设施布局

对沾化辖区国省干线及重要农村公路进行实地走访调研，将技术监控设施布局规划与公路路网规划相衔接，通过整合大量调研数据及执法经验分析研判，选择在套尔河港区（重点货运源头）货运车流量较大、路面拥堵情况

图 2-1　公路治超技术监控设施（违法抓拍系统）

图 2-2　公路治超技术监 M 控设施（动态检测系统）

较为严重的海天大道路段设置超限运输车辆技术监控设施并列入《山东省治超非现场执法监测点"十四五"布局规划》，于2022年7月投资180余万元建成海天大道超限检测技术监控设施，靠电子案卷固定违法事实，通过数据赋能执法实现智慧化转型和精准高效执法。

2.2.3 深度融合，合力推进治超系统平台应用

图3　行政处罚电子案卷管理模块

2021年新修订的《行政处罚法》实施后，非现场执法模式受到各级、各领域行政执法机关的广泛关注。[1] 新法明确了电子证据在行政处罚中的地位，为非现场执法模式应用于治理公路运输超限超载提供了法律基础。为确保公路超限综合监控平台形成的电子证据合法效力，保障证据链完整清晰、证据收集全面、证据制作规范、执法过程严格，沾化区交通运输局主动邀请档案管理部门专家参与治超系统平台建设和验收，按照"前端控制、全程管理"原则，将《交通运输行政执法程序规定》与《电子文件归档与管理规范》（GB/T 18894）、《电子文件管理系统通用功能要求》（GB/T 29194-2012）相结合，设置案卷管理模块，对行政执法过程中直接形成的，具有保存价值、反映执法过程的各种载体和形式的电子证据、执法文书等电子记录材料进行

收集、整理、归档，自动抓取文书要素生成执法文书和案件卷宗，实现电子案卷的捕获登记、分类组织、鉴定处置、统计管理、存储保管和检索利用。档案专家从电子证据的收集、整理、归档、保管、保密、借阅、移交、鉴定、销毁等多个方面提供指导建议，同时对如何采取措施有效保障电子案卷的真实性、可用性、安全性和完整性给出了专业意见。公路超限综合监控平台对电子数据、电子文件、电子档案实施全程和集中管理，实现电子卷宗的形成、积累、归档、保管、利用、统计等全过程控制。

3 业务系统与档案信息化融合产生的实施效果和社会影响

电子文件作为信息时代政府管理、经济运行、社会运转和历史传承的重要工具和载体，是国家的核心战略资源。[2] "公路超限综合监控平台"作为交通运输部门开展公路货车超限超载治理的业务系统，在运行中直接形成的电子案卷对于规范治超非现场执法工作、维护货运相关从业人员合法权益、促进纸质档案存量数字化和增量电子化具有重要的实践价值和现实意义，是科技治超领域执法信息化与档案数字化融合发展的典型应用，将为交通运输部门货运车辆超限治理工作和其他部门机关业务系统电子文件归档与管理提供重要的参考和借鉴。在档案的形成过程中，交通运输部门与档案部门共同配合，进行整体数据梳理，制定归档管理规范，电子档案在业务应用中发挥的积极作用，使业务管理与档案管理越发密不可分，从而打破业务孤岛，沉淀数据资产，挖掘数据价值，真正做到档案数据资源为行业治理赋能 [3]。

3.1 实施效果

治超非现场平台的建成及使用不仅告别了"人海战术"的传统治超模式，提高了执法效率，同时避免了"托人情""走后门"等不正之风，形成了超限超载治理高压态势。截至 2024 年 3 月，沾化区共检测货车 326636 台次，查处超限超载车辆 780 余台次，卸载货物 27600 余吨，重点路段货运车辆超限超载率由原来的 11% 下降到 0.05% 以下。公路货车超限交通事故起数、受伤人数、死亡人数、财产损失较上年分别下降 30.64%、34.02%、17.19%、44.2%。超限运输治理能力有效提高，为"品质滨州"建设提供了强有力的交通支撑。

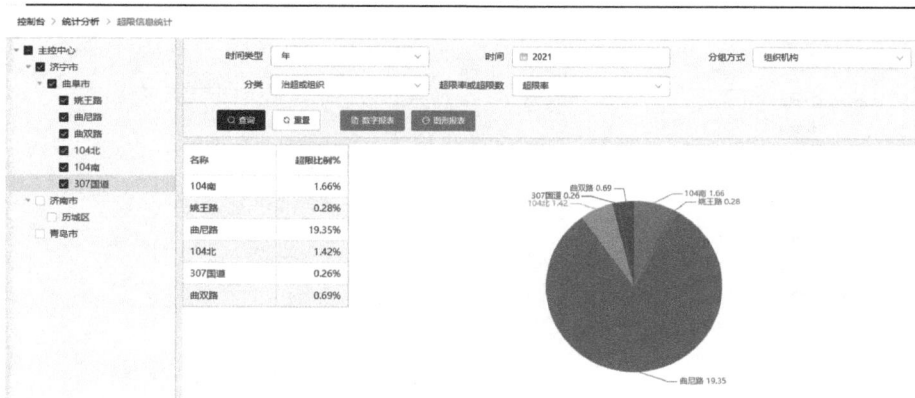

图 4   超限率统计分析

3.1.1 科技赋能，治超更智慧

公路超限综合监控平台形成的电子数据，严格遵循档案管理和交通运输执法相关法律法规及技术规范是超限运输治理的有效凭证，具有可验证性、可还原性等证据可靠性、关联性、完整性的显著特点，可以形成"事实清楚、证据确凿、程序正当"的行政执法电子案卷，对于帮助执法部门收集、保管违法行为证据，佐证超限运输违法行为事实起到了一锤定音的显著效果，成为公路货运超限超载治理工作的一把利器。

3.1.2 应用创新，处罚更高效

监测平台的科技化，办案系统的数字化以及对货物运输车辆采取的数据采集匹配、行为研判和违法预警，让执法人员不到现场，便能清晰判断违法行为并开展行政处罚，不仅节省了执法成本，也提高了工作效率。执法机构将到期未处理车辆录入"黑名单"，"黑名单"车辆一旦进入辖区，监控平台自动报警，执法人员根据预警信息及车辆运行轨迹进行跟踪查处，解决违法车辆到案处理率低的问题，为开展公路治超非现场执法积累了宝贵经验。

3.1.3 全程留痕，执法更规范

公路超限综合监控平台依托云计算、"人工智能"、"北斗定位"等进行大数据分析，通过影音、图像、文字进行记录和归档，实现全过程留痕和可回溯管理，为治超执法提供了真实、可靠、全面的电子证据。从动态称重检测、立案、取证到送达违法行为通知书、执行催告、作出处罚决定再到形成完整的电子案卷，流程环环相扣、证据合法充分。不仅加强了电子证据在治超治理工作中的应用，同时有效规范了执法行为，营造了风清气正的良好氛围。

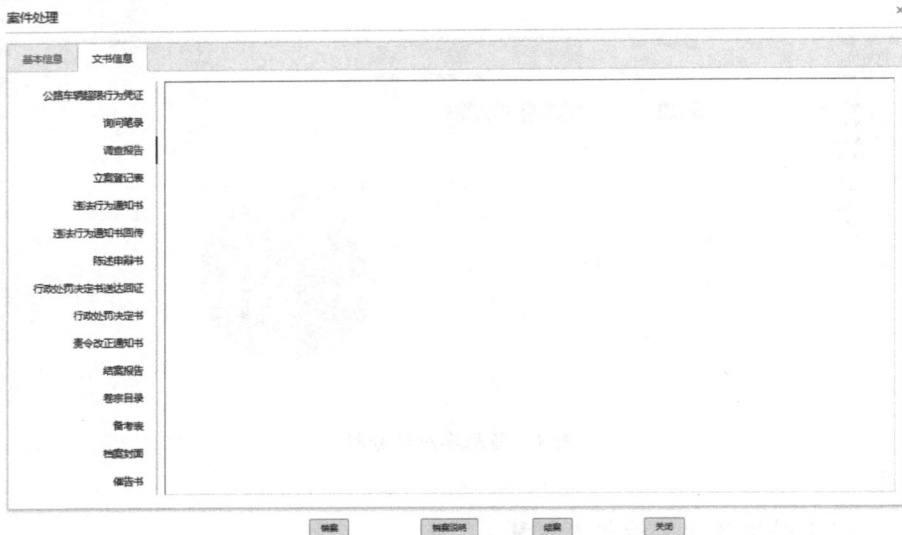

图 5 电子案卷标准化归档

3.2 社会影响

3.2.1 为实现执法信息化与档案数字化融合提供了实例支撑

公路超限综合监控平台产生的视频、照片、数据等图像清晰、证据要素齐全，符合规定的证据要件，能够客观反映违法事实。行政执法档案信息实现增量电子化后，可以按时间、地域、行业分类，执法进度、罚没金额、运输企业信息等数据都能分类汇总、筛选比对，数据分析、统计查询变得更加直观快捷。为当地政府、相关行政部门、上级执法部门科学决策提供依据，比之翻阅纸质档案，人工点数的传统方式，效率大大提高[4]。

3.2.2 有效提升行政执法档案资源质量和管理水平

将全面开展电子文件归档和电子档案管理内容纳入交通运输执法信息化工作的顶层设计中，贯彻落实《电子文件管理系统通用功能要求》《电子文件归档与电子档案管理规范》等要求，推进电子文件归档管理的标准化，从源头上规范交通运输部门生成、办理、管理行政执法电子案卷的流程，确保电子文件归档时的真实性、完整性、有效性，保障归档工作及时、准确、规范，推动业务系统电子文件的归档和集中管理。

3.2.3 实现各行业领域信息资源共建共享成为可能

在多部门协同监管的新形势下，信息化处理后的行政执法电子案卷应用范围更广，不仅在深度上涉及各级国家行政机关，同时在广度上涵盖大量行政执法业务，为上下级指导和各执法部门之间的交流提供了便利。优秀的行政执法电子案卷借助信息化应用完成档案信息资源的传输和共享，全国各地的执法机构和执法人员可以更加便捷高效地实现多领域、跨行业的学习探讨和业务沟通，实现零距离的网上交流，既节约经济和时间成本又突破了地域限制，形式更加灵活多样。各部门协同更高效，覆盖范围也更广，档案信息化最大价值得到有效发挥，节约了行政成本。

注释及参考文献

[1] 牛媛媛 . 行政处罚视域下非现场执法规范化研究 [D]. 郑州：河南财经政法大学，2023.

[2] 林琳 . 政务电子文件归档管理问题与对策研究 [J]. 山西档案，2020(3):159-164.

[3] 马鹤嘉 . 数字化转型背景下的电子档案管理方式探析 [J]. 兰台内外，2023(15):41-43.

[4] 刘亚 . 浅析行政执法档案信息化应用的社会效益 [J]. 山西青年，2018(23):287.

数字环境下人事档案管理路径探寻

——从学生人事档案面临的数字化困境说起

洪佳惠[1]　李倩倩[2]

1 上海大学档案馆

2 上海大学文化遗产与信息管理学院

摘要：当前学生人事档案数字化率与现实数字化需求之间存在鸿沟，无法满足学生个人、用人单位及高校的利用需求，在数字化和数据归集方面存在制度、技术、人员和理念等多重困境。由是提出始终坚持底线思维，自上而下建立政策规范与管理平台的双重保障体系，逐步实现从纸质档案向数字档案、档案数据的转变，以期为人事档案管理工作提供参考借鉴。

关键词：数字环境；人事档案；学生人事档案

0 引言

人事档案是组织、人事、劳动（或人力资源管理）部门在人事管理活动中形成的，归国家所有的，记述和反映人员经历、德能勤绩和工作表现的，以个人为单位集中保存备查的各种方式和载体的真实记录，我国的干部、职员、工人、学生、军人都建立了人事档案。[1]作为人事档案的重要组成部分，学生人事是干部和企业职工人事档案的前身，是学校教育培养、管理监督、考察评鉴学生的重要信息资源和国家选拔录用人才的重要参考依据。

与通常意义上的高校档案不同，学生人事档案并不长期或永久保存于形成机构的档案管理部门，有着"档随人走"的特点。随着学生毕业离校，学生人事档案也必然要随之转移到新的单位或人事托管部门。相较于高校档案和干部人事档案，学生人事档案具有很强的流动性，在当下的数字环境中，对其管理既不能完全照搬高校档案的管理方式，也不能完全照搬干部人事档案的管理方式，这就对管理工作提出了挑战，这种挑战在数字环境下表现得尤为明显。因此，从学生人事档案管理的具体实践出发，探索一条适用于全国人事档案数字化管理的新路是可能甚至必须的。

1 当前状况：现实与需求的不对称

国家数字化、信息化和大数据战略的全面铺开与实施落地，为档案领域带来了新的机遇与挑战。在"存量档案数字化、增量档案电子化"档案信息化战略的推动下，全国档案信息化建设成效显著，截至 2022 年底，全国各级综合档案馆馆藏电子档案 2372.9TB，馆藏档案数字化成果 28069.0TB。[2] 许多高校也纷纷响应政策号召，陆续开展学生人事档案信息化建设工作，在学生人事档案采集扫描、管理归档、查询利用等方面取得了一定的成果。为进一步摸清全国学生人事档案数字化情况，本文从政策文本角度对相关法规文件进行统计分析。可以看出全国范围专门针对学生人事档案特点制定专项法规标准的寥寥无几，涉及档案数字化、信息化建设的更是少之又少，管理办法中对学生人事档案信息化建设的规定缺乏针对性和实效性，难以在实践层面开展和落实。不过《广西师范大学学生人事档案管理办法》《河南省大中专毕业生档案管理办法》从目标职责、经费保障、日常管理、系统维护等角度对学生人事档案信息化建设做出了较为明确清晰的规定，具有一定的先进性和创新性。此外，有部分学校将体质健康标准、信用表现、国家安全教育记录等纳入学生人事档案，是丰富学生人事档案内容的有益尝试。

作为形成、管理和利用学生人事档案的主体，学生、管理部门和用人单位对学生人事档案的数字化转型需求迫切。首先，对学生而言，数字化转型有利于满足档案查询利用需求。学生的查档用档需求主要集中于毕业季，由于档案存放地点的不确定性，毕业生不知道到哪查、找谁查、如何查，在查档的过程中不仅要多次往返，还存在隐私泄露等安全隐患。据统计，山东省档案查询利用平台上线初期，未查询到相关档案情况 30% 左右是高校毕业生提交的查档申请。[3] 其次，对管理部门而言，数字化转型有利于简化档案工作流程。由于学生人事档案的不稳定性，档案调入与调出往往集中于特定时期，档案管理者面临着短期工作量剧增的压力，加之上下游单位档案管理制度、转递手续和转递流程不一致，档案管理主体之间缺乏沟通、衔接不畅，极易产生档案转递错误等问题，影响转递效率。最后，对用人单位而言，数字化转型有利于及时全方位考察人才。由于学生人事档案管理规范中对归档范围的要求极为有限，无法充分反映学生综合素质[4]，致使学生人事档案内容单一固定，不能满足用人单位的查考需求。

总体而言，当前学生人事档案数字化程度与现实数字化需求之间存在一定的不对称性，极大地限制了学生人事档案的价值发挥。前数字环境下，人工的管理技术和粗放的管理模式已经远远不能满足现代化高校的发展需要，档案的分散、零乱、质杂、量大、孤本等状况与社会利用档案要求集中、系统、优质、专指、广泛之间的矛盾[5]日益突出。数字环境下，依托信息技术等手段，对学生人事档案进行数字化加工、实现数据化转换是弥合理论与认识分歧，提升高校学生人事档案服务效能，推动高校学生人事档案信息化建设、数字化转型的有力举措。

2 时移事殊：数字化与数据化的难题

2.1 政策难题

政策导向和规划引领历来是我国档案工作向前推进的重要动力。[6]21 世纪以来，国家出台了一系列与档案信息化建设和档案工作数字化转型相关的政策法规，如新修订的《中华人民共和国档案法》《"十四五"全国档案事业发展规划》等。目前，学生人事档案数字化基本以 2002 年 11 月国家档案局印发的《全国档案信息化建设实施纲要》、2017 年 7 月颁布实施的《干部人事档案数字化技术规范》及 2018 年 11 月印发的《干部人事档案工作条例》为政策依据。

但在具体实践中，学生人事档案因其必然产生的流动性而有别于干部人事档案，无法直接以干部人事档案相关规定作为工作依据。如《干部人事档案工作条例》提到"干部人事数字档案在利用、转递和保密等方面按照纸质档案相关要求管理"[7]，按照该规定，在纸质文件转出的同时，电子文件应该一并转出。但由于学生人事档案的不稳定性，数字化投入成本高，未产生明显效益就要转递出去，管理部门难免存在"为他人作嫁衣裳"的顾虑。

2.2 数据归集困境

当前的人事档案一般从高中起产生，按高中、高校、用人单位的次序进行转递，由于各区域、上下游单位的管理理念、管理制度和管理系统存在差异，在档案转递过程中，容易产生数据丢失、格式不兼容、正本副本难以辨别等技术问题，影响学生人事档案的正常对接。

首先，从横向层面看，全国各地方信息化水平参差不齐。截至 2023 年 12 月 6 日，全国共有 103 家国家级数字档案馆[8]，其中，江苏、浙江、山东等东部地区共有 69 家，约占全国的 67.0%；安徽、山西等中部地区约占 20.4%；重庆、陕西等西部地区约占 11.7%，辽宁等东北地区约占 1.0%，可见区域间数字档案馆建设能力差异较为明显，表明我国区域档案事业发展不平衡以及信息化技术应用能力存在差异。这还是在广泛意义上的档案信息化差异状态，具体到人事档案，乃至学生人事档案，发展差异更为显著。

其次，从纵向层面看，上下游单位的信息化发展水平不对称。随着信息化进程的加快，高校、企事业单位基本实现了人事信息的数据化管理，但一方面各个业务口的数据无法向本部门人事档案管理部门有效归集，另一方面，上下游管理部门之间也无法实现人事档案数据的顺畅流动。如山东省济南市中级人民法院配备的干部人事数字化档案采集系统为单机版，而济南市干部人事档案集中管控平台为网络版[9]。这就使得人事档案在进行转递时，因系统不兼容、格式不一致等原因，出现上下游单位对接不畅等问题，无法接收的档案数据只能作为备份留在原单位，以便后续提供丢失补办和查询利用服务。另外，学校并不具备毕业生人事关系代理及档案管理资质，原则上不应存放档案数字化副本，这在一定程度上制约了学生人事档案凭证参考价值的发挥。

3 自上而下：政策规范与管理平台的保障

3.1 上下结合的政策保障

学生人事档案较为迫切的数字化需求反映了上文所列举的问题短期内需要得到解决的必要性。由于上文所述各地域、各行业的信息数字化、数据化程度参差不齐，一体化人事档案管理数字化平台的构建须经历一个较为漫长的过程，那么在较短时期内，主要依靠自上而下的政策建构和制度保证来应对学生人事档案数字化所面临的各种困境。

首先，国家层面依据现行政策规范，统筹人事档案数字化工作。由于我国人事档案数字化工作起步较晚，在实际工作中还存在诸多问题，诸如目前全国尚无一权威部门来统筹规划协调管理人事档案数字化、网络化建设及资源共享等工作。当前国家出台可供参考的技术标准主要有《纸质档案数字化规范》《档案数字化光盘标识规范》《档案服务外包工作规范》《实物档案数字化规范》《干部人事档案数字化技术规范》等，基本涵盖纸质、实物、音像、光盘等各种载体类型的档案，但并未对数字化副本的处置与接收做出明确规定。且这部分政策和规范针对的是广义上的档案，并不完全适用于人事档案尤其是学生人事档案，举例来说，学生人事档案具有较强的流动性，在不同机构之间转递可能存在多个数字化副本，甚至出现数据重复、内容不一致等情况，严格意义上来说，高校不具备档案保管权限，据此数字化副本补办档案材料是否合规有待进一步探讨。从微观层面来说，国家层面应细化相关规定，明晰数字化备份管理和转出标准，切实保障纸质人事档案及其数字副本的真实性、完整性、可靠性和可用性。

其次，区域层面根据自身信息化程度制定工作细则，积极开展人事档案数字化工作。各单位组织人事部门按照有关规定在社会范围内广泛建立人事档案管理工作细则。第一，制定数字化管理细则，由于人事档案数字化具有涉及信息量大、涉密程度高等特点，管理不当可能会影响人事档案的权威性、真实性和准确性，因此，在规章制度中应细化档案数字化管理的内容、职责、原则、范围等具体流程，让管理工作中的各环节都能够点对点，有对应的工作人员负责。第二，制定数字副本转递、接收细则，除特殊情况外，人事档案在转递的过程中，应将数字副本同纸质档案一同移交至有关部门，电子备份仅作参考查证，如《北京市档案数字化副本移交与接收办法》规定"凡是列入市档案馆接收范围的单位在向市档案馆移交纸质档案的同时还要移交纸质档案的数字化副本"[10]。第三，制定数字副本利用细则，着眼于数字副本整个生命周期，从法规条文、管理与技术标准、系统功能以及实际操作等各个方面保障学生人事档案数字备份的凭证效力[11]，在此基础上，组织宣传、指导在档案丢失的情况下获取补齐档案的线索，简化损毁与遗失档案的补办流程。

最后，针对学生人事档案，学校层面制定针对性规章制度，具体落实人事档案数字化工作。除上述一般性规定之外，学校更应针对学生人事档案的特点制定适合于本校具体情况的、具备执行可能的实施方案。第一，为规范学生人事档案数字化工作，应制定岗位责任制度、人员管理制度、数字化设备管理制度和数字化成果管理等制度，明确目录数据库建立、档案扫描、图像处理、数据挂接、成果验收等各环节的具体操作要求，尽量避免因人为操作不当造成档案的丢失和损毁。第二，明晰数字副本转递规范，学校应根据所在地区的档案管理理念和信息化发展水平，调整优化学生人事档案数字化转递制度，尽可能按照国家标准统一规定的归档格式、数据格式和著录格式进行保存和移交，避免不必要的资源浪费。此外，随着电子档案和单套制的推行实施，学校在对存量纸质档案数字化的基础上，可以根据实际情况对增量档案实行电子化管理、保存与归档，并依据国家和区域规定，进行数字化副本的转递。

3.2 上下结合的平台构建

依靠以上手段在短期内可在一定程度上克服高校学生人事档案数字化在现阶段所面临的困难，但缺乏投入产出比、上下游数据接收不通畅等问题依旧存在，由是，需要以长远的眼光，逐步从纸质档案向数字档案、数据档案过渡，以上下结合的方式构建一体化人事信息管理平台，从根本上实现高校学生人事档案乃至作为整体的人事档案的数字化、数据化管理。上下结合指的是自上而下，从国家层面实现"一个"平台的人事档案信息管理，自下而上指的是构建从出生到死亡的"一生"式认识档案信息管理平台。

首先，建立贯穿的一体化人事信息管理平台。国家通过公民身份证代码和人事档案号，将数据库里的档案数据与每一个人的身份信息相关联，建立贯穿的一体化人事信息管理平台，将分散、孤立的人事档案信息纳入国家统一的信息化、数字化、网络化的大数据管理平台中，从而无论人员如何流动，都会处于国家数据平台的监控和管理之中，使数字化、网络化的人事档案具有记录性和追溯性，有效地遏制"人档分离"的现状。如为解决山东省高校学生现实查档困难和需求，方便高校学生及毕业生查询个人档案信息，2022年下半年，山东省档案馆将山东高校档案查询利用平台纳入山东省档案区域利用共享"一盘棋"，实现山东高校学子档案"一网查"。山东省档案馆的这项便民措施已经初步体现了一体化平台的构建意图，也取得了初步成效。具体来说，贯穿的一体化人事信息管理平台的建构包含两方面工作：一方面，针对当前已经以数据形式存在的个人人事信息，采用数据库和网络平台实行统一管理。可以参考学籍档案和流动人员档案管理的先进经验，例如《流动人员人事档案管理服务规定》提到"按照'数据向上集中、服务向下延伸、信息全国共享'的原则，推进省级集中的流动人员人事档案管理服务信息系统与全国流动人员人事档案管理服务运行平台对接"[12]。另一方面，针对以纸质形式存在的个人人事档案，采用人工著录或智能匹配的方式，归集到统一的人事信息管理平台。

其次，实现档案数据知识化、智慧化服务。数据化时代人事档案的价值突破了传统的针对"人"的管理，其影响辐射到高校管理的各个领域和各个层面。从横向上看，干部人事档案信息资源有效挖掘对不同的业务部门都具有数据支撑和参考价值；从纵向上看，从高校的战略规划到业务实施都需要干部人事档案提供知识服务。但与此同时，学生人事档案数据量大、来源广泛，如全面归集，不进行鉴定筛选，则很难在海量的数据中快速找到所需信息，因此应对收集到的档案数据进行细颗粒度处理，通过知识挖掘、知识提取、知识关联等技术，构建涵盖用户成长经历、学习经历、综合素质、诚信水平等重要指标的人物画像，为高校及有关业务部门提供知识化、智慧化服务。如教育部依托国家重点研发计划项目"大规模学生跨学段成长跟踪研究"建设，开设学生综合发展数字档案平台，利用人工智能等新一代信息技术实现对学生综合发展的客观判断，为学生及家长提供量身定制的分析报告，帮助追踪学生各方面的成长变化 [13]。

最后，养成数据素养。大数据时代，数据素养是信息素养的一种拓展，也是人们的必备素养。[14] 当前部分高校学生人事档案数字化工作已取得初步成效，实现了从纸质到数字的转变，但并未实现从数字到数据的跨越，这就使得实际工作难以取得显著成效。电子文件作为一种新型的信息承载形式，取代纸质文件成为信息载体的主流是大势所趋 [15]，但从纸质档案向数字档案、档案数据迈进，全面施行电子文件单套制是一个长期的过程，并非一日之功，需要养成数据素养。由于学生人事档案的阶段性、周期性和分散性，高校学生人事档案呈现新旧并存、多载体并存的局面，对此应划定新人新办法、老人老办法的年限，实行"增量数据档案化、存量纸质档案数据化"，逐步实现从纸质到数据的转化。对于迈入数据时代的档案工作者来说，良好的数据素养无疑是该方案落实的人才保证。

4 结语

当今世界，信息技术创新日新月异，以数字化、网络化、智能化为特征的信息化浪潮蓬勃兴起。学生人事档案作为国家档案的重要组成部分，从纸质档案向数字档案、档案数据转变的潮流不可避免。但数字环境下学生人事档案在数字化处理和数据归集方面，仍面临着制度、技术、人员和理念等多重困境，存在制度缺位、技术不足、衔接不畅等问题，这也折射出人事档案面临的困境，人才市场保存的大量档案长期处于休眠状态，甚至成了信息垃圾，严重制约了人事档案的价值发挥。通过建立自上而下政策规范与一体化管理平台，不仅有助于激活休眠档案，还能为各级各类政府部门提供参考价值，促使档案工作从被动提供到主动参与到社会治理中去，但由于人事档案涉及隐私，具有较强的保密性，在对其进行数字化、数据化管理的过程中应始终坚持档案工作的底线原则，确保档案实体与信息安全。

注释及参考文献

[1] 王英玮，陈智为，刘越男. 档案管理学 [M]. 北京：中国人民大学出版社 ,2015.

[2] 2022 年度全国档案主管部门和档案馆基本情况摘要（二）[EB/OL].(2023-08-29). https://www.saac.gov.cn/daj/zhdt/202308/0396ea569aa648f1befd5c49bac87e6f.shtml.

[3] 山东档案信息网. 档案信息化助力高校学子"一网查"[EB/OL].(2023-03-02).http://dag.shandong.gov.cn/articles/5E4A69F/202303/0cfe6cdf-c616-4278-828b-8eb1e5b0ee7f.shtml.

[4] 王伟. 高校学生档案管理现状及对策研究 [J]. 北京档案 ,2009(5):25.

[5] 刘东斌. 档案治理概念辨析 [J]. 档案管理 ,2019(1):47-49.

[6] 赵跃. 大数据时代档案数据化的前景展望：意义与困境 [J]. 档案学研究 ,2019(5):52-60.

[7] 中共中央办公厅印发《干部人事档案工作条例》[EB/OL].(2018-11-28).https://www.gov.cn/zhengce/2018-11/28/content_5344196.htm.

[8] 全国示范数字档案馆（室）名单 [EB/OL].(2023-12-21).https://mp.weixin.qq.com/s/Xdecbpgoy34cUO-sMikenQ.

[9] 李晓丽. 干部人事档案数字化建设的探索与实践——以山东省济南市中级人民法院为例 [J]. 办公室业务 ,2022(12):51-52,130.

[10] 杨中营.《北京市档案数字化副本移交与接收办法》解读 [J]. 北京档案 ,2014(11):8-10.

[11] 毛海帆. 数字化过程中促进纸质档案数字副本凭证效力研究 [J]. 档案学研究 ,2011(6):58-63.

[12] 中共中央组织部人力资源社会保障部等五部门关于印发《流动人员人事档案管理服务规定》的通知 [EB/OL].(2021-12-29).http://www.mohrss.gov.cn/xxgk2020/fdzdgknr/zcfg/gfxwj/jy/202201/t20220110_432603.html.

[13] 学生综合发展数字档案 [EB/OL].(2023–06–09).https://mp.weixin.qq.com/s/hXqTTtgFBrfrn2SoWGl34A.

[14] 黄如花, 李白杨 . 数据素养教育 : 大数据时代信息素养教育的拓展 [J]. 图书情报知识 ,2016(1):21–29.

[15] 洪佳惠 . 简析当下电子文件在"双套制"中位置之变化 [J]. 档案管理 ,2017(4):18–21.

档案数字资源建设与共享利用研究

—— 以宁夏档案馆为例

倪雪梅　　丁钰镔

宁夏回族自治区档案馆

摘要：档案数字资源建设与共享利用过程中存在的主要问题有档案结构单一、纸质档案数字副本质量参差不齐、馆际共享服务利用系统作用发挥不够，社会效益不够明显等问题。从档案"收"字上下功夫，统筹推进电子文件归档和管理，建成高水平的数字档案馆（室）系统等方面入手，发挥"数字档案馆"在"数字政府"建设中的重要作用，以更好地满足人民群众日益增长的美好生活需要。

关键词：档案；数字资源；建设；共享；利用

0 引言

利用信息化手段不断加强档案数字资源建设力度，以提升档案共享利用服务水平，是档案工作服务中心大局、服务社会民生的重要途径和有效方法。随着信息化技术在档案工作中的广泛应用，档案工作环境、对象、内容已发生了深刻的变化，迫切要求档案工作者创新工作理念、方法、模式，以适应档案工作全面数字化转型和智能升级的现实需要。全国档案事业"十四五"发展规划要求档案部门主动融入数字经济、数字社会、数字政府建设。《中华人民共和国档案法实施条例》明确电子档案管理信息系统建设要求以及电子档案应当符合的条件，规范电子档案移交、接收及保管相关措施；同时对数字档案馆（室）建设工作都提出具体要求；《实施条例》还明确了全国档案数字资源跨区域、跨层级、跨部门共享利用工作。2022年，宁夏档案馆历经多年努力，通过了国家档案局组织的全国示范数字档案馆系统测试，成为全国第六家、西北第一家省级全国示范数字档案馆。笔者现以宁夏档案馆为例与大家共同探讨档案数字资源建设与共享利用的相关问题。

1. 宁夏档案馆档案数字资源建设经验与做法

1.1 目录数据库建设

1.1.1 起步阶段

宁夏档案馆从 1988 年开始尝试利用计算机信息技术，1998 年小型局域网投入使用，2002 年行内部基础设施改造，完成了初级的综合布线工作，在原有案卷级目录的基础上开展了部分文件级目录的录入工作。同时配备了一台专用服务器和 9 台计算机，用于档案管理系统的日常运行维护和数据存储、管理、备份等工作。

1.1.2 发展阶段

2005 年，宁夏回族自治区党委办公厅印发了《关于全区档案信息网络纳入党务网建设的通知》，要求"把全区档案信息资源建设纳入党务网建设中，为档案信息化的发展打下良好基础"。宁夏档案局（馆）提出了"宁夏回族自治区档案目录数据库""宁夏回族自治区重要档案（全文）数据库"和"宁夏回族自治区多媒体档案数据库"构成的《宁夏回族自治区基础数据库》项目建设方案，同年 12 月通过了由国家档案局、宁夏自治区党委办公厅等相关部门和专家论证，并率先在宁夏自治区档案局（馆）实施。2006 年底，馆藏档案机读目录数据库突破 90 万条。

1.1.3 成熟阶段

自 2008 年起，宁夏档案馆加快档案信息化建设步伐，不断推进馆藏档案机读目录数据库建设，截至目前馆藏档案机读目录数据库已达 300 多万条。

1.2 全文数据库建设

1.2.1 缩微胶片数字化转换

宁夏档案馆自 2008 年起，委托国家档案局科研所先后 8 批次对馆藏 49 个全宗 9600 余卷的档案缩微胶片进行目录建库和数字化转换，总计 110 多万页，经过验收已全部挂接到宁夏档案馆馆藏档案数据库中。

1.2.2 馆藏档案数字化扫描

按照自治区党委办公厅、政府办公厅《关于加强和改进新形势下全区档案工作的意见》"……争取到 2020 年完成县级以上机关档案室和综合档案馆存量档案的数字化……"的要求，宁夏档案馆从 2014 年起历时 8 年，对馆藏纸质档案进行了数字化扫描加工，完成了馆藏档案 13 万余卷 1300 多万页数字化加工任务，基本完成了馆藏纸质文书、照片、音像的档案数字化。

1.2.3 开展区直机关和破产企业电子档案接收

为了加快馆藏档案全文数字化工作，2014年，宁夏档案馆提出接收纸质档案的同时要接收档案数字化成果。目前已完成接收了宁夏自治区党委办公厅、政府办公厅等50多家区直单位和西北证券20多家等破产企业档案的50多万条机读目录和600多万页档案数字化成果。

可以说，宁夏档案馆档案数字资源建设是全国各省区档案馆档案数字资源建设的一个缩影，都是从无到有，从少到多，从弱变强的一个发展过程。

2. 宁夏档案数字资源建设与共享利用存在的问题及原因

2.1 档案资源结构单一，没有做到齐全完整

由于立档单位在文件归档过程中，存在应收未收、应归未归的情况，导致在"收"的环节上出现问题，造成档案不系统、不齐全、不完整。当利用者来馆查阅档案时，经常会出现查不到的情况。这对身份认定、工龄计算、工作查考等档案利用者的切身利益影响很大，得不到应有的保障。另外对于搞学术研究的利用者来说，他们对档案资源的利用要求会更高，他们需要查阅大量的、系统的、完整的档案资料，以此作支撑，进行课题研究。如果档案资料残缺不全，势必会影响到他们研究工作的顺利进行。

2.2 纸质档案数字副本质量参差不齐

纸质档案数字化成果质量参差不齐，不容乐观是一个普遍存在的问题。如漏页、错页、模糊不清等；各立档单位移交进馆的档案数字化成果质量更是良莠不齐，比如有些立档单位只进行了数字化扫描但没有进行全文识别转换。这些问题跟数字化公司的管理水平、操作者的工作能力、技术参数要求、加工设备以及档案实体本身质量等都有着极大的关系。

2.3 电子文件与电子档案管理水平有待进一步提高

2021年宁夏自治区档案馆集约化建成全区统一数字档案室系统，为全区各立档单位电子档案的收集、整理、存储、归档、利用、统计、移交等提供了现代化的管理平台，但目前通过运行情况来看，仍存在一些突出的问题。比如全区统一数字档案室系统与全区政务协同办公系统存在数据推送信息

不完整，重要字段信息没有推送过来的问题，与一些立档单位办公自动化系统接口对接的问题；一些单位档案员变动频繁，对系统操作使用不熟练的问题。多数立档单位虽然使用了协同办公系统，但公文处理还沿用传统流转方式，数字档案室电子文件归档功能没有使用起来，全区电子文件归档和电子档案管理水平有待进一步提高。

2.4 馆际共享服务利用系统作用还没有得到充分发挥，公众知晓度不高，社会效益还不够明显

馆际共享系统主要解决信息共享和在线利用服务问题，改变了传统的档案利用服务模式，实现了"异地查询，跨馆出证"的功能，群众足不出户就可以利用档案，自系统运行以来，深受利用者欢迎。但从实际效果看，还需要加强使用管理，进一步提高利用服务的社会效益。通过登录"我的宁夏"APP 中的"便民服务"，找到"数字档案馆"，可实际情况是知之甚少，仍然到馆来查阅利用。即便会操作使用，在填写查找的内容时也不能清晰描述自己所要查找的内容和要求，导致工作人员无从查询。个别县级档案馆对该系统作用的认识存在差距，或不全面，工作缺乏主动性和能动性，对群众宣传不够，存在等、靠、看思想。多数单位还没有形成有效的工作机制，虽然有人负责，但从受理到办结的流程都还在摸索中，缺乏制度保障，个别单位甚至还有畏难情绪，担心由此增加工作量，人员缺乏延误工作时效性而遭到投诉等情况。

3. 档案数字资源建设与共享利用对策建议

3.1 在"收"字上下功夫，以丰富馆藏资源

一是加强与档案归口移交单位的业务沟通与交流，开展多种形式的培训，以增强立档单位领导的档案意识和重视程度以及档案员的业务能力和素质，争取从源头上做到档案应收尽收，应归尽归，做到档案的齐全完整。二是加大对档案接收与征集工作的力度，按照国家档案收集范围等相关规定，有序扩大档案的接收范围和征集门类，力争做到档案资源覆盖面更加广泛、内容更加丰富、形式更加多样、结构更加优化，档案"应归尽归、应收尽收"有效落实，为档案利用工作提供更加优质丰富的信息资源，以提升人民群众

对档案利用服务的获得感和满意度。

3.2 在"监管和培训"上下气力，以提升档案数字副本质量

一是加强对各立档单位负责档案数字化工作的相关人员及档案员的监管和培训，增强其业务能力和素质，做好档案数字化的监督员、质检员、把关人。二是加强对外包公司的管理，不定期对数字化外包公司人员进行培训，使其熟悉相应的技术参数，熟练掌握数字化操作流程和技能，进一步提升档案数字化水平和档案数字化副本的质量。

3.3 统筹推进电子文件归档和管理

一是推进机关电子文件归档是优化政务环境、打造数字政府的重要基础性工作。随着全区协同办公系统和档案业务综合管理平台的广泛应用，全区各级机关目前具备电子文件归档的基础条件，各级档案主管部门要加强与党委、政府电子政务等相关部门沟通与协调，明确电子文件归档的主体责任，健全业务系统归档制度规范，推动电子文件归档工作步入正常轨道。二是加强对各立档单位档案人员业务系统操作的培训力度，提升他们的档案业务水平，在源头上做文章。宁夏档案馆已完成区直部门 12 家立档单位的电子文件归档和接收试点工作。各地综合档案馆应牵头抓好试点工作，通过先试先用，积累试点经验，逐步培养骨干，然后以点带面，扩大推广范围。在试点取得成效的单位，档案馆要开展在线接收电子档案等业务应用，逐步实现立档单位线上档案业务全覆盖。各级档案局馆应协同配合，适时开展档案员培训，熟练掌握档案业务系统，巩固和稳定基层档案工作队伍。

3.4 加快推进数字档案馆（室）建设

数字档案馆（室）的建成是档案工作走向现代化的前提和基础，我们应全面总结宁夏回族自治区档案馆信创环境下全国示范数字档案馆创建经验，制定出台《宁夏回族自治区数字档案室建设评价办法》和《宁夏回族自治区数字档案馆系统测试办法》，计划时间表，分阶段、分步骤在全区范围内建设若干个自治区级数字档案馆，在区直机关建设若干个自治区数字档案室，初步形成西部欠发达地区建设信创环境下数字档案馆（室）的典型经验，并通过复制经验、推广模式、转型升级，在全国率先形成信创环境下数字档案馆（室）集群，实现区市县档案部门上下贯通、档案局馆与立档单位横向打通、档案局馆工作内部联通、全区档案管理业务融通的目标，为宁夏事业的发展注

入了新动力，让党政机关和人民群众享受更加高效便捷的数字化档案服务。

3.5 大力推广馆际共享服务利用系统的使用面，让档案馆和公众普遍用起来

一是加大宣传力度，加强沟通协作。一方面，通过微信公众号、微博、抖音、快手等网络 APP 软件，向人民群众进行"全区馆际共享利用系统"的宣传使用，扩大该系统在老百姓中的知晓度，深入人心。另一方面，加强馆际之间的沟通协作，实现资源共享，跨馆出证，让数据多跑腿，让群众少跑路，提供真正的便民服务。二是建立健全馆际档案资源共享协作共用管理机制。三是加强对各馆档案利用服务人员的培训力度，以提高其对该系统操作使用的熟练程度，以更高的效率为民服务。四是完善技术保障机制。技术保障应实行分级管理制度，各级综合档案馆负责本级立档单位的技术保障，遇有重大问题，向上一级机关报告。各级档案馆要加强与同级信息化主管部门横向协调联系，确保网络系统畅通和设备正常运行。

我们要以习近平新时代中国特色社会主义思想为指导，坚持以人民为中心的思想，学习贯彻习近平总书记指出的"四个好""两个服务""三个走向"的重要指示批示精神，按照《"十四五"全国档案事业发展规划》和《档案法实施条例》的要求，以信息化作为档案现代化的引擎，用信息化不断引领档案现代化，全面加强以档案数字资源为核心的数字档案馆（室）建设，实现信息化与档案事业深度融合，不断提升档案管理水平和公共服务能力，为更好地满足人民群众日益增长的美好生活需要而不断地努力奋斗。

注释及参考文献

[1] 司法部、国家档案局有关负责人就《中华人民共和国档案法实施条例》答记者问 [J]. 陕西档案 ,2024(1):11-12.

[2] 宁兰 . 宁夏回族自治区档案馆通过全国示范数字档案馆系统测试 [N]. 中国档案报 , 2022-09-01(1).

[3] 李楠 . 公共服务视角下宁夏数字档案馆建设问题研究 [D]. 宁夏：北方民族大学，2019.

[4] 李欣钰 . 我国综合档案馆档案数字治理模式的内容与实现研究 [D]. 河南：郑州大学，2023.

组织韧性视角下的
档案信息安全风险保障体系构建

刘军[1] 李静[2]
1 中山市人民医院
2 暨南大学图书馆

摘要：档案是信息收集与保存的历史凭证，档案工作的长期性、持续性与复杂性，要求注重档案风险管理，确保档案安全。本文将前因变量风险作为切入点，梳理档案信息安全所面临的技术风险、管理风险和环境风险因素，在组织韧性视角下围绕"适应力""抗逆力"和"复原力"三个特征，结合已有档案信息安全保障体系研究，提炼出管理、技术和法规标准三个方面的内容，并将管理、技术和法规标准三大体系嵌入预警能力、防御能力、评估能力及治理能力四大能力范畴，进而构建出组织韧性视角下的档案信息安全风险的保障体系。

关键词：档案信息安全；组织韧性；保障体系

0 引言

大数据环境下，信息化和数据化技术逐步应用于档案领域，既为档案信息安全管理带来巨大的挑战，也为挖掘档案价值、保存社会记忆和应对安全风险提供了机遇。数字安全屏障作为档案数字转型的"底板"，以数字安全助力档案安全是保障档案信息系统高质量运行、护航档案事业高质量发展和推动数字化转型的重要基础。国家档案局在《2022年全国档案宣传工作要点》中强调"抓好档案安全规章制度、档案安全工作常识宣传教育，加强档案安全警示教育，增强档案工作者安全保密意识，绷紧档案安全红线"[1]。档案安全体系作为档案事业发展的重要构成，档案安全在档案管理工作环节中占据核心地位，随着"存量数字化"和"增量电子化"的数字转型不断纵深推进，一方面，电子档案因其载体与数据信息分离，在动态技术环境中，无法通过载体或存储介质状态判别电子档案真伪，极易被非法访问、病毒攻击、恶意篡改。[2] 另一方面，档案安全保障体系呈现出复杂化表征，档案安全风险因素呈现出多样化趋势，尤其是面向来源广泛、结构复杂、形式多样、数量巨大的"数据态"档案，档案数据在收集、管理、存储、利用过程中存在各种安全隐患，亟须厘清风险类型、明晰风险内容、识别风险因素。

韧性衍生于逆境，具有韧性的组织能够快速识别动态环境造成的潜在威胁和机遇，从而转危为安，实现逆势成长。[3] 吉登斯认为现代性具有双重特性，一方面降低了某些领域的风险，另一方面又导入了大量的新的风险参量。[4] 档案信息安全是档案安全体系的一部分，档案安全体系又是档案馆这一组织形式中重要的业务活动，档案信息安全受制于技术变革带来的渐进式风险催化。因此，在组织韧性视角下探讨档案信息安全风险因素识别及保障体系构建具有重要的理论意义和实践价值。

1 档案信息安全风险因素识别

档案信息安全风险因素是造成档案损失的内在或间接原因，不仅属于档案安全风险的主观原因，还属于出现相关风险的客观条件，还是安全风险程度、大小与频率的前提条件，应当予以重视。档案信息安全的风险因素复杂多样，学术界从不同角度进行了探讨，大致可以概括为三类：一是内部风险因素、自然环境风险因素、社会环境风险因素；二是管理风险因素、技术风险因素、环境风险因素；三是组织风险因素、人员风险因素、技术风险因素（详见表1）。

表 1 档案信息安全风险因素汇总

作者	代表性观点
王艳贞 （2013）	基础设施、档案管理制度、档案管理业务、组织与人员等内部因素；自然灾害等自然环境风险因素；规范体系、社会意识、人祸等社会环境风险因素
李勇 （2015）	档案管理制度、档案管理流程、档案管理设施、档案管理人员等内部因素；火灾、水灾、地震、泥石流等自然环境风险因素；法律法规、人为破坏等社会环境风险因素

（续表）

作者	代表性观点
李玉华和管先海 （2012）	管理机构、保护技术、网络技术等技术风险因素；周边环境、馆库环境、设备环境、工作环境、网络环境等环境风险因素
陆尘香 （2018）	安全管理重视、安全管理投入、安全管理制度等组织风险因素；管理人员素质、管理人员意识、管理人员流动等人员风险因素；信息系统、硬件故障、单圈保障技术等技术风险因素

从表1可以看出，档案信息安全风险因素与其他信息安全风险因素一样，可概括为"环境风险、组织管理风险、技术风险"三大板块，具体内容如下：

一是环境风险。包括自然环境风险，比如风灾、水灾、火灾、地震、泥石流等不可抗拒的自然灾害；也包括社会环境风险，比如法律法规缺失、规章制度不合理、盗窃战争等人为破坏等；还包括设备环境风险，比如安全监控系统设备不完善、防盗报警系统设备不完善、温度湿度监控系统不完善等；亦包括工作环境风险，比如档案馆内部建筑不符合要求、档案馆内部设施不符合要求、档案馆内部温湿度不符合要求等；此外还包括网络环境风险，比如计算机中心机房不达标、计算机软硬件不达标、网络通讯设备不达标、局域网互联网门户网络不达标等。

二是组织管理风险。包括组织人员层面的风险因素，比如档案人员安全保密意识差、档案人员职业道德素养低、档案人员业务能力水平不高、档案安全人员配备不健全、档案安全人员培训不到位等；也包括管理层面的风险因素，比如档案管理方法不科学、档案管理流程不合理、档案管理措施不完善、档案安全管理机构不健全、档案库房管理标准不规范、档案接收整理销毁修复标准执行不到位、档案整理保管利用标准执行不到位、档案安全责任制度不健全、档案安全管理制度不健全、档案安全培训制度不健全等。

三是技术风险。包括业务技能风险因素，比如档案馆库房管理人员业务技能不达标、档案整理鉴定保护人员业务技能不达标、档案信息接收加工开发人员业务技能不达标、计算机中心管理人员业务技能不达标等；也包括保护技术风险因素，比如档案除尘去污去酸杀菌消毒除霉技术不达标、档案字迹加固修复技术不达标、计算机处理录音录像技术不达标、档案信息数字化转换技术不达标、档案防灾备灾备份技术不达标；还包括网络技术风险因素，比如服务器与网络设备不能满足需要、重要通讯控制装置不能满足需要、镜像技术不能满足需要、防病毒技术不能满足需要、加密访问控制技术不能满足需要、数据库及系统监控审计技术不能满足需要等。

2 组织韧性视角下的档案信息安全保障体系框架

2.1 组织韧性的理论内涵

"韧性"概念发轫于 20 世纪 70 年代的自然科学领域,本意指物体遭受外力时的自我修复能力。[5]1970 年由加拿大生态学家霍林首次引入生态学研究领域中,提出"韧性联盟"概念,丰富了韧性研究的内涵。随后,1981 年加拿大灾害学专家蒂默曼将韧性定义为系统抵抗、吸收灾害,防止状态发生改变的能力,韧性概念被广泛应用于以防灾减灾为代表的城市建设与管理领域。20 世纪 90 年代,韧性概念开始被引入社会系统的研究,"社会韧性""组织韧性"等概念相继出现,在心理学和社会工作领域也被称作"抗逆力""复原力"。韧性的研究大致经历了"工程—生态—演进"的研究视角转向 [6],主题已不再局限于狭义上的自然灾害及社会风险,开始关注到行政的压力型体制、基层治理、国家治理等议题。随着韧性逐渐得到社会科学领域的关注,衍生出组织韧性概念,即指组织韧性是组织在应对冲击的整个过程中,通过抵御威胁与把握机会、积极调整与灵活适应、迅速恢复与反超等形成的抵御风险能力、适应调整能力和恢复反超能力。[7]

组织韧性包含适应力、复原力和抗逆力三个维度,分别对应积极应对外部干扰、灵活适应不确定性或意外、推进社会结构的持续整合。一是适应力,即韧性组织所具有的,涉及风险的应对与恢复,以及利用危机提供的发展机遇进行知识迭代与愿景更新的能力,以此将风险产生的不利因素变为改革和发展的契机,增强组织在常态和危态下的治理水平和治理效能。组织韧性理论强调要聚焦组织自身所具有的优势,增强应对外部环境干扰等不确定性因素的能力。二是复原力,是指在受到危机影响后,组织能够有效进行治理功能和运行秩序的恢复重建的能力。侧重组织内部系统和外部系统、自然环境与社会环境的联动、交通、共生关系,真正实现全过程的风险应急管理体系和能力构建。三是抗逆力,是指组织在危机中寻找内部资源和优势,发掘自身抵御干扰、持续稳定的潜能,有意识地培养学习创新和恢复发展的能力。组织的抗逆力主要体现在两个方面,一方面是组织对于外界环境变化需要有快速的感知,并针对可能出现的问题迅速组织资源、实施预案、缓解问题的发生和危害;另一方面是组织在内部运行秩序受到外界强烈冲击时,能够具备很强的承受、缓冲及降解能力。

2.2 档案信息安全保障体系的梳理

档案安全保障体系是庞大且复杂的一个体系，学术界从不同角度进行了探讨，大致可以概括为三个维度：一是技术支持、物质保障、制度保障、人力支持；二是安全技术保障、安全管理保障、安全标准保障；三是法律监管体系、技术安全体系、安全管理体系、安全教育体系（详见表2）。可以看出，档案信息安全保障体系的构建可以与其他信息安全保障体系一样，概括为"技术、管理、法规标准"三大支柱。

表2 档案信息安全保障体系建设汇总

作者	代表性观点
李海燕（2014）	优化完善档案安全管理体系系统，为档案安全管理提供基础保障；建立健全的规章制度，约束档案安全管理行为，提高管理工作的规范性；重视人才培养工作，积累更多专业人才资源；增强档案安全管理法规支持，让档案管理工作拥有法律依据，获得法律保护
朱倩（2021）	提升档案安全技术，通过技术保障档案安全；重视档案基础设施建设，提供档案安全的物资保障；优化档案安全管理制度，为档案安全管理工作提供制度支持；加大对相关内容的培训力度，开展档案安全教育工作，让工作人员了解更多的专业知识，增强个人的专业能力
何海英（2016）	做好硬件、软件、物理、虚拟、系统、运行等多方面的安全技术建设，做好技术准备；借助培训引导工作人员形成安全意识，提供安全管理保障；参考相关法律法规，遵循业界惯例，制定行业标准规范，提供安全标准保障
张敏（2022）	完善法律监管体系，加强行政执法和监督；完善技术安全体系，优化档案安全管理技术环境；建立和完善安全管理体系，建立安全灾难响应与恢复机制；建设完善安全教育体系，加强档案安全培训

2.3 组织韧性视角下的档案信息安全保障体系构建

参考信息安全保障体系能力要求，档案信息安全保障体系应当包括预警能力、防御能力、评估能力和治理能力四个方面。档案信息安全保障体系的构建不是简单的管理、技术和法规标准三个方面的内容，而是应当将管理、技术和法规标准三大体系嵌入预警能力、防御能力、评估能力、治理能力四大能力范畴。集合"组织韧性"的适应力、抗逆力和复原力特征，适应力对应技术体系，抗逆力对应管理体系；复原力对应法规体系，由此构建组织韧性视角下档案信息安全保障体系的框架结构（如图1所示）。

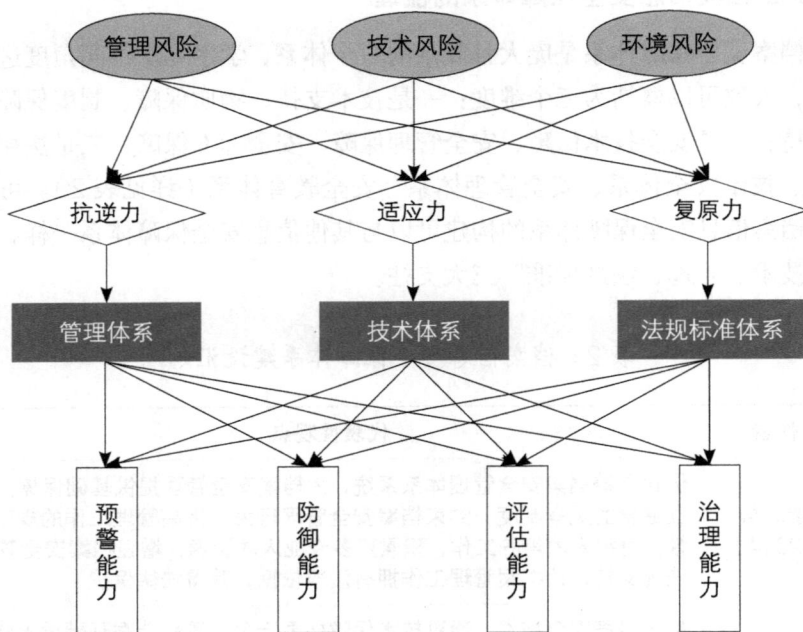

图 1   档案信息安全保障体系框架结构

第一，具备抗逆力的管理体系要求档案组织能够有效抵御各种内外部压力和挑战，确保在面临意外情况或不可预知的变化时，依然能够保持信息的完整性、机密性和可用性。首先，完善建档归档制度，明确责任，划清参与人员责任范围，在归档过程中全面检查电子文件，不放过任何一个细节，避免在分散情况下出现信息丢失和篡改的问题。其次，优化档案，利用保密制度，对涉密文件的处置、人员管理以及涉密设备进行具体规定，履行实名登记手续，未经批准，任何人不得私自将档案带出档案馆库区。再者，优化档案信息安全管理制度，结合实际情况制定出更为科学的管理对策，单独设置档案信息安全管理部门，保障档案信息系统各个层面的运行安全。

第二，具备适应力的技术体系要求档案组织能够适应新的需求、应对不断变化的技术趋势、保持稳定性并且在面对意外情况时能够迅速恢复正常运行。技术体系是档案信息安全保障体系的核心，首先，采用必要的技术手段确保档案的物理安全，不仅要做好防火防水，也要做好防震防雷，还要做好防鼠防人，切实做到档案存储设备安全，档案存储介质安全，以及档案存储环境安全。其次，采用相应的技术手段确保档案的信息安全，既要通过先进的软件为档案信息系统的运作提供支持，也要通过网络监控和防火墙等技术为档案信息系统的硬件与软件提供保护，还要通过数据加密、数据恢复、云数据安全等技术为档案信息系统的数据提供安全支撑。再者，采用对应的技术手段确保档案的服务安全，可以设置 IP 访问权限以及部署安全扫描等操作，实现档案信息访问安全，也可以使用身份验证、访问控制、安全数字签名等技术，实现档案信息使用安全，还可以定期对服务器进行漏洞扫描，及时给系统打补丁加固，全方位保障档案信息安全。

第三，具备复原力的法规标准体系，旨在确保组织在面临意外事件、紧急情况或灾难时能够迅速、有效地恢复正常运营，通常涵盖业务连续性、紧急响应、风险管理等多个方面。法规标准体系是档案信息安全保障体系的保障，首先，必须完善相关法律法规，依据《档案法》和《档案法实施办法》，设计适合本档案馆的管理条例，实现"有法可依"。其次，推行事前事后档案安全管理问责制度，提高档案安全监管力度，对寻找到的安全管理漏洞及时制定处理方案，提高管理的规范性，避免工作人员在档案管理期间因为人为原因出现档案安全风险。再者，必须规范化档案信息安全标准，根据《数字档案馆建设指南》《数字档案室建设指南》等相关规定，制定科学的、有效的档案信息安全标准和规范，保障档案信息安全。

3 组织韧性视角下的档案信息安全保障体系的应用

组织韧性视角下档案信息安全保障体系着眼于"管理、技术和法规标准"，履行档案信息安全保障的预警能力、防御能力、评估能力和治理能力。

3.1 强化预警能力

档案信息安全预警能力包括两个方面的能力，一是档案信息安全风险预防能力，二是档案信息安全风险警示能力，要求构建全面化的预警能力体系，涵盖档案信息安全战略、档案信息安全管理机制、档案信息安全制度条例。关于档案信息安全保障体系预警能力的管理体系，主要是确定信息安全管理战略，建立信息安全管理机制，设立信息安全管理领导；关于档案信息安全保障体系预警能力的技术体系，主要是搭建信息安全监测平台，增加信息安全技术研发投入，加强与外部相关机构的信息安全技术合作；关于档案信息安全保障体系预警能力的法规标准体系，主要是依照信息安全相关法规，制定切合实际的信息安全管理条例。

3.2 提升防御能力

档案信息安全防御能力包括两个方面的能力，一是档案信息安全风险防护能力，二是档案信息安全风险抵御能力，要求构建系统化的防御能力体系，涵盖多部门之间信息安全风险的联防联控、多主体之间信息安全风险的群防群控、信息安全系统横向防控机制、信息安全系统纵向防控机制、信息安全网络生态防控系统、信息安全网络综合防控设施等。关于档案信息安全保障体系防御能力的管理体系，主要是组建信息安全风险应急管理机构、制定信息安全风险应急管理制度、增强档案管理人员的信息安全风险重视度、加强档案工作人员的信息安全风险意识。关于档案信息安全保障体系防御能力的技术体系，主要是夯实信息安全物理层技术防护、加强信息安全网络层技术防护、优化信息安全应用层技术防护、提高信息安全数据加密技术研发、提升信息安全智慧加密技术开发。关于档案信息安全保障体系防御能力的法规标准体系，主要是依托国内外相关政策加强信息安全保护，参照国内外相关法律法规加强信息安全风险整治。

3.3 健全评估能力

档案信息安全评估能力包括两个方面的能力，一是档案信息安全风险识别能力，二是档案信息安全风险评价能力，要求构建多元化的评估能力体系，涵盖信息安全风险挖掘、信息安全风险归类、信息安全风险整合、信息安全风险建档、信息安全风险评估主体、信息安全风险评估内容、信息安全风险评估流程、信息安全风险评估方法、信息安全风险评估工具、信息安全风险评估反馈、信息安全风险评估改进等。关于档案信息安全保障体系评估能力的管理体系，主要是构建多元化主体参与的评估管理结构、制定层次化内容体系的评估机制、设计以风险为中心的评估制度。关于档案信息安全保障体系评估能力的技术体系，主要是创新信息安全风险挖掘技术、优化信息安全风险识别技术、完善信息安全风险整合技术、提高信息安全评价方法的适宜性、提升信息安全评价流程的科学性。关于档案信息安全保障体系评估能力的法规标准体系，主要是参考 CC、BS779、ISO／IECI779、PD3002 等国际标准，遵循 GB17867-2018 档案信息安全管理规范等国内标准，实施 GB／T20986-2017 等信息安全事件分类分级指南。

3.4 增强治理能力

档案信息安全治理能力包括两个方面的能力，一是档案信息安全风险分析能力，二是档案信息安全风险处理能力，要求构建多维化的治理能力体系，涵盖信息安全风险原因剖析、信息安全风险影响界定、信息安全风险处理原则、信息安全风险处理机制、信息安全风险处理技术、信息安全风险合规化处理。关于档案信息安全保障体系评估能力的制度体系，主要是优化完善信息安全风险危机处理流程、加强信息安全风险危机处理事后分析与反馈。关于档案信息安全保障体系评估能力的技术体系，主要是改善信息安全风险事故响应技术、改进信息安全风险灾难恢复技术、改良信息安全风险损失挽救技术、创新档案信息安全治理技术。关于档案信息安全保障体系评估能力的法规标准体系，主要是遵守 GB ／ T24363-2009 信息安全应急响应计划规范、遵循 NIST 计算机安全事件处理指南、应用档案工作突发事件应急管理办法。

4 结语

档案信息安全风险因素可以概括为"环境风险、组织管理风险、技术风险"三大板块，环境风险包括自然环境风险、社会环境风险、设备环境风险、工作环境风险、网络环境风险等；组织管理风险包括组织人员层面风险、管理层面风险等；技术风险包括业务技能风险、保护技术风险、网络技术风险等。档案信息安全保障体系不仅包括"技术、管理、法规标准"三个方面的准则，也包括"预警能力、防御能力、评估能力、治理能力"四个方面的能力。在档案信息安全保障体系的三大准则中，管理体系是根本，技术体系是核心，法规标准体系是保障。档案信息安全保障体系要求围绕"管理、技术、法规标准"实现预警能力、防御能力、评估能力和治理能力。

注释及参考文献

[1] 王艳贞 . 论档案安全风险因素 [J]. 兰台世界 , 2013 (14): 73-74.

[2] 李勇 . 浅谈新时期档案安全风险因素 [J]. 中小企业管理与科技（中旬刊）, 2015 (5): 133-134.

[3] 李玉华 , 管先海 . 档案馆主要安全风险因素分析 [J]. 档案管理 , 2012 (1): 38-40.

[4] 陆尘香 . 企业档案信息安全风险要素识别与控制 [J]. 北京档案 , 2018(8): 37-39.

[5] 李海燕 . 谈档案安全保障体系的构建 [J]. 黑龙江档案 , 2014 (2): 136.

[6] 朱倩 . 浅谈新时期档案安全保障体系构建 [J]. 办公室业务 , 2021 (10): 120-121.

[7] 何海英 . 档案信息安全保障体系构建探讨 [J]. 城建档案 , 2016 (8): 96-97.

[8] 基层单位档案室安全管理体系建设 [J]. 兰台世界 , 2022(11): 89-91.

[9] 国家档案局办公室关于印发《2022 年全国档案宣传工作要点》的通知 . [EB/OL]. (2022-03-10).http://www.gov.cn/zhengce/zhengceku/2022-03/29/content_5682219.htm.

[10] 闫军玲 . 总体国家安全观下电子档案单轨制安全风险治理研究 [J]. 兰台内外 , 2023(15): 34-35,38.

[11] 李妍 , 梁林 . 组织韧性的影响效应：研究述评与未来展望 [J]. 华东经济管理 , 2024(1): 120-128.

[12] 安东尼·吉登斯 . 现代性与自我认同：晚期现代中的自我与社会 [M]. 北京：中国人民大学出版社 , 2016.

[13] 姜晓萍 , 李敏 . 治理韧性：新时代中国社会治理的维度与效度 [J]. 行政论坛 , 2022(3): 5-12.

[14] 陈桂生 , 徐铭辰 . 基于数字素养与技能的韧性治理 [J]. 江淮论坛 , 2023 (1): 42-49.

[15] 何兰萍 , 曹慧媛 . 韧性思维嵌入治理现代化的政策演进及结构层次 [J]. 江苏社会科学 , 2023(1): 132-141.

新质生产力背景下高职院校
档案信息化建设的有效策略研究

林玉辉　林岚　陈星君

海南经贸职业技术学院

摘要：在当前经济转型升级的关键时期，将新质生产力的高科技、高效能、高质量等特征融入档案信息化建设，对于促进其发展具有重要意义。本文以海南三所高职院校为调研对象，描述了新质生产力背景下海南高职院校档案信息化建设的现状，以点带面分析了目前海南高职院校档案信息化建设的特点与堵点，提出了高职院校档案信息化建设的途径以及档案信息化可行性优化策略，以期为高职院校档案信息化管理提供决策与参考。

关键词：新质生产力；高职院校；档案信息化建设；策略

0 引言

在当前全国深入学习和实践习近平总书记关于发展新质生产力的重要论述的背景下，新质生产力以全要素生产率大幅提升为核心标志，其核心要素信息化、数字化和智能化日益凸显。与此同时，《中华人民共和国档案法实施条例》的第五章也深入阐述了"档案信息化建设"的必要性和实施细则。这不仅体现了国家层面对档案信息化的高度关注，也为我们指明了档案工作的新方向。

近年来，国家不断鼓励和支持档案科技的创新与研究，致力于将最新的科技成果应用于档案的收集、整理、保护和利用等环节。全国各地档案系统也在积极探索如何运用数字模型、云计算、人工智能等现代信息技术，加速数字档案馆（室）的建设。2023 年，35 家全国示范数字档案馆、31 家国家级数字档案馆以及 8 家全国示范数字档案室已在逐步完成建设并投入使用。截至年底，全国已有 1886 家档案馆接入档案查询利用服务平台，各级综合档案馆的接入率高达 60%[1]。

以清华大学为例，其档案信息化的历程可谓是一个缩影，展现了我国高校档案信息化建设的蓬勃发展。从 1996 年的单机版文书档案管理系统，到 2002 年的网络版人事档案管理系统，再到后来的全面数字化工作和数字档案馆的建设，每一步都彰显了科技进步对档案管理带来的革命性变化。然而，当我们把目光投向海南高职的部分院校时，却发现它们仍停留在清华大学 2003—2006 年这个阶段，这无疑显示出档案信息化建设在地区和教育机构间的不均衡性。

随着智慧校园建设进入新的发展阶段，高校档案管理数字化的发展将呈现新的形态。高校档案管理应抓住建设"智慧校园"的战略机遇期，更新观念，转变认知，开拓创新，全面推进高校档案管理的发展进程和现实应用，为高校各项业务的开展提供全方位的信息支持[2]。其次档案信息化建设还有助于构建智能化管理平台，创建并管理各类电子档案，防止档案遗失，共享档案资源，为学院的各项工作提供宝贵的数据支持，最终推动高职院校全方面的提升。

1 新质生产力背景下高职院校档案信息化建设的必要性

新质生产力背景下，电子档案管理的重要性日益凸显，如何实现纸质档案和电子档案的融合管理，是摆在档案工作者面前的首要问题[3]。传统纸质档案因受物理性质的限制，常面临损坏、遗失以及信息更新不及时等难题。当前，高职院校的档案管理大多停留在传统阶段，档案资料因存储和保管不善而出现问题。正因如此，档案信息化建设显得尤为重要。抓住新质生产力的内涵，将纸质档案进行数字化转换，构建一个易于管理的数字化档案数据库，不仅提升了档案信息的保存质量与效率，更为一些重要档案的长期保存与即时检索提供了保障，也为档案工作在推动校园文化传承与创新方面发挥了作用。传统档案与档案信息化的对比详见表 1。

表 1 传统档案与档案信息化的对比

对比项	传统档案	档案信息化
保存	纸质存储，易受环境损害 长期保存成本高，空间需求大	数字化存储，长期保存且不易损坏 节省物理空间，降低保存成本
管理	依赖人工，效率低下 难以实现跨部门共享	自动化、智能化管理 易于跨部门、跨时间共享与利用
安全性	易受自然灾害及人为破坏影响	可加密、备份，提高安全性 需防范网络攻击和数据泄露
查询与利用	查询烦琐，耗时耗力 利用受限，难以实现远程访问	快速查询，提高工作效率 支持远程访问，打破时空限制
对智慧 校园支撑	有限支撑，难以实现系统对接	智慧校园重要组成部分，实现与其 他系统的无缝对接和数据共享

1.1 有利于提升档案管理工作效率

通过上表不难看出，高职院校档案管理工作亟须抓住新质生产力"数据"这一核心要素，彻底革新传统档案管理模式。通过构建档案数据库，与智慧校园系统实现无缝对接，实现与校内各部门间的信息共享。此举能够确保档案信息的即时更新，从而维护档案数据的准确性，为全校师生提供更为精准的服务。此外，学校应积极规划并部署线上档案管理平台，通过设立具有多级权限的档案管理账户，让用户能够快速检索到所需档案，缩减档案查询与借用的时间，为用户提供更加高效的线上服务体验，从而全面提升档案管理工作的效率与质量。

1.2 促进档案资源共享

现如今质量、效率、生产方式的变革，带来各行各业颠覆性的创新。共享已在十年前就走进了大众的生活，但档案资源的共享在高职院校还存在一定的距离。如果将档案信息化不仅能高效地收集、整理和存储各类档案，还能将纸质档案转化为电子档案，方便用户进行查询、调阅和更新。通过信息化建设，可以及时查询各类档案信息，实现档案资源的共享，提升学校管理工作效率。此外，档案信息化建设还能推动高职院校跨部门之间的合作，确保学生学籍考试成绩、教职工的获奖经历和人事变动等信息得到及时更新，实现档案信息的实时动态管理，进一步提高学校行政管理的工作效率。这一举措不仅有助于优化学校内部的管理流程，还能为高职院校的教育改革提供有力的数据支持。

1.3 有利于加快智慧校园建设

新质生产力背景下，智慧校园已成为高职院校发展的新追求。档案信息化建设作为智慧校园建设的重要组成部分，有助于实现档案管理与线上教研平台、教学平台及选课系统等的无缝对接，推动校园内数据的共享。这不仅能为师生提供更加智能化的档案服务，还能进一步推动档案管理的信息化和智能化进程，加强部门间的协作，为线上办公创造有利条件，助推智慧校园的建设。此外，档案信息化建设也是高职院校实现智慧校园目标的必由之路。通过运用大数据、人工智能、云计算等先进技术来改进档案管理工作，可以促进档案管理与学校 OA、线上选课系统以及线上教学平台等的无缝衔接，从而为智慧校园的建设奠定坚实基础。

2 海南高职院校档案信息化建设现状

以海南 3 所高职院校为调研对象从档案信息化建设现状进行对比情况详见表 2。

表 2　海南 3 所高职院校档案信息化建设现状

建设方面	海南经贸职业技术学院	海南职业技术学院	海南软件职业技术学院
设备配置	南大之星档案网络管理系统 V6.0	东软 SEAS7.5 综合档案管理系统	朗环档案管理软件 V9.0
硬件设备	基本满足需求	部分设备老旧	先进设备齐全
专门存储设备	有一定存储能力	存储设备不足	充足的存储资源

建设方面	海南经贸 职业技术学院	海南职业技术学院	海南软件职业技术学院
维护与更新	定期维护	未进行维护	更新迅速
系统完善度	一般	不完善	较好
软件系统	功能基本满足	系统较落后	高效先进系统
数据交互	无交互	存在困难	能交互，但未使用
更新与升级	逐步升级中	升级滞后	及时跟进最新技术
数字化程度	50%	0	90%
数字化范围	50% 数字化	数字化起步阶段	90% 数字化
数字化质量	质量稳定	质量参差不齐	高质量数字化
安全措施	基本安全措施	措施待完善	完善的安全措施
安全策略	有基本安全策略	策略待完善	完善的安全策略
外部攻击防范	有一定防范	防范不足	高效防范措施
数据保护	备份恢复机制	机制待加强	强大数据保护
人员能力	待提高	待提高	待提高
技能水平	基本满足需求	水平参差不齐	基本满足需求
培训与提升	定期培训	培训不足	定期培训
共享与利用	不能共享	不能共享	不能共享
共享机制	内部共享为主	共享机制初建	完善的共享机制
利用率	中等利用率	利用率较低	高利用率

从上表可以看出，3所学院在档案管理的具体措施和方法上各有侧重。海南经贸职业技术学院注重建档流程和档案内容的完整性；海南职业技术学院在档案管理和安全保密性方面做得较为出色；而海南软件职业技术学院则在数字化管理和安全措施方面表现突出。这表明海南高职院校档案发展现状呈现出规范化、完备化、数字化和安全化的趋势，但各学院之间的发展水平仍存在差异。

2.1 档案信息化建设力度不够

在"新发展理念"下，高职院校普遍将信息化建设的重点放在混合式教学平台、学校微信公众号以及智慧校园平台等方面，而对于档案信息化的建设则相对忽视。这种偏向导致档案信息化管理平台的建设被搁置，同时也未能有效地将档案管理与学校线上教学平台、OA 办公系统和智慧校园平台等进行有机融合，从而限制了档案信息化建设的进一步发展。更为严重的是，部分学校甚至忽视了引进专业化的档案管理软件和建设档案数据库的重要性，这不仅影响了档案数据的及时更新与共享，还在无形中加重了档案管理人员的工作负担，使得信息技术在档案管理中的优势无法得到充分发挥。

2.2 档案管理面临网络安全威胁

在技术革命性突破的今天，高职院校档案信息化正面临着环境带来的计算机病毒、黑客攻击等网络安全的威胁。这些威胁不仅对档案管理的保密性和安全性构成了严峻挑战，更有可能导致整个档案信息化管理系统陷入瘫痪，从而严重影响档案管理的正常运作。但部分学校在档案管理信息系统的安全防护方面存在明显短板。如防火墙和杀毒软件等关键安全组件的更新不及时，这大大降低了系统的防御能力。更为严重的是，一些档案管理人员在计算机上随意点击不明链接，这种行为极易导致计算机感染病毒。一旦档案管理系统被病毒侵入或被黑客攻击，一些敏感信息将面临泄露风险，这种泄露可能带来无法挽回的损失。

高职院校加强对档案管理人员的网络安全培训，提升他们的安全意识。同时，学校应定期更新和升级档案管理信息系统的安全组件，确保系统的防御能力始终保持在行业前沿。此外，对于外部链接和下载内容，应建立严格的审查和过滤机制，以降低病毒感染风险。通过这些措施，可以更有效地保护档案管理的安全性和保密性，确保档案信息安全无虞。

2.3 档案管理人员信息素养有待提升

众多高职院校在推进档案信息化的过程中，往往忽视了为档案管理部门提供充分的信息化培训。由于对档案管理系统及软件的操作讲解不足，档案管理人员在熟练操作信息化管理系统方面存在困难，同时缺乏必要的网络安全意识。这种情况直接影响了档案信息化建设的顺利推进。此外，部分高职档案管理人员的信息素养有待提高，也未能及时更新档案管理系统的防火墙和杀毒软件。这些因素都导致了档案信息化管理制度的执行不到位，从而拖慢了学校档案信息化建设的整体进度。

高职院校应加大对档案管理人员的信息化培训力度，确保他们能够熟练掌握档案管理系统的操作，并提升他们的网络安全意识。同时，应建立有效的激励机制，鼓励档案管理人员积极提升自身信息素养，以适应档案信息化建设的需要。

2.4 缺乏完善的档案信息化管理制度

完善的管理制度是高职院校档案信息化建设不可或缺的保障，也是提升档案管理人员专业能力的重要基础。然而，目前部分高职院校的档案信息化管理制度存在明显不足。例如，一些学校未能明确档案管理系统的账号权限设置、电子档案的上传与更新标准，以及档案系统的安全责任等关键方面。这种制度上的缺失导致档案信息化管理职责无法责任到人，难以形成有效的管理合力。这不仅影响了档案数据的共享，也严重制约了档案信息化优势的发挥。

针对这一问题，建议高职院校完善档案信息化管理制度。明确各项管理职责和权限，责任到人。其次，制定详细的电子档案操作流程及标准，保障档案的完整性和安全性。最后，建立有效的监督机制，定期对档案信息化管理工作进行检查和评估，确保各项制度得到有效执行。通过以上措施，既可推动高职院校档案信息化建设的稳步发展又充分发挥其管理优势。

3 高职院校档案信息化建设的有效策略

策略编号	策略描述	实施要点
S1	制定全面的档案信息化规划	明确信息化目标和发展路径 结合学校实际情况制定可行方案 考虑长远发展规划与资源投入
S2	建设数字化档案库	引入先进的数字化设备和技术 将纸质档案逐步转化为电子形式 设立标准化的数据存储格式和检索系统

（续表）

策略编号	策略描述	实施要点
S3	提升档案管理人员的信息化素养	组织信息化培训和技能提升课程 培养管理人员的创新意识和信息技术能力 建立专业的档案信息化管理团队
S4	加强档案信息安全防护	建立完善的档案信息安全体系 制定信息安全管理规章制度 加强网络安全防护和数据备份机制
S5	推进档案信息共享与利用	与校内其他部门建立共享机制 实现档案信息跨时间、跨部门的快速检索和利用 促进档案信息与教育教学的深度融合
S6	加强与外部机构的合作与交流	与相关档案机构建立合作关系 分享经验和资源，共同提升档案管理水平 关注行业动态，及时调整信息化建设策略

以上这些策略构成了高职院校档案信息化建设的核心框架，有助于指导学校制定具体的实施方案，推动档案信息化建设的高效进展，进而提升档案管理工作的整体质量和效率[4]。

3.1 引进数字化技术，推进档案信息化建设

高职院校档案包括了综合、人事、学籍等，工作量比较大，在科技创新日益凸显的今天，新技术不仅可以把珍贵的纸质档案转化为电子档案，还可以提升档案管理工作效率。高职院校要重视档案管理部门信息化设备建设，配置数码扫描设备、复印机、计算机等设施，为档案信息化建设奠定良好物质基础。此外，档案管理人员还可以利用数码相机拍摄校史档案照片、录制校史视频，丰富档案形式，利用动态化视频记载学校发展历史，为校园文化建设提供宝贵素材，助力校园文化建设。其次，学校还要完善档案室软件系统，一方面要引进专业化档案信息化管理软件或系统，完善档案信息化管理平台功能，建立人事、学籍、教学档案、党群和财务档案等模块，满足学校各个部门档案管理需求。另一方面，学校还要引进大数据、人工智能等技术，定期更新各类档案信息，并提供线上档案管理服务，进一步提升档案部门服务质量。

3.2 构建档案信息化管理平台，促进数据共享

建立信息化档案管理平台，尽最大可能发挥信息化档案管理工作职责以及工作价值，才能促使高校学生档案管理工作朝着信息化、规范化、科学化、智能化方向发展[5]。具体措施如下：

第一，高职院校要把智慧校园平台和档案信息化建设衔接起来，建立档案信息化管理平台，便于教师、学生查询档案，提升档案管理服务质量。例如学校档案管理部门可以建立信息化管理系统，及时搜集党支部、团支部、教研室、教师和学生档案相关信息，实施模块化管理，分门别类管理各类电子档案，并明确系统管理员、教研室、党支部、教师和学生账号权限，实现档案查询智能化管理。第二，高职档案管理部门要积极与其他部门合作，及时在智慧校园平台、档案信息化管理系统发布教育部门、学校相关通知，搜集学生学业成绩、教研室教学成果、教师人事档案变动等信息，并线上回复学校教研室、党支部、辅导员、行政等部分问题，实现线上无纸化办公，促进档案数据共享。

3.3 健全档案信息化管理制度，明确管理职责

围绕档案管理工作的开展，一些事业单位仅仅从宏观制度层面针对档案管理内容或流程做了规定，但是档案单位的档案管理制度缺乏细法，无法为细节层面的档案工作提供制度方面的指导[6]。高职院校在抓档案信息化的同时也要抓档案信息化管理制度建设，明确档案管理部门、行政部门、党支部和辅导员等在档案管理中的职责，明确职责划分，整合优质资源，进一步推进档案信息化建设，为学校教育改革奠定良好基础。学校要明确档案管理部门在信息化建设中的领导地位，督促行政、党支部和辅导员等部门配合档案部门工作，及时上传档案数据，便于档案管理部门整合各类档案信息，加快电子档案库建设，促进档案信息化建设发展。例如学校可以构建"一主体＋多部门"档案信息化管理体系，由档案管理部门统筹档案信息化建设工作，明确教职工人事档案、学生学籍、教学档案和校史档案管理职责、档案查阅流程、档案数据更新制度和档案网络安全管理职责等，明确各个部门、个人档案信息化管理职责，进一步提升档案信息化管理效率。此外，学校档案部门要做好内部管理职责划分，明确工作人员档案管理责任，实施精细化管理，安排档案管理人员与学校各个部门对接，缩短沟通环节，及时更新档案信息，及时解决档案管理过程中存在的问题，进一步提升档案信息化管理服务水平。

3.4 组织档案信息化管理培训，打造专业团队

高职院校要重视档案管理部门培训，定期开展档案信息化建设培训，提升档案管理人员信息化素养，打造一支精通数字化技术、创新能力强、服务意识强、专业本领过硬的档案管理队伍，进一步推动学校档案信息化建设。主要举措一是经常举办讲座为档案工作者讲解档案方面最前沿的知识，培养馆员的信息分析能力、安全管理能力、成长创新能力、技术应用能力等各方面的能力。其次学校可以成立档案信息化管理工作室，由本校计算机教师指导档案管理人员开展信息化管理工作，把大数据、智慧校园平台和人工智能等融入档案信息化管理中，整合优质智慧校园建设资源，促进跨部门合作全面提升档案管理质量。

3.5 加强档案数据安全管理，保证信息安全

档案数据安全是保证档案管理合法合规的前提，是整合档案资源和深化档案业务应用的需求，是推进档案事业高质量发展的保障，是促进档案行业数字化转型的重要基础[7]。具体表现在以下几个方面。

第一，互联网在给高职档案管理工作带来便利的同时，也带来了一些风险，例如计算机病毒、网络黑客攻击等，这给各类档案数据安全造成了威胁。因此，高职院校在档案信息化建设中要重视网络安全建设，一方面要加强档案信息化管理系统安全建设，及时更新防火墙、杀毒软件，提升档案管理系统防御能力，抵御外界计算机病毒、网络黑客攻击，避免档案信息泄露。第二，档案管理部门要组织网络安全培训，增强管理人员网络安全意识，督促他们不要在档案室电脑上浏览不相关网站、不要点击不明链接，避免档案管理系统遭受计算机病毒或网络黑客的攻击，提升档案管理系统安全性，保证学校各类档案信息安全。

4 结语

习近平总书记曾深刻指出，要实现高质量发展，必须有新的生产力理论作为指导。当前，新质生产力已在实践中崭露头角，为高质量发展提供了强大的推动力和支撑力[8]。在档案领域，同样需要坚持创新和质量至上的原则。档案信息化不仅是现代档案管理的重要组成部分，更体现了电子档案及电子

库房的专业化和专门化管理需求。它不仅仅是一种技术支撑服务，更代表了档案管理未来的发展方向。

对于高职院校而言，档案信息化的推进离不开现代信息技术的支持。同时，这一过程也呈现出业务延伸和扩展、技术更新换代、需求相对稳定以及项目建设的一次性等特点。在推动档案信息化的过程中，档案馆不仅可以提升自身的管理水平和服务能力，还能为智慧校园的建设贡献力量，促进档案管理人员的专业能力提升，以及推动档案信息化建设的持续发展。更重要的是，这一进程将为高职教育改革发展提供有力的数据支撑和服务保障，助力高职教育迈向新的高度。

注释及参考文献

[1] 王昊魁.国家档案局：加快数字档案馆（室）建设 [N].光明日报,2024-01-30(4).

[2] 张丽霞.智慧校园建设背景下高校档案管理数字化路径探析 [J].兰台内外,2024(8):25-27.

[3] 王东辉.数字时代传统档案向电子档案融合转型研究 [J].数字通信世界,2024(2):173-175.

[4] 周爽.高校学生档案管理信息化平台的建设及发展探究 [C]// 中国智慧工程研究会智能学习与创新研究工作委员会.2022教育教学与管理（高等教育论坛）论文集.2022:3.

[5] 刘蓓蕾.高职院校档案管理的信息化建设分析 [J].经营管理者,2014(8): 15-17.

[6] 李全喜.事业单位档案管理质量保障体系建设研究 [J].兰台内外,2023(10):58-60.

[7] 陈茜月.数字时代档案数据安全管理问题分析与对策研究 [J].档案天地,2023(7): 16-20.

[8] 张弛.战略性新兴产业是发展新质生产力的重要着力点 [J].团结,2024(1):20-23.

档案馆在线数字资源建设的应对之策

——基于《中华人民共和国档案法实施条例》的视角

黄霄羽　白路浩

中国人民大学信息资源管理学院

摘要：档案馆在线数字资源建设水平体现着档案工作开放程度，建设好在线数字资源有助于促进档案共享利用。结合《中华人民共和国档案法实施条例》，从调研档案馆在线数字资源建设现状入手，发现目前建设中存在的问题，并从依需建设、合规建设两个维度提出建设对策。

关键词：在线数字资源；档案开放；档案法实施条例

0 引言

档案数字资源是指以数字形式存在于档案馆中的各种信息资源的集合[1]。基于此档案馆在线数字资源是馆藏中能够在线公布的数字形式的资源，可以在网站、移动客户端、小程序等平台上存储、传输和提供利用。走向开放作为"三个走向"之一，最早由习近平总书记于2003年5月时任浙江省委书记时提出，后与走向依法管理和走向现代化共同成为指导新时代全国档案事业发展的行动指南[2]。档案馆在线数字资源具有开放获取的特性，其建设水平可体现档案工作的开放程度。同时，在线数字资源建设也符合档案信息化的要求，有助于实现档案共享利用，提升档案利用效率和服务质量。《中华人民共和国档案法实施条例》（以下简称《实施条例》）于2024年3月1日正式实施，陈永生等认为其"进一步明确了档案工作的开放导向和共享目标，为推动新时代档案工作走向开放提供全面引导"[3]，或可为我国档案馆在线数字资源建设提供指导。因此，笔者基于《实施条例》的视角，尝试结合法规条文与国内外实践经验提出建设对策，以期推进我国档案馆在线数字资源建设。

笔者在中国知网数据库中，以篇名为检索项，以"档案"并含"在线数字资源"为检索词精确检索，经筛选去重后获得有效文献 52 篇。笔者发现现有成果主要关注中外数字资源建设比较、国内数字资源建设实践、数字资源建设理念与模式、数字资源建设标准等四方面的研究。现有成果多从整体上探讨档案馆数字资源建设，较少聚焦在线数字资源建设问题，更缺乏从《实施条例》入手探讨建设策略，为本文留下研究空间。

1 档案馆在线数字资源建设现状调研

1.1 现状调研

为了解档案馆在线数字资源建设现状，考虑经济发展水平和数字档案馆建设实践，笔者选取北京、天津、上海、重庆、浙江、深圳、青岛等代表性地区的档案馆网站，就其在线查询利用版块做网络调研。

调研发现，目前各馆在线数字资源以开放档案目录为主，均符合《实施条例》公布开放档案目录的要求，个别馆涉及部分数字化原文、馆内编研成果、知识图谱等。其中，北京、天津、浙江三地档案馆网站中提供有部分档案的数字化原文，可直接在线阅览，但多为新中国成立前历史档案。如在北京市档案信息网中可检索到 20537 条具有原文标识的档案目录，但建国后具有原文标识的条目数为 0；在天津档案方志网中可找到 294434 条能查看原文的档案目录，但形成时间为 1949 年之前；在浙江档案网中可浏览到带有原文的民国档案目录，无建国后档案的查阅链接。上海、青岛两地档案馆网站未提供开放档案对应的原文，但有数字化形式的编研成果、知识图谱等。如上海档案信息网中提供数字化的史料汇编全本，还为每条目录创建知识图谱以呈现与其他档案的主题关联；青岛档案信息网中按主题类型提供图片和文本形式的档案史料选编。此外，重庆档案信息网未提供原文链接，深圳市档案馆虽提供浏览全文的链接，但点开后提示没有电子全文，且无筛选功能，无法确定是否提供有档案原文。

1.2 问题分析

调研发现目前国内档案馆在线数字资源以开放档案目录为主，虽有部分原文，但主要为新中国成立前历史档案。而目前《档案法》规定封闭期为 25 年，可见大部分档案未能在线开放，表明在线数字资源建设丰富度不足。数字资源是开展线上查询利用服务的基础，《实施条例》中要求档案馆"推进档案查询利用服务线上线下融合"，但目前用户可直接在线获取的档案资源较少，多数用户仍需到馆或线上申请利用，导致线上线下利用服务融合的效果不佳。一是融合的深度不够。虽可线上申请利用，如北京市档案信息网提供预约查档服务，用户可填写《预约调卷登记表》申请利用未上线原文的档案，但仍需用户到馆才能查阅全文，可见当前未能真正实现融合，用户仍受时空限制，无法随时随地获取档案资源。二是融合的效率不高。档案馆在依申请提供利用时基本被动，需对每一个利用申请进行一对一的回应，如果多个人提同一利用需求，档案馆工作人员需逐一重复答复，不利于提高服务效率。故需探讨如何合理高效地建设档案馆在线数字资源，以助力解决上述问题。

目前档案馆单方面在线开放的资源，尚不能实现与用户需求的有效对接，需进一步以用户为中心，依需建设在线数字资源。同时，档案馆在线数字资源建设中也应考虑档案公布权，版权归属，国家秘密、商业秘密与个人隐私保护等问题，确保资源建设的合规性。《实施条例》在根据社会需求开放档案、档案公布权和档案利用程序等方面均作出规定，可为在线数字资源的依需、合规建设提供分析视角。故笔者结合法规条文和实践经验，从依需、合规两方面探讨相关建设对策。

2 依需建设，回应与分析需求丰富资源

2.1 关注显性需求同步上线资源

档案馆可在查询利用服务中依据用户需求来丰富在线数字资源。在线上预约查档功能逐步开放过程中，用户根据开放档案目录查阅无对应原文档案的请求会逐渐增多。如果请求查阅的档案不涉密和涉及个人隐私，且权属明确，档案馆可考虑直接将其同步到在线数字资源库中，如此既可方便当前和未来用户获取利用，也能促进档案馆在线数字资源建设，提升在线数字资源的丰富度。

目前，国外已就此开展具体实践。如芬兰国家档案馆开展数字交付试验，将用户订阅的符合数字交付标准的档案上传至服务门户中供用户检索利用，

此举有助于建设用户真正需要的在线数字资源。[4]再如挪威国家档案馆提倡按需数字化，依据用户申请进行开放目录中档案的数字化工作，并将对应的数字化副本发布到数字档案馆中供用户利用，该做法也可在满足用户需求的同时充实在线数字资源。[5]

结合我国实际，如果用户请求符合在线开放要求，可直接将所需档案的数字化副本链接到开放目录中，如果用户请求的档案尚未数字化，则可由档案馆数字化后再链接到开放目录中，进而在回应用户显性需求的同时丰富在线数字资源。除关注用户需求外，档案馆还应根据工作需要，如应对重大突发事件、赋能国家治理需要、传播红色文化等需求时建设在线专题数据库，提供决策参考、教学资源和研究资料。如青岛市档案馆在新冠疫情期间积极建设疫情防控档案专题数据库，实现专题数据在线汇集和在线利用。[6]

2.2 分析隐性需求科学对接资源

档案馆可在分析隐性需求基础上建设在线数字资源，实现资源与需求的有效对接。首先档案馆实施馆藏数据化为分析隐性需求创造条件。档案数据化有助于创新以需求为导向的服务模式，提升档案馆对馆藏资源的把控能力。[7]可见，馆藏资源数据化是分析隐性需求、实现资源对接的重要条件，《实施条例》也鼓励有条件的单位开展文字、语音、图像识别工作，以推进馆藏数据化。在数据化工作中可引入人工智能技术来辅助，提高数据化的效率。如2024年2月瑞典国家档案馆展示了识别历史文本的人工智能模型，准确率达到95%，使档案数字化副本中手写文本的批量识别成为可能，进而加快数据化进程。[8]

其次档案馆强化需求分析主动发布相匹配的资源。即在充分调研用户需求和了解馆藏资源基础上，前瞻性地建设在线数字资源，将用户可能所需的开放档案批量上传，实现需求与馆藏有效对接。如莫斯科档案馆在分析档案检索平台的服务日志后发现广大居民对家族史有着浓厚兴趣，随后联合其他档案馆运用神经网络技术分析约170万份馆藏数字档案，并建成在线数字资源库提供利用。[9]

再次档案馆创造需求实现资源有效利用。分析隐性需求的目的是创造需求，资源有效利用才是资源建设最终目的，档案馆依需建设的在线数字资源应可用且易用。如上海市档案馆推出的知识图谱虽能直观呈现检索结果，方便用户了解关联的主题信息，但无法展示档案的原文内容。但2023年12月西班牙在档案门户网站（PARES）中推出具有人工智能的新搜索引擎，加入手写体识别和概率索引，可直接识别数字图像上的单词分布，方便用户了解内容信息。[10] 对比国内外的差距，档案馆在分析需求基础上构建智能检索模型，协助用户发现意想不到的资源，进而衍生新的需求，实现建成资源的有效利用。如此，也可破解线下利用为主的局面，推进查询利用服务线上线下融合发展。

3 合规建设，明晰权力与责任完善机制

3.1 明确公布权限建立协同审批机制

《"十四五"全国档案事业发展规划》要求稳步推进开放档案全文在线查阅，为在线档案原文资源建设提供了依据，有助于提高在线数字资源的数量和质量。而《实施条例》中规定可通过电子出版物公开出版、计算机信息网络公开传播等形式公布档案，可见上线档案数字资源正是公布档案的体现，故在线数字资源建设与档案公布密切相关。因此，档案馆建设在线数字资源时应明确档案公布权限，保障建设的合规性。《档案法》已规定档案的公布权，即国家所有的档案由国家授权的档案馆或有关机关公布，非国家所有的档案其所有者有权公布。《实施条例》进一步明确保存在不同机构档案的公布程序和寄存档案的公布权限，且指明单位和个人在利用档案时未经同意无权公布。可见，档案公布涉及多个主体，而建立档案公布的协同审批机制，可提高公布的效率和准确性，加快在线数字资源建设进程。

档案公布是在开放审核后确定开放档案是否可以公开发布，程序较开放审核简单，主要需明确版权归属，且不泄露国家秘密、商业秘密和个人隐私。具体实践中，档案馆应首先明确档案所有权，征询档案所有者的公布意见，同意公布时再审核确定是否存在版权问题，是否涉密和含有个人隐私，都不涉及时可直接在线公布。涉及版权问题时需协同档案所有者逐级追溯版权持有人，并寻求版权持有人的意见，经同意后再在线公布。当版权不清晰以及涉密情况不确定时应报档案主管部门研究审核，同意后方可在线公布。所有权属个人且含该个人的隐私时，经该个人同意可在线公布含有其隐私内容的档案。此外，单位和个人在利用档案时，档案馆应告知其无权直接公布档案，确有公布需求的应先提交申请，并在获得授权后进行公布。

3.2 通晓建设责任细化在线利用规制

《实施条例》规定了不按国家规定开放、提供利用档案的法律责任，因此档案馆需落实档案开放利用责任，包括推进在线数字资源建设，以方便线上利用。《实施条例》与在线数字资源建设相关的责任要求主要有二：一是明确档案利用的条件、范围、程序等，并在官方网站公布相关信息；二是保障不同网络环境中档案数字资源的收集、长期安全保存和有效利用。因此，档案馆应通晓建设责任，并通过细化在线利用规制确保在线数字资源合规建设。

其一，细化开放目录中无原文的档案的利用规定。档案馆可通过发布限制利用声明的方式使用户了解开放范围、获取程序、申诉渠道等。如挪威国家档案馆设置专门网页介绍未在线开放的档案如何利用，其中包括不开放原因、访问程序、访问权限、保密协议签署、申请被拒绝后的上诉途径等。[11]如此，既有助于档案馆按照规定建设在线数字资源，合规开放档案原文，也可方便用户申请利用未在线开放的档案，推进线上线下查询利用高效融合。

其二，明确在线数字资源依需建设过程中的申请条件。档案馆应在用户提出资源上线请求前明确申请的具体条件，包括申请上线档案的年限、申请方式的要求、数字化的适用性等，以减少不合理请求，保障在线数字资源建设的合规性。如挪威国家档案馆在按需数字化中规定，用户应描述申请理由、尽可能慎重申请，以及必要时需先获得授权等。[12]

其三，制定在线数字资源收集、存储与共享利用标准。据调研情况，我国各馆在线查询利用系统的资源组织、展示方式存在较大差别，统一标准的缺失使在线数字资源建设缺乏系统性，不利于档案馆按照规定共享资源。故档案主管部门应加快制定相关标准，提供具体的规范性指标，协助档案馆更好地落实责任，以高效合规地建设在线数字资源。

注释及参考文献

[1] 赵雪芹. 档案数字资源发现服务研究 [J]. 档案学通讯,2013(1):43-47.

[2] 中国档案资讯网."三个走向"是新修订档案法的思想灵魂 [EB/OL].[2024-04-12]. http://www.zgdazxw.com.cn/news/2020-08/31/content_310473.htm.

[3] 陈永生,包惠敏,邓文慧.完善档案法规体系 推动档案工作走向开放——以《中华人民共和国档案法实施条例》为分析视角 [J]. 浙江档案,2024(2):13-16，19.

[4] Kansallisarkisto.Digitaalinen toimittaminen[EB/OL].[2024-04-13].https://kansallisarkisto.fi/digitaalinen-toimittaminen.

[5] [12] Arkivverket.Tilbud om digital tilgjengeliggjøring på forespørsel[EB/OL].[2024-04-13].https://www.arkivverket.no/tjenester/tilbud-om-digitalisering-pa-foresporsel.

[6] 中国档案资讯网 . 青岛建疫情防控档案专题数据库 [EB/OL].[2024-04-25].http://www.zgdazxw.com.cn/news/2020-05/19/content_305703.htm.

[7] 赵跃 . 大数据时代档案数据化的前景展望：意义与困境 [J]. 档案学研究 ,2019(5):52-60.

[8] RIKSARKIVET.Ny banbrytande AI-modell för svenska historiska texter[EB/OL].[2024-04-13].https://riksarkivet.se/nyheter-och-press?item=120354.

[9] ТАСС.Московские нейросети проанализировали более 4,5 млн образов с архивными записями[EB/OL].[2024-04-13].https://tass.ru/obschestvo/17970767.

[10] Portal de Archivos Españoles (PARES).Motor de b ú squeda PARES con Inteligencia Artificial[EB/OL].[2024-04-13].https://pares.cultura.gob.es/pares-htr/.

[11] Arkivverket.Taushetsbelagte opplysninger[EB/OL].[2024-04-13].https://www.arkivverket.no/kom-i-gang-med-arkiv/taushetsbelagte-opplysninger.

质量大数据的档案化管理：价值、挑战与路径

王薇

北京机电工程总体设计部

摘要： 质量大数据档案化管理对实现质量数据的关联与有序化、提升企业质量管理水平和质量知识经验的积累具有举足轻重的作用。本文在阐述质量大数据定义与功能的基础上，分析质量大数据档案化管理的价值与意义，厘清质量大数据档案化管理面临的问题，旨在从原则、技术、目标方面探讨推进质量大数据档案化管理的路径，以拓展档案数据管理的方向，促进企业质量管理目标的实现。

关键词： 质量大数据；档案化管理；质量管理；档案信息化

0 引言

党的二十大报告明确指出，高质量发展是全面建设社会主义现代化国家的首要任务，要求加快建设质量强国。2023年2月，中共中央、国务院发布《质量强国建设纲要》，确立了新时期质量工作的方位，掀开了新时代建设质量强国的新篇章。质量是国家竞争力的重要标志，是实现现代化的重要支撑。以大数据为代表的新一代信息技术与质量管理深度融合产生质量大数据，不断提升制造业全要素、全价值链、全产业链质量管理活动数字化、网络化、智能化水平，加速制造业的数字化转型。而随着大数据、传感器、人工智能等技术领域的飞速发展，一些原本比较隐蔽的质量特征、关联关系可以从质量大数据中得到挖掘。质量大数据可以将各类工业场景下的质量风险暴露，实现质量关联关系挖掘、质量水平优化和质量经验知识积累，达到工业产品和服务向中高端转型升级的目的，提升整体行业效益。

1 质量大数据的定义与功能

1.1 定义

人们对质量概念的认识经历了一个不断发展和深化的过程，在质量管理学中，质量被定义为"客体的一组固有特性满足要求的程度"。关于质量大数据，现有的研究基本从要素内容、来源或形式等不同的维度上进行定义。2022 年工信部发布的《质量大数据白皮书》认为质量大数据根据质量管理在不同生产体系、管理体系和数据基础等上下文的内涵不同，决定了其边界和内容。例如，从数据要素的角度，质量大数据是围绕工业产品各种质量要求（功能型质量、性能质量、可靠性质量、感官质量等）在不同阶段（研发设计、生产制造、使用运行等）所产生的与产品质量相关的各类数据的总称，覆盖了人、机、料、法、环、测等多个因素。从业务范围的角度，质量大数据除了应用于单个企业内部的特定业务环节，也包括上下游企业构成的供应链协同和联动，甚至覆盖一个产业生态圈。

贾丰胜等学者认为"从管理角度分析，质量数据是对产品质量状况的描述；在数据内容方面，质量数据至少应包括产品形成过程中的设计指标数据、生产性能数据、试验数据、设备运行状态数据、质量问题描述及处理数据等；在数据记录形式上，传统的记录主要以纸质或电子的指标记录为主"。[1]

从以上描述可以看出，质量大数据有数据、管理、业务等不同的维度，不同维度上的差别决定了质量大数据的定义与内容在不同行业、不同企业的侧重点不同。总的来说，质量大数据是指通过数据采集、存储、处理和分析等技术手段，获取的关于产品、过程或服务质量的数据。

1.2 功能

1.2.1 是企业合规体系的重要组成部分

企业合规是企业为防范法律法规、监管政策、环境管理、反商业贿赂和信息安全等各个维度的合规风险而制定的系统化合规管理体系。质量合规作为企业防控质量风险而设计的合规体系，无疑是企业合规不可或缺的部分。数字经济时代，质量大数据作为涵盖整个产品设计、生产、管理及客户服务等活动信息的载体，更是企业的重要资源。质量大数据是反映企业质量管理体系运行是否适宜、充分及有效的真实性证据，也是企业遵循"基于事实的决策"质量原则的具体体现。

1.2.2 实现企业质量控制与改进

质量大数据应用不仅可以帮助企业实现质量控制，还可以推动质量的持续改进。应用质量大数据，通过对比分析、仿真分析等技术，分析产品设计、生产、管理过程的质量状况，发掘风险源，消除潜在隐患。通过对历史数据的分析，企业可以找出质量问题的根源，制定针对性的改进措施，并不断优化生产服务流程，提高产品质量和客户满意度。

1.2.3 助力企业质量风险防控与预测

质量大数据具有很强的实时性与动态性，通过实时监控产品设计、生产和服务过程，及时发现潜在的质量问题，识别质量风险，对风险发生的频率和后果进行分析，并采取相应措施进行干预，从而避免质量事故的发生。同时，基于处理后的数据，可以构建质量预测模型，对产品和服务的质量进行预测，实施主动性、前瞻性的质量管理，倒逼质量管理水平的提升。

2 质量大数据档案化管理的价值与意义

"档案化管理"是"使文件档案化而采取的管理措施，如在电子文件管理系统里建立元数据著录机制等"。[2] 它要求"不将其仅局限于对人类知识和记忆在人体外得到记录、储存行为和过程的描述，而是考虑将其上升为对世上一切得到记录储存的信息或数据的管理原则"。[3] 在数字转型的背景下，有学者进一步提出"数据资源档案化"的概念，即为确保数据资源完整、有效、可理解和可持续而给予档案化干预和管理的过程。[4]

对于质量大数据档案化管理而言，最根本的是立足广泛、全面的资源保存目标，完整、有效地实现质量数据资源的存储与管理，同时拓宽档案管理在大数据、网络化场景中的实践路径。档案数据已保存了大量产品设计、生产、销售等方面的记录，具有广源性、累积性和扩展性等特征，可提供完整真实的数据资源作为新质生产力的生产要素。数字时代，传统档案数据以及原生数字资源存档形成的海量档案数据得到整合与关联，开放互联的资源库也为质量大数据的共建共享提供基础设施。质量大数据的档案化管理，除了丰富档案数据资源体系，更重要的是激发企业的业务效能，提升工作效率：一是通过跨主体、跨平台、跨类别的数据资源整合实现内、外部质量档案信息的联通与融合，实现基于特定业务目标或质量管理目标的资源保存；二是消除信息孤岛和信息查询、利用壁垒，确保业务活动参与方信息获取的全面性、及时性和准确性，形成合理运行的知识体系。

只有经过筛选、序化和描述，将散乱、多模态的质量数据按照一定的逻辑结构组织成有序化、结构化、系统化的资源体系，才能够快捷准确精准地获取数据，支持深入挖掘与开发。与互联网数据资源，社会数据资源等相比，档案数据资源是一种真实、可靠和具有权威性和凭证性的原生信息资源。质量大数据的档案化管理从一定程度上可以实现质量大数据的分类管理和有序化，有助于形成标准化、专业化参考性知识。

3 质量大数据档案化管理面临的挑战

3.1 数据来源复杂且动态性强

"产品质量大数据来源复杂，包含产品从设计、生产到消费使用、循环利用全生命周期所有环节产生的海量数据；数据格式多样化，有结构化数据、半结构化数据和非结构化数据，载体有文字、图像、声音、方位等。"[5]随着产品的集成度和复杂度越来越高，质量大数据涉及多要素、多领域、多环节、跨组织，同时涉及人、机、料、法、环等不同的要素，综合研发、设计、生产、工艺、调试和后服务等多个业务环节，数据供给涵盖范围广且动态性强。

3.2 数据整合度低且维度单一

跨企业、跨平台的数据整合是质量大数据有效应用的前提。目前，质量大数据采集主题、采集方式和采集途径的多样性，导致质量数据分布广泛，多源异构。质量大数据缺乏采集和传输技术、基础标准的顶层设计。纵向或横向上，出于技术保密和商业竞争的考虑，不同的主体缺乏共享数据的强烈需求和内在动力，对数据口径、格式标准不统一，缺乏数据整合和共享的机制、渠道等。从企业内部来看，质量大数据散落在不同的业务系统，缺乏有效的整合，更缺乏针对特定分析主题的灵活数据供给机制。数据不完整、逻辑混乱、数据造假、细节性数据缺失等数据质量问题也为质量大数据档案化管理带来困难和挑战。数据关键字段的完备性统一性、颗粒度和多样性是高维度数据整合存在的普遍问题，这让数据质量问题在质量大数据场景下更突出。

3.3 缺乏组织协同与技术应用

质量大数据分析需要与管理流程、组织能力匹配，需要整合设计、工艺、生产、检测、调试和后服务等多个环节。目前很多企业依靠单一部门驱动质量大数据项目的实施与落地，缺乏全员参与意识和相关部门在行动上的融入。材料供应商、设备供应商、生产技术服务商、信息技术供应商和企业分别从不同的角度去努力，缺乏共性的信息基础和协同机制，很多上下文信息、领域知识、实操经验缺乏有效的分享。质量大数据的利用需要数据分析技术与相关专业领域知识的有机融合，但目前同时具有领域知识、大数据操作经验的人才较少，数据的分析利用十分有限。

3.4 价值上追求短期实效

企业希望实现全生命周期的优化质量管控，但跨主体跨平台跨部门质量大数据从采集开始便困难重重。质量是同业间重要竞争力之一，彼此间缺乏有效的数据共享机制，若无共同价值追求，内在分享驱动有限。不同行业不同企业关注的侧重点不同，生产体系管理体系的差异造成形成和关注的质量数据的重点不尽相同，所追求的管理效能和经济效益也存在较大差别。单一企业受数据、工程能力等技术层面的限制，也受制于产能、市场竞争、投资收益风险等短期经营指标的制约，对质量分析要求快速看到对应的产出回报。

4 质量大数据档案化管理的推进策略

4.1 原则：全业务全组织全流程的数据采集与融合

质量大数据融合是将业务系统、数据采集器中多层次多角度多方面的异构质量数据接入、融合到档案数据管理平台，以实现全业务、全组织、全流程的数据关联。传统的质量分析由于采集数据有限，分析数据局限于"部分样本"，无法从全局的角度获得可靠性最佳。构建顺畅的主体参与机制，主动强化与质量主管机构、材料设备供应商等组织机构的协同联动机制，形成完备的档案数据来源管控机制。"与传统纸质档案相比，档案数据在采集、存储、利用和处置等各阶段衔接更加密切，可能会产生系列式和链条式风险。"[6] 全流程原则是质量大数据档案化管理需涵盖采集、存储、管理、利用和处置等全生命周期。

4.2 技术：推进数据关联与数据共享

随着知识图谱、语义发掘等知识关联技术的落地，技术红利能够有效赋能档案服务平台的深化建设，进一步集成多样数据与服务功能，提高档案数据资源的可及性和可用性。区块链技术的出现以其去中心化、开放性、自治性和不可篡改性等特点给大数据管理带来新的思路，不仅能够集成大量的电子档案数据，提供数据信任与保护，同时也提供了便捷、安全和快速的共享访问服务。运用机器学习、深度学习等人工智能算法实现面向历史数据、实时数据、时序数据的聚类、关联和预测分析成为当下质量大数据分析技术的核心。通过技术应用，"推动数据由'量'的增长向'质'的飞跃变革，基于大数据的质量分析将从传统的寻找单链条因果关系跃迁到寻找多链条因果之间的关联关系，有助于突破质量可靠性理论局限，发现新的质量可靠性规律、挖掘新的潜在价值，形成'超前质量观'"。[7]

4.3 目标：数据驱动的知识服务与质量管理优化

质量大数据驱动的制造可以被视为智能制造的必要条件和必然趋势。在设计、研发、生产等过程中，通过数据驱动来提高整个过程的针对性、准确性、灵活性和高效性，最终实现对质量的实时管理和精准控制。随着产品数字化和智能化的发展趋势，产品研制模式也在向数字化和智能化转变，传统的基于文档的系统工程研制模式越来越难以满足产品研制及质量特性工作需求。在这一背景下，在管理经验和知识的传承方式上，将"以人和文档为载体"的模式转变为"以数字为载体"的模式。[8] 通过质量大数据的档案化管理，质量知识得以最大限度地保存，"质量管理知识将可以跨越物理时空，实现更大范围的沉淀；知识载体是数据和模型，经过大量数据不同场景的证伪检验，可信度相对客观的评价，消除了传承损失，复用成本更低"。[9] 此外，基于质量大数据驱动的档案管理，可以在信息保全的基础上通过数据的联动作出前瞻性的预测、决策、推理和判断，为不同场景下的用户推送与其需求相适应的档案信息和知识，为精准式的信息服务提供决策支持，并为企业质量管理的优化提供信息支撑。

注释及参考文献

[1] 贾丰胜, 王禹铭. 航天质量大数据管理和应用研究 [J]. 质量与可靠性,2020(2): 46—50.

[2] 何嘉荪，史习人.对电子文件必须强调档案化管理而非归档管理 [J]. 档案学通讯，2005(3):11-14.

[3] 何嘉荪，马小敏.后保管时代档案学基础理论研究之四——档案化问题研究 [J]. 档案学研究,2016(3):4-11.

[4] 赵跃，孙晶琼，段先娥.档案化:档案科学介入数据资源管理的理性思考 [J]. 档案学研究，2020(5):83-91.

[5] 郭艳平，谭莹.产品质量的精准治理及其实现 [J]. 质量探索,2018(2):24-28..

[6] 张鹏飞，自正法.数字时代企业档案数据合规体系的基本风险和建构路径 [J]. 档案学通讯,2024(2):74-81.

[7] [8] [9] 工业装备质量大数据工业和信息化部重点实验室,工业和信息化部电子第五研究所·赛宝智库·质量大数据白皮书 [R]. 北京:工信部,2022.

逻辑与特征：
人工智能在高校档案管理中的融合应用

甘长来

北京信息科技大学

摘要：随着人工智能技术的快速发展，其在高校档案管理领域的融合应用已成为提升管理效率、质量和安全性的关键。本文分析了传统高校档案管理面临的挑战，如存储空间限制、处理效率低下、信息检索复杂性和数据安全风险；进一步探讨了人工智能在档案管理中的应用逻辑，包括智能化的数据采集与预处理、自动化的档案分类与索引、基于深度学习的信息检索与分析、档案保管与维护的智能监控以及个性化的用户交互与服务。最后，总结了人工智能在高校档案管理中的核心特征与优势，如提升效率与准确性、实现自动化与智能操作、确保安全与可靠性以及促进互联与协作能力。

关键词：人工智能；高校档案管理；自动化；智能化

1 人工智能技术概述

随着社会各行各业的数字化转型，传统的档案管理方式已经难以满足信息化时代带来的海量数据管理需求，为了提升档案管理效率、保障档案信息安全、促进档案信息共享和社会利用，加快构建和完善数字档案管理体系则成为必然要求。[1]人工智能与档案工作之间有着密切的关系。人工智能技术正在对档案管理、保存和利用产生深远的影响。通过深入挖掘和利用人工智能技术，可以推动档案工作的自动化、智能化和高效化，提高档案工作的质量和效率，为社会的可持续发展做出更大的贡献。

2 高校档案管理面临的挑战：传统模式的局限与问题

高校档案管理的传统模式主要是基于纸质档案的管理，包括档案收集、整理、分类、存储、检索和利用等环节。在这种模式下，档案的管理工作主要依靠人工完成，工作效率相对较低，而且容易出现误差。结合国内外比较分析，总结了其在不同层面存在的主要问题，包括应用场景有待拓展和丰富、应用环节有待深化和集成、技术与管理原则有待落地和融合。[2]

2.1 物理存储空间的限制

随着高校的发展，档案数量不断增加，而存储空间有限，难以满足长期保存的需求。传统的高校档案管理主要依赖于纸质档案，包括学生档案、教师档案、行政档案、财务档案等，需要大量的物理空间进行存储，并且需要专门的人员进行管理和维护。

2.2 档案处理效率的不足

传统档案管理模式下，档案的管理主要依靠人工完成，工作量大，效率低下，难以满足快速查询和利用的需求。在传统的档案管理模式中，大部分的操作都是手工进行的，包括档案的归档、检索、借阅等，效率较低，且容易出现错误。由于大部分操作都是手工进行的，不能满足高校快速发展的需求。

2.3 检索与访问信息的复杂性

由于纸质档案的特殊性，信息查询需要人工翻阅、查找，操作烦琐，效率低下。档案信息不完善，难以满足学校性质、教学、教研工作的需要，查询时无法获取完整信息。传统档案管理模式缺乏信息化支持，难以实现档案数字化、网络化、智能化管理。

2.4 数据安全性的潜在威胁

纸质档案容易受潮、霉变、虫蛀等，且易被篡改、损坏，存在数据安全风险。纸质档案容易受到损坏，一旦发生火灾、水灾等情况，可能会导致档案的丢失。此外，由于档案的封闭管理，也存在一定的信息安全隐患。

3 人工智能在高校档案管理中的应用逻辑与实践

有学者从人工智能的价值属性符合档案管理主体的主观需求、信息技术进步夯实人工智能嵌入档案管理的基础、政策与实践的跟进推动人工智能嵌入档案管理的进程三个方面探讨人工智能嵌入档案管理的逻辑。[3]信息技术进步夯实了人工智能嵌入档案管理的基础。

3.1 智能化的数据采集与预处理

3.1.1 智能数据采集技术

在自动识别与分类方面，利用人工智能的图像识别和自然语言处理技术，档案管理系统可以自动识别、分类和整理纸质档案中的信息。例如，通过 OCR（光学字符识别）技术将纸质文档转化为数字文本，通过图像识别技术识别文档中的图片、图表等，从而实现档案的自动录入和分类。在智能采集与监控方面，利用物联网技术，档案管理系统可以实现对档案室的智能监控和采集。例如，通过安装温湿度传感器、烟雾报警器等设备，实时监测档案室的环境状况，确保档案的保存安全。同时，通过 RFID（无线射频识别）技术，可以实现对档案的自动盘点和追踪，确保档案的完整性和安全性。

3.1.2 数据预处理的智能化方法

在数据清洗与校验方面，人工智能可以利用机器学习算法对采集到的数据进行清洗和校验。例如，通过异常值检测算法识别并处理数据中的错误和异常值，通过数据去重算法去除重复数据，从而确保数据的准确性和完整性。在数据关联与挖掘方面，利用人工智能的关联分析和数据挖掘技术，可以对预处理后的数据进行深入分析。例如，通过关联分析算法发现档案之间的内在联系和规律，通过数据挖掘算法挖掘出隐藏在数据中的有价值信息，从而为高校的教学、科研和管理工作提供有力支持。在数据标签与分类方面，人工智能可以利用自然语言处理和图像识别等技术对预处理后的数据进行自动标签和分类。例如，通过自然语言处理算法对文本内容进行关键词提取和主题分析，从而为档案添加合适的标签和分类，方便后续的查询和检索。

将人工智能嵌入高校档案管理中，可以实现数据采集与预处理的智能化。这不仅可以提高档案管理的工作效率和质量，还可以确保数据准确性和完整性，为高校教学、科研和管理工作提供更加全面、高效、便捷的档案服务。同时，随着人工智能技术的不断发展，未来高校档案管理还将实现更多智能化功能和应用场景，为高校的发展提供更加有力的支持。

3.2 自动化的档案分类与索引

3.2.1 自动化的档案分类与索引

在机器学习算法的应用方面，通过机器学习算法，尤其是监督学习和无监督学习，档案管理系统可以自动对档案进行分类。例如，利用决策树、随机森林或神经网络等算法，根据档案的内容、格式、来源等特征进行自动分类。在自然语言处理技术的运用方面，自然语言处理技术可以帮助系统理解档案的内容，从而进行更准确地分类。例如，通过文本挖掘和情感分析，系统可以识别出档案的主题、关键词和情感倾向，为档案分类提供有力支持。

在持续学习与优化方面，随着新档案的不断加入，档案管理系统可以通过持续学习来优化分类效果。例如，利用增量学习或在线学习算法，系统可以在不影响现有分类效果的前提下，逐步学习新档案的特征，提高分类准确性。

3.2.2 档案索引自动化处理

在自动化索引生成方面，基于人工智能的档案管理系统可以自动生成档案的索引。通过自然语言处理技术提取档案中的关键词、短语和句子，然后利用信息检索技术将这些元素组织成索引结构，方便用户快速查找和定位档案。在智能语义索引方面，除了基本的关键词索引外，人工智能还可以实现更高级的语义索引。例如，通过语义分析技术识别档案中的概念、实体和关系，然后构建语义网络或知识图谱，实现更深入的档案检索和利用。在索引优化与更新方面，随着档案内容的不断变化和更新，档案管理系统需要定期优化和更新索引。人工智能可以通过分析新加入的档案和用户的检索行为，调整索引结构和权重，提高检索效率和准确性。

人工智能嵌入高校档案管理中可以实现档案分类与索引的自动化。这不仅可以大大提高档案管理的工作效率和质量，还可以为用户提供更加便捷、高效的档案检索和利用体验。同时，随着人工智能技术的不断发展和进步，未来高校档案管理的自动化水平还将得到进一步提升。

3.3 基于深度学习的信息检索与分析

3.3.1 利用深度学习优化信息检索过程

在语义理解与匹配方面，传统的关键词检索方式往往忽略了文本的语义信息。深度学习技术，如循环神经网络（RNN）和变换器（Transformer）模型，能够理解和处理文本的语义内容，实现更精准的语义匹配。在自动化标签和分类方面，利用深度学习技术，档案管理系统可以自动为档案生成标签和分类。这些标签和分类不仅基于关键词，还基于文本的语义内容，从而大大提高了信息检索的效率和准确性。在个性化检索推荐方面，深度学习技术可以分析用户的检索历史和偏好，为用户推荐相关的档案信息。这种个性化推荐不仅提高了用户满意度，也提高了档案信息的利用率。

3.3.2 深度学习技术在信息分析中的应用

在情感分析方面，深度学习模型可以分析档案文本中的情感倾向和情感表达，从而提供情感分析报告。这对于了解师生的情感状态、教学反馈、科研合作等方面具有重要意义。

在趋势预测方面，通过对大量档案数据的深度学习分析，可以预测某些领域或主题的发展趋势。这对于高校的教学和科研规划具有重要的参考价值。在知识图谱构建方面，深度学习技术可以帮助构建档案知识图谱，将分散的档案信息关联起来，形成知识网络。这不仅提高了信息检索的效率，也为知识挖掘和再利用提供了可能。

3.4 档案保管与维护的智能监控

3.4.1 构建智能监控系统

在环境监测方面，利用物联网技术，可以实时监控档案室的环境状况，包括温度、湿度、光照、空气质量等。这些数据通过传感器收集后，通过网络传输到数据中心，人工智能算法对这些数据进行分析，确保档案保管环境的适宜性。在安全监控方面，通过安装摄像头、烟雾报警器、红外线探测器等设备，实现对档案室的安全监控。一旦有异常情况发生，如火灾、水浸、非法入侵等，系统可以立即发出警报，并自动启动应急预案。在档案状态监测方面，利用 RFID 技术，可以实时追踪档案的位置和状态。系统可以监测档案的借阅、归还、移动等操作，确保档案的完整性和安全性。

3.4.2 人工智能技术在档案监控中的运用

在预测性维护方面，通过分析历史数据和环境监测数据，人工智能可以预测档案室可能出现的问题，如设备故障、环境异常等。这样可以提前进行维护和干预，避免问题的发生。

在自动化控制方面，根据环境监测的结果，人工智能可以自动控制档案室的设备，如空调、除湿机、照明等，确保环境始终处于最佳状态。

在异常检测与报警方面，当系统检测到异常情况时，如温度过高、湿度过大、火灾等，人工智能可以立即发出报警，并通过手机短信、电子邮件等方式通知相关人员进行处理。

人工智能在高校档案管理中的档案保管与维护的智能监控方面具有广阔的应用前景。智能监控可以大大提高档案保管与维护的效率和准确性，减少人工干预和误差，预测性维护和自动化控制，可以降低维护成本和提高设备使用寿命。通过构建智能监控系统，结合物联网和人工智能技术，可以实现对档案室的全面、实时、高效的监控和管理，确保档案的完整性和安全性。

3.5 个性化的用户交互与服务

3.5.1 定制化用户交互界面设计

在智能问答系统方面，利用自然语言处理技术，档案管理系统可以构建智能问答系统，自动回答用户关于档案的问题。这种交互方式更加直观和便捷，提高了用户满意度。在定制化用户界面方面，通过分析用户的偏好和行为，系统可以为用户展示定制化的用户界面，如调整界面布局、颜色、字体等，以满足用户的个性化需求。在多模态交互方面，结合语音、图像和文本等多种交互方式，系统可以为用户提供更加自然和多样化的交互体验。

3.5.2 个性化服务推荐系统

在基于用户画像的推荐方面，通过构建用户画像，系统可以了解用户的兴趣、需求和行为特点，从而为用户推荐相关的档案信息和服务。在基于历史行为的推荐方面，系统可以分析用户的历史行为，如档案查询、借阅等，预测用户的未来需求，并提前为用户准备相关的档案资源和服务。在协同过滤推荐方面，利用其他用户的相似行为和兴趣，系统可以为当前用户推荐与其相似的其他用户所喜欢的档案资源和服务。

3.5.3 智能化客户服务体系

在智能咨询助手方面，通过自然语言处理和知识图谱等技术，系统可以构建智能咨询助手，自动回答用户的问题和提供帮助。在线客服机器人方面，利用深度学习技术，系统可以构建在线客服机器人，与用户进行实时交互，解决用户的问题和需求。在个性化反馈处理方面，系统可以自动收集和分析用户的反馈和建议，为用户提供更加个性化和高效的服务。

人工智能的融合应用为高校档案管理带来了革命性的变革。未来，随着AI技术的不断进步，我们有理由相信，高校档案管理将更加智能化、高效化，更好地服务于高校的教学、科研和管理工作。同时，我们也应持续关注AI技术在档案管理中的伦理、隐私和法律问题，确保技术的健康发展。

注释及参考文献

[1] 丁德胜 . 构建数字档案管理新体系——概念、定义与分类 [J]. 中国档案 ,2024(1):62-63.

[2] 贠疆鹏 , 加小双 , 王妍 . 人工智能在我国档案管理中的应用现状与对策分析 [J]. 档案与建设 ,2023(2):62-65.

[3] 于英香 , 赵倩 . 人工智能嵌入档案管理的逻辑与特征 [J]. 档案与建设 ,2020(1):4-8.

全周期管理视域下
干部人事档案"E键智档"管理模式探析

骆嘉莉　　毛和军

金华市委组织部干部人事档案管理中心

摘要：全周期管理理念是习近平总书记为城市现代化治理提出的重要理念，是一种现代化的管理理念和方式。在全周期管理视域下加强干部人事档案工作，需要坚持系统的、动态的、闭环的管理方法，准确把握干部人事档案的周期性特点和过程性情况，加强前瞻性思考、全局性谋划、战略性布局、整体性推进，本文以"E键智档"管理模式为例，对干部人事档案收管用全链条常态化工作机制进行探索。

关键词：全周期管理；干部人事档案；"E键智档"

0　引言

习近平总书记2020年在湖北考察时提出全周期管理理念，强调要"实现全场景、全流程、全要素管控"。全周期管理以系统论、控制论等理论为基础，强调对管理对象进行全局性、体系性、综合性的协同整合，以期提升管理质效。以这个鲜明导向来探析干部人事档案管理工作，关键是在认清档案工作是一项环环相扣的系统工程的基础上，以系统观、动态观、闭环观引领"E键智档"管理模式，推动干部人事档案业务流程再造，从而推进档案全周期管理[1]。

1　全周期管理理念概念重构

全周期管理原为现代企业管理理念，源于产品的全生命周期管理，指管理产品从需求、设计、生产、经销、使用、维修、回收、再处置的全生命周期中的信息过程，后引申为在管理过程中通过统筹管控和有机整合实现全方位、全要素、全流程闭环管理[2]。党的十八大以来，习近平总书记针对疫情防控等诸多领域工作，提出要运用"全周期"理念把握内在发展规律，统筹推动各项措施在政策取向上相互配合、在实施过程中相互促进、在工作成效上相得益彰。当前，全周期管理理念已向全领域延伸，尤其是在腐败斗争、危机处理、城乡社会治理等领域，形成了有效层级化管理，取得了突出成效。深刻理解并运用全周期管理理念指导工作，有利于对干部人事档案工作作出系统性整体设计，为提升这项工作的科学化水平提供方法路径。

2 干部人事档案管理模式发展新趋势

根据中央办公厅印发的《干部人事档案工作条例》，干部人事档案是教育培养、选拔任用、管理监督干部和评鉴人才的重要基础，是党的重要执政资源。干部人事档案有政治性、专指性、涉密性等特征，兼顾人事、组织、档案工作多重属性，相比起传统的档案门类，具有更高的工作要求。

2.1 高质量发展成为趋势

国家"十四五规划"提出，要树立新发展理念，构建新发展格局，实现更高质量、更有效率、更可持续的发展[3]。基于此，高质量发展观念应运而生，成为国民经济与社会发展的新主题。在我国新时代新征程新要求下，高质量发展以经济高质量发展为起点，逐步跨越经济领域，向社会各行各业渗透。无论是政府大数据开放系统建设的宏观层面、现代化档案产业体系建设的中观层面还是档案组织的微观层面，都亟待系统研究档案业务发展的新情况、新特点与新要求，聚焦档案总量与质量、开放与利用、模式与路径等方面产生的问题，有质量地实现档案大数据基础建设及档案数字业务活动。

2.2 集中管档模式转型

国家档案事业管理体制可划分为两类，一类是集中式管理，另一类是分散式管理。档案集中式管理模式起源于 20 世纪 40 年代，美国专门设置档案中心 (Records Center) 来管理海军机关档案[4]。此后，这种档案管理模式不断扩大推广。在我国，依据《条例》中干部人事档案工作"分级负责、集中管理"的基本原则，浙江省在 2019 年率先成立了干部人事档案管理中心，将分散式多头管理转变为单一主体管理，有效解决了先前档案资料归档困难，档案质量参差不齐，档案服务流于形式等问题，为干部人事档案的全周期管理创造了条件。

2.3 数字赋能档案方向日趋明朗

党的十八大以来，以习近平同志为核心的党中央对推动网络强国、数字中国和智慧社会建设作出了一系列战略部署，数字化改革推动档案工作进入了转型时代。随着国家信息化发展和档案生态环境变化，档案数据资源呈现出全方位数实融合、全数据集成联通、全流程高效运作、全要素协同创新、全链条精细治理等特征。一方面，档案事业全面物联、协同处理、资源序化的智能化运作和全方位、多领域、深层次的智慧化服务成为档案信息化发展的新取向、新目标。另一方面，借助数智技术建立智慧档案管理系统，将档案资源全文输入、系统聚合、动态开发、可视化呈现，恰是塑造档案管理新形态的新纽带、新契机。

3 基于全周期管理理念的"E 键智档"管理策略

"E 键智档"依托于浙江省干部人事档案智汇管理系统，是创造性探索数字赋能干部人事档案工作全流程再造、系统性重塑的管理应用。针对"全周期管理"理念系统性、动态性、辩证性的特点，开展干部人事档案管理工作，系统管理是重要保障，动态管理是第一要义，闭环管理是关键所在[5]。在工作中，要以三者合一的管理策略指导干部人事档案管理实践，提高档案管理水平。

3.1 系统管理

全周期管理的系统原理源于系统理论，要求加强管理的顶层设计，形成综合集成、协同高效的治理体系。"E 键智档"系统架构（详见图 1）由基础设施层、信息资源层、服务支撑层、组件模型层、应用层五个层次组成建设，由运行保障、标准规范、运行管理和应用安全四个体系提供运维与安全保障。

"5＋4"的系统架构以数据化、集成化、智慧化的方式对档案管理体制机制与业务流程架构进行系统改造、优化配置与整合重组，塑造智能运作的档案工作新模式，为干部人事档案全周期管理运行提供了强大保障。

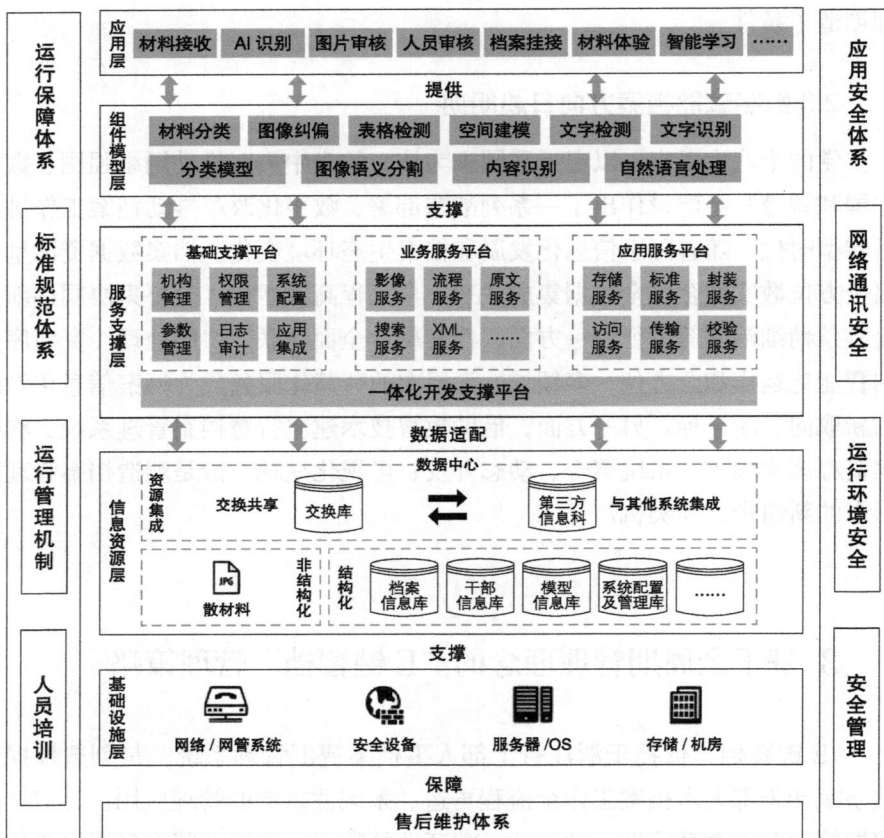

图 1 "E 键智档"系统架构

3.2 动态管理

动态管理是在系统管理的基础上根据客观形势和环境发展变化的管理模式，关键在于以协同联动适应动态变化。为实现动态管理，首先要建设纵向到底、横向到边的一体化管理平台，利用浙江省干部人事档案智汇管理系统，一体推进系统省市县三级纵向贯通，全面推进市本级系统横向连通，集成干部人事档案数据全流程、一体化流转通道。其次要打通平台利用终端，突破档案价值实现的边界，通过干部人事档案业务"一网通办"、高频事项"智能秒办"等事项,大力推动全市 186 个单位建立查档用档节点,以"1+N"的档案资源融合体系,实现分层次治理、跨区域协同、多主体参与的动态治理。

3.3 闭环管理

管理的闭环性是指在管理流程中形成决策、执行、监督、评价和改进的闭环。在"E键智档"业务流程中,档案材料接收场景涵盖 AI 智能识别预分类—图片审核比对—重要信息校验—人员审核核定—材料自动挂接—档案目录更新—形成交接清单—归档结果反馈,档案管理运行产生的信息流在时间、空间、逻辑维度形成基于控制性的信息传导机制、反馈机制和预警机制,运行正常及时记录,运行异常即时反馈,最终完成场景闭环管理,确保档案管理工作有序运转。

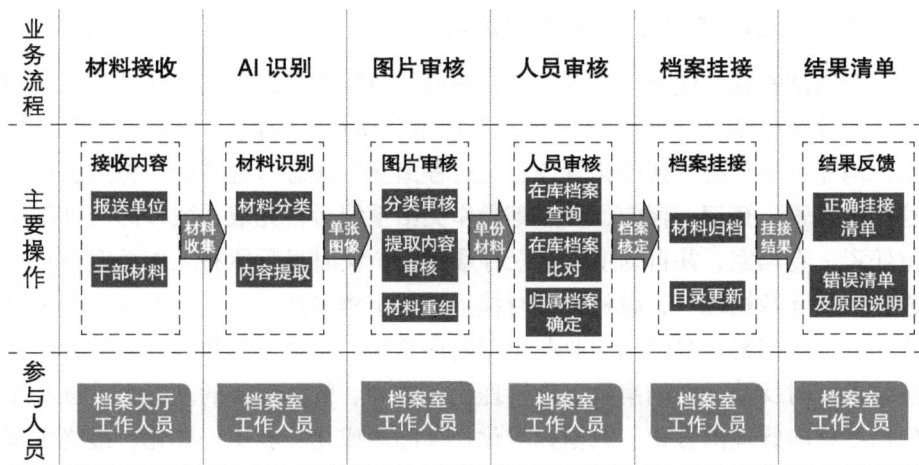

图 2 "E键智档"业务流程

4 基于全周期管理理念的"E键智档"实施路径

"E键智档"管理系统坚持系统集成、整体智治、数字赋能理念,运用大数据、物联网、人工智能等现代化技术手段破点连线,优化链条,升级档案管理模式,重塑档案业务流程,以确保整个干部人事档案管理工作体系实现环环相扣、协同配合、高效运转。

4.1 "E 键"归档：从碎片到系统

全周期管理强调管理的系统性，即在管理过程中要统筹协调各要素各环节，达到效益最大化和配置最优化。传统背景下档案材料收集主要依靠人工，囿于人力物力，收集的规模、效率、质量都有所限制。而"E 键智档"首创"智能识别"归档系统，采用 AI 机器视觉先进技术，根据现有材料模板训练材料自动分类模型，通过数字化扫描、OCR 图像文字识别和智能语义分析自动提取纸质档案中的关键数据信息，一键完成采集、识别、分类、归档、编目、鉴别、分析等诸多操作。通过对干部散材料的接收、分类、识别、挂接、归档、数据统计等进行一体式全链路数字化建设，打破各环节间的信息壁垒，做到"一次扫描、一步到位、即时可查"。通过系统归集优化，将制式散材料归档效率提高 3 倍以上，有效节约人力物力成本。

4.2 "E 键"管控：从静态到动态

全周期管理关注管理的动态性，明确应尊重管控环节的个体差异，按照发展规律实施动态管理。"E 键智档"运用 RFID 电子标签、物联网等先进技术，构建可视化的"智能化管控、全过程追溯"动态管理系统。将过去档案管理中检索、登记、存取、盘点等操作交由系统后台完成，数秒即可准确定位任意一卷档案，并自动追踪记录存取情况，实时显示所有入库档案信息。通过档案元数据统一，散材料及时挂接，数字档案及时可用，库房位置及时获取，纸质档案及时归档的业务流程闭环管理，实现过程数据跟踪统计，挂接结果及时反馈。在档案数字化管理业务协同、数据对接的基础上，逐步实现档案材料管理前置化、数据标准化、存储集成化、利用一体化，最终实现干部人事档案接收、归档、移交、利用全生命周期的在线全流程动态管控。

4.3 "E 键"审核：从末梢到源头

起源于城市治理，全周期管理思维的精髓在于"不治已乱治未乱"的源头治理机制。"E 键智档"的档案审核功能融合了"智慧纠错"和智能语义分析技术，在探索开发"即收即审"智能应用的基础上，逐步实现档案材料收集与审核同步进行。通过 AI 反复学习，对提取到的关键数据信息进行查核比对，确保合格材料自动接收，不合格材料自动提醒。自动审核功能辅助人工审核，能精准找寻和发现档案材料中的错误信息和不一致情况，在档案工作的源头阶段抓早抓小、事前防范，助力用最小的成本最优化地解决各类问题。比如，在干部考察等重点工作中，"E键"审核主动靠前服务，创新性开展档案"体检式预审"，结合"档案健康码"审核赋码工作，及时在干部档案中找出问题、发现疑点，利用"档案体检单"全面呈现档案历次审核结果，防止"带病提拔""带病当选"，更加高效地服务选人用人干部工作。

5 结语

全周期管理作为一种全时空、全流程、全要素的先进管理理念，高度契合生产社会化、社会信息化、信息关联化的时代发展要求，为赋能干部人事档案管理工作提供了科学的指引。在干部人事档案管理的维度，"E键智档"管理模式聚焦"大集成、数字化、强管理、优服务"的工作要求，将档案业务的收集、整理、鉴定、保管、编目、利用等业务环节纳入档案生命周期管理体系，打造"资源归集、流程重塑、多跨协同、闭环智管"档案应用新场景，是全周期管理理念在干部人事档案管理实践的一种有益探索。

注释及参考文献

[1] 余少祥. 全周期管理的理念、特征与实践进路 [J]. 人民论坛 ,2023(8):87-89.

[2] 田昭 , 徐杰 . 全周期管理：机关事务管理的新导向、新理念、新思路 [J]. 中国机关后勤 ,2022(2):32-35.

[3] 本刊讯 . 中办国办印发《"十四五"全国档案事业发展规划》[J]. 中国档案 ,2021(6):18-23.

[4] 卞昭玲 , 李鑫 . 数智技术时代的中国档案学学科发展 [J]. 档案管理 ,2024(1):17-27.

[5] 吴建雄 . 用"全周期管理"方式一体推进"三不腐"[J]. 人民论坛 ,2022(8):60-62.

基于 DIKW 模型的人工智能技术
在档案资源开发中的应用探析

石敏

湘潭大学公共管理学院

摘要：数智时代，档案资源开发存在着开发对象层次不够深入、开发价值机制亟须拓展、开发技术应用不足等问题。文章以信息科学中的信息链 DIKW 模型为研究线索，以新一代人工智能技术为依托，从数据层、信息层、知识层、智慧层探索档案资源开发的新路径。

关键词：DIKW；人工智能；档案资源；档案开发

0 引言

《"十四五"全国档案事业发展规划》明确指出，应"积极探索知识管理、人工智能、数字人文等技术在档案信息深层加工和利用中的应用"[1]。2024 年 1 月，国家档案局局长王绍忠在全国档案工作暨表彰先进会议上强调，将持续深化档案信息化建设和数字化转型工作。[2] 这表明，在数字时代利用技术赋能档案资源开发是我国档案事业发展需要高度重视的问题。如何以主动姿态让技术服务于档案资源开发，释放档案资源的潜在价值，从而在国家各项事业发展中更好地彰显档案知识和智慧，成为档案部门当前面临的时代重任。

目前，学术界对档案资源开发的探索具体表现在两个方面：一是充分利用数字技术创新档案资源开发和利用方式。如张丹探讨了大语言模型赋能档案资源开发的前景、挑战与应对策略[3]；任越、袁蕾涵阐述了数智技术赋能档案资源开发利用的实践方向[4]；赵雪芹等提出了利用数字人文技术改进档案信息资源开发的措施[5]。二是从不同理论角度探索档案资源开发利用的应用路径。如聂勇浩等分析了红色研学中档案资源开发利用的主要问题和优化策略[6]；王喜凤、李佳男从短视频媒介的角度思考如何进行数字档案资源开

发 [7]；边媛、舒丽莎基于场景理论为更好地开发利用红色档案资源提供了借鉴思路 [8]。综合来看，尽管现有研究在理论和实践两个层面都进行了深入探讨，但对档案资源开发过程中形态和价值转变的关注仍显不足。鉴于此，本文提出从 DIKW 模型的视角出发，深入探索人工智能技术在档案资源开发的应用，旨在为数智时代下档案资源的深度开发提供理论指导与实践创新。

1 DIKW 与人工智能视域下的档案资源开发

1.1 视角转换：资源的金字塔爬升过程

DIKW 是一个在信息科学和知识管理中广泛应用的框架，它将"数据—信息—知识—智慧"视为金字塔中的四个层次，由低到高依次排列 [9]，帮助我们理解从简单数据到深层次智慧之间的联系和转换过程。

在信息时代，档案资源的来源多种多样，包括馆藏档案数字化、电子档案移交接收、网络信息采集、移动终端数据采集等等。如何从广阔的档案数据海洋中提取出有价值的信息，并将其转化为有意义的知识和智慧，成为档案资源开发面临的重要挑战。DIKW 模型为档案数据进阶为档案信息、档案知识、档案智慧提供了全新视角，在档案的 DIKW 体系中，每一层都是在下一层的基础上经过加工和提取形成的。数据层是最基本的档案记录，是社会活动最真实、清晰、确定的原始素材；信息层是档案数据经过整理加工后有逻辑的档案内容，是对档案数据的描述和理解；知识层是档案信息经过解释和归纳形成的档案知识体系，能够帮助解决档案日常事务；智慧层是在档案知识基础上形成的高级认知能力，能够应对复杂问题和不确定困境。随着数据向信息、知识和智慧的发展，这就要求档案资源开发要不断纵向加深横向拓宽。

1.2 数智赋能：档案的数字化驱动过程

在数字时代背景下，档案资源的开发面临着两大转变：一是档案数据量的激增改变了传统档案资源开发的环境；二是公众对档案信息的需求变得更加多元化和个性化 [10]，这要求档案资源开发要更深入和精细化，满足用户的智慧化需求。

人工智能技术的快速发展为档案资源数字化、数据化提供了强大的技术支持。在数据层面，OCR 技术能够从古籍中提取出文字信息，智能语音识别技术帮助解决口述档案的文本化难题,实现档案资源的数字化转换。在信息层面,自然语言处理技术能够分析档案内容,深入挖掘语义关系并生成全文的语义标签。在知识层面,运用大语言模型帮助实现档案资源智能编研,自动形成档案编研成果。在智慧层面,AI 决策模型能够智能推送用户可能感兴趣的档案信息,满足用户个性化的需求。随着技术的不断演进,档案资源的开发也将向智能化方向迈进,推动档案工作的创新与发展。

2 档案资源开发面临的主要问题

2.1 开发对象层次不够深入

我国各地数字档案馆的建设正如火如荼地开展。据调查,2023 年新增 35 家全国示范数字档案馆、31 家国家级数字档案馆、8 家全国示范数字档案室。[11] 但受到技术和观念的限制,当前对档案资源的管理主要是以数字化为主而非数据化,这就意味着对于档案资源的开发只是停留在将纸质档案转换为数字档案的表层处理,没有对档案数据的深度开发与整合。在大数据时代,如果档案资源的开发层次浅薄不深入,将很难满足用户日益多元化与个性化的需求,也无法提供具备精准化和高质量的信息服务。[12] 因此,对档案资源的开发应从信息层面深入数据层面、从篇章级深入字词级。[13] 借助自然语言处理技术、本体技术、信息抽取和语义关联技术,对档案内容进行拆解并重组,获取到有意义的数据单元,挖掘出档案资源所蕴含的隐性价值,从而促进档案活化,实现档案资源的价值创新。

2.2 开发价值机制亟须拓展

在数字化时代,档案价值不仅仅是档案对国家、社会组织和个人所表现出的有用性和有用程度,也是满足档案用户利用需求的重要表现。随着人工智能等技术的发展,档案资源利用服务呈现出跨界融合、以人为本、文化休闲、开放生态等新特点 [14],这些变化对档案资源开发的价值机制产生了深远影响。传统的以馆藏资源为中心,强调档案的单一价值已经不能满足数字时代的需求,因此,档案资源开发的价值需要从多维视角进行重新审视和拓展。[15] 根据 DIKW 模型,档案的价值形态包括数据价值、信息价值、知识价值和智慧价值,建立在人工智能技术的基础上,以此视角为导向能够实现档案资源的全面开发,其创造的档案价值将会使个人效益和社会效益得到根本性的提升。

2.3 开发技术应用推进不足

在《"十四五"全国档案事业发展规划》的指导下,全国各省、市、自治区都在积极推进档案信息化建设,档案部门也在努力实现"存量数字化、增量电子化"的任务,不断加快数字转型和智能升级。然而在实际应用中,技术的深度和广度开发并未达到预期。一方面,档案部门在引入新技术时常常面临资金和资源的限制,档案馆的技术基础设施落后,很多数字化设备和软件系统并未达到最佳标准。[16] 此外,尽管有些档案资源实现了数字化,但后续的开发工作并未及时跟进,导致档案资源并未发挥真正的利用价值。另一方面,目前档案资源开发对象以单一结构和浅层检索为主,开发方式以单一主体和传统方式为主[17],技术和资源重复投入,集中在一些低效益、低创新、低利用率的资源开发上,导致我国档案资源开发水平不高。因此,我们需要更新档案资源开发的指导理念,以包容开放的心态接受数字科技,积极推进人工智能等新技术在档案领域中的应用,引导档案资源开发向创新型发展转变。

3 档案资源开发的优化路径

3.1 数据层:档案数据价值深度化提取

数据层的档案资源开发主要是以业务需求和用户需要为导向,利用数字技术对档案资源进行全文识别、分类、著录、标引等,将原始档案信息转化为计算机可以理解和阅读的结构化数据的过程。[18] 档案数据化是档案大数据的基础,也是档案数字化的进一步延伸。要想充分发挥档案资源的价值,就必须超越传统载体层面的浅层开发,深入档案内容实现档案数据资源的挖掘、分析、融合与关联,推动档案知识发现和管理流程智慧化,为档案工作在信息时代的发展奠定数据基础。

数据层的档案资源开发主要包括以下阶段:一是档案数据采集与分类。档案数据的来源广泛且复杂,涵盖了档案部门长期以来接收的各类数字化档案资源、电子档案,以及未被档案部门掌握和保管的网络档案数据、业务系统档案数据和社会闲散档案等。[19] 通过人工智能技术,如通过捕获元数据、语音识别能够高效收集这些多源分散的档案资源。[20]利用机器学习算法自动识别档案数据类型、自然语言处理（NLP）技术自动提取关键信息并进行标注。二是档案数据清洗与标准化。采集到的档案数据往往会存在着各种杂乱、重复、异常的质量问题，极大地影响后续档案工作的开展。人工智能技术的应用可以提高数据清洗效率，减轻手工清洗的工作负担，同时确保数据的统一和标准化。如成都市档案馆在档案业务系统中增加了馆藏唤醒备注功能，辅助修改文件级目录著录错误。[21]三是档案数据语义化和关联化。生成式人工智能的出现为档案数据的价值提取提供了新方法，利用 NLP 技术能够对档案数据进行实体识别并揭示其语义关系，形成语义关联网络。这不仅推动了档案信息内容的知识发现和价值洞察，还促进了全景式档案数据资源库的构建，为档案信息分析、知识组织和智慧决策等深层次加工奠定了数据基础。

3.2 信息层：档案信息内容智能化分析

信息层的档案资源开发主要是对档案数据进行一定程度的加工、组织和解释，赋予其上下文和意义，从而为用户提供理解档案数据的框架，形成有价值的档案内容的过程。具体来说，档案信息包括各种记录、文档、报告等，它们能够支持决策制定、问题解决和知识发现等高级活动，是档案编研、组织记忆和文化遗产的重要内容来源。

信息层的档案资源开发主要包括以下阶段：一是档案信息入库与预处理。档案部门首先要建立档案信息资源数据库，包括文本数据、图像数据、音频数据和视频数据等，将这些数据导入档案信息管理系统中，此时已经完成了由档案数据向档案信息的转变。其次，对这些信息进行进一步的处理，如数据验证和错误修正，以确保数据的完整性和准确性。二是档案信息提取与分析。通过 OCR 技术，能够自动识别图像中的文本，提取出其中的文本信息，进一步实现表单图像的结构化，方便用户对图像内容进行高效检索与利用。通过 NLP 技术和机器学习技术深入挖掘档案信息，揭示其内在规律和关联，为用户提供全面、翔实的档案资料，帮助完成决策和管理。三是档案信息呈现。视觉感知能够让人们更加深刻地理解和获取信息，在开发档案信息资源时应整合可视化技术实现档案信息的视觉呈现，通过构建知识图谱、可视化图表等进行展示。[22]故事化叙述能够提高人们对档案信息的记忆性和体验感，借助细颗粒度的档案数据优势，将档案信息以故事化的风格描述出来，结合增强现实（AR）、虚拟现实（VR）以及混合增强（MR）等技术，以互动性和沉浸感的方式呈现。

3.3 知识层：档案知识服务高效化支持

知识层的档案资源开发主要是通过人工智能技术将档案信息资源中蕴含的隐性知识提取出来，并且与档案机构、社会、个人所拥有的显性知识（古籍、照片、视频、手稿等）进行关联，建立档案知识关联网络，帮助用户解决问题的过程[23]，即档案知识服务阶段。

档案知识的形成需要档案资源的不断开发与整合。具体来说，知识层的档案资源开发包括以下阶段：一是档案知识库的建立。数据态的档案资源是建立档案知识库的基础，依据资源体系架构，结合档案数字资源的具体建设情况，确定知识库的实体对象、结构和主题范围，构建相关领域本体模型，将多源异构的档案数据资源进行知识组织、存储与聚合，从而建立一个相对细粒化、结构化的档案知识资源库。二是隐性知识的深度挖掘与分析。基于档案知识库，利用人工智能技术中常用的数据挖掘、数据分析等手段为隐性知识显性化开辟新的路径。通过深度学习模型可实现对档案数据的深度挖掘，发现数据之间的关联性，揭示其潜在的主题和趋势。使用数据分析技术将档案数据梳理成册，实现档案资源的知识融合与知识发现。[24] 三是档案知识服务。可以利用人工智能技术辅助档案编研，编研人员只需输入编研主题，AI就可根据其语义理解并自动从档案知识库中收集素材、自动提取摘要、生成大事记等，提高档案编研的效率。同时构建档案知识服务平台，用户可直接查询、检索和利用档案知识库中的知识，自然语言处理技术能够根据用户的需求提供个性化的服务。

3.4 智慧层：档案智慧资源多维化利用

智慧层的档案资源开发是指借助各种数智技术，以档案数据、档案信息、档案知识为核心能源，创新档案管理手段和应用场景，实现档案管理智能化和档案服务智慧化。[25] 档案智慧是档案资源开发的最高级形式，是使档案资源能够以更高效智能的方式得到利用，服务并融入于数字化时代。

智慧层的档案资源开发主要包括以下几个方面：一是档案智慧决策，以用户为中心，为其提供人性化的档案服务。生成式 AI 的发展为智能问答提供了技术支持，利用机器学习、深度学习等技术构建深层语义模型，为用户提供针对性的解决方案。其次，通过专家系统、决策支持系统以及各种派生发展的智能决策支持系统等为趋势分析、风险控制和资源优化提供辅助决策支持。[26] 二是档案智能推荐，为用户提供个性化服务。首先利用自然语言处理技术对档案信息资源库中的档案数据分词、标签化、聚类、生成知识图谱等，然后根据用户的基本信息和行为信息，借助 AI 决策模型抽取用户可能感兴趣的档案信息进行推送，包括个性化推荐、相关推荐、热门推荐等。同时 AI 引擎通过学习用户的使用行为，能够不断优化和改进推荐机制，提升自身的智慧。

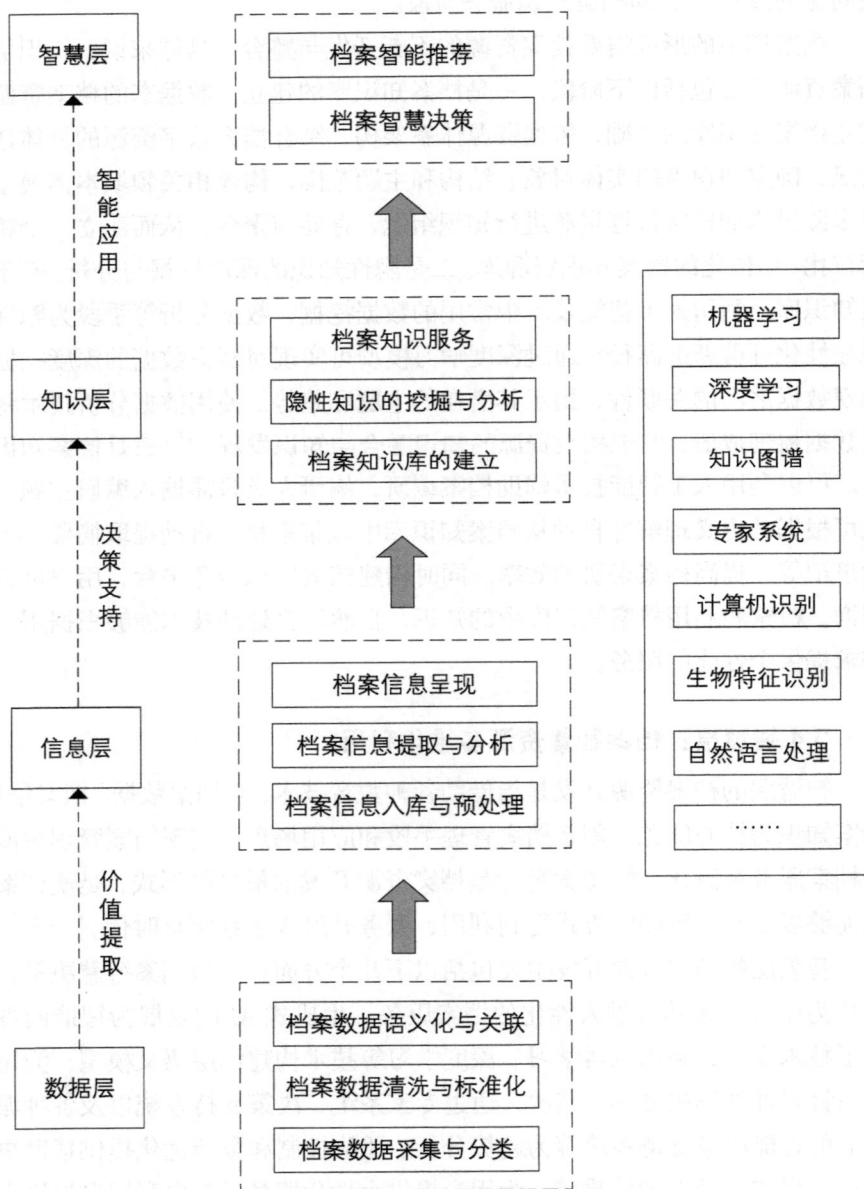

图 1　基于 DIKW 模型的档案资源开发

注释及参考文献

[1] 本刊讯 . 中办国办印发《"十四五"全国档案事业发展规划》[J]. 中国档案 ,2021(6):18-23.

[2] 新华社 . 国家档案局将加大档案工作数字化转型 [EB/OL].[2024-05-02]. https://www.gov.cn/lianbo/bumen/202401/content_6928992.htm.

[3] 张丹 . 大语言模型与档案资源开发：前景、挑战与应对 [J]. 山西档案 ,2023(5):108-111.

[4] [10] 任越 , 袁蕾涵 . 新发展格局下数智赋能档案资源开发利用的实践方向探析 [J]. 北京档案 ,2023(12):6-10.

[5] 赵雪芹 , 党昭 , 李天娥 . 数字人文视角下的档案信息资源开发问题与对策 [J]. 北京档案 ,2021(1):18-22.

[6] 聂勇浩 , 易慧慧 , 包惠敏 . 红色研学视角下的红色档案资源开发利用策略 [J]. 档案学研究 ,2024(2):91-98.

[7] 王喜凤 , 李佳男 . 基于短视频媒介的数字档案资源开发：动因、关联与取向 [J]. 北京档案 ,2024(3):41-44.

[8] 边媛 , 舒丽莎 . 场景理论视域下红色档案资源开发利用优化路径 [J]. 中国档案 ,2024(2):72-74.

[9] 蔚海燕 , 李旺 . 图书馆数据服务助力新文科建设之路径 [J]. 图书与情报 ,2020(6):77-83.

[10] [11] 光明日报 . 国家档案局：加快数字档案馆（室）建设 [EB/OL].[2024-05-07]. https://news.gmw.cn/2024-01/30/content_37118670.htm.

[12] 赖永聪 . 大数据时代，数字档案室建设路径探讨 [J]. 兰台内外 ,2022(29):7-9.

[13] [15] 牛力 , 刘慧琳 , 曾静怡 , 等 . 数字时代档案资源开发利用的重新审视 [J]. 档案学研究 ,2019(5):67-71.

[14] 黄霄羽 , 管清漾 ."互联网 +"时代国外档案利用服务的前沿特征 [J]. 档案与建设 ,2018(10):4-9.

[15] [16] 屈强 . 数智时代数字化文化档案资源开发的时代价值与建设路径 [J]. 兰台内外 ,2024(11):25-27.

[17] 张帆 , 吴建华 . 基于档案治理的档案信息资源开发模式转型研究 [J]. 档案学通讯 ,2019(6):18-26.

[18] 赵跃 . 大数据时代档案数据化的前景展望：意义与困境 [J]. 档案学研究 ,2019(5):52-60.

[19] 金波, 添志鹏. 档案数据内涵与特征探析 [J]. 档案学通讯, 2020(3):4-11.

[20] 负疆鹏, 加小双, 王妍. 人工智能在我国档案管理中的应用现状与对策分析 [J]. 档案与建设, 2023(2):62-65.

[21] 郝蕾. 成都积极推进数字档案馆提档升级 [N]. 中国档案报, 2021-08-09(2).

[22] 崔浩男, 潘洁敏. 记忆建构视角下多模态档案资源融合开发模式研究 [J]. 档案学研究, 2023(3):96-103.

[23] 沈永生, 加小双, 林妍歆. 国外档案关联数据项目的建设概览与本土启示 [J]. 北京档案, 2024(2):52-58.

[24] 梁文超. 数字人文视域下湘鄂赣红色档案在线知识服务创新路径研究 [J]. 档案学研究, 2023(6):85-92.

[25] 杨鹏, 金波. 数智时代智慧档案建设的逻辑理路与运行线路 [J]. 档案学通讯, 2023(2):48-56.

[26] 丁德胜. 新时代新征程档案工作呼唤智慧档案战略——智慧档案馆室数字技术创新应用 20 个典型场景展望 [J]. 中国档案, 2023(7):24-26.

红色档案资源知识融合应用研究

——以沂蒙地区为例

张雯君　陈明九

山东建筑大学

摘要： 红色档案信息呈现多源异构的形式，信息之间存在着复杂的关联。本研究旨在探讨红色档案知识融合的应用，阐述红色知识知识融合技术，构建红色档案知识融合体系框架，解决红色档案关联度差，深度开发程度低等问题。以沂蒙地区红色档案为例，探索依托知识融合技术性下的沂蒙红色档案知识图谱的构建，为红色档案信息化建设提供新路径和实践指导。

关键词： 红色档案；沂蒙地区；知识融合；知识图谱

0 引言

知识融合依托新型计算框架，通过技术组件和技术单元配对，利用机器的存储和计算能力，实现知识的多维度、多来源融合。在红色档案管理领域的研究中，知识融合主要关注知识融合的因素、算法和技术、实现模式和框架体系、实践应用以及评价。[1] 通过知识融合技术簇，实现对红色档案中信息的自动提取、分析和整合，提高红色档案之间关联度，推动红色档案价值挖掘和保护。

1 红色档案知识融合技术及框架体系

1.1 红色档案知识融合因素

红色档案资源分布分散，类型繁多，多以文献资料、手稿、照片等叙述的静态化形式展现，相互之间关联度低利用者无法深入了解隐藏在人物或事件背后的精神文化表达。引入知识融合技术快速整合红色档案数据实现资源数字化管理。以用户需求为基础，明确用户所需红色档案知识和信息，使用场景和目的，对碎片式、异构式的红色档案信息开展集成、融合及推理，运用自动化分析提取匹配的关键信息，使信息有序化、可视化地呈现出来。在分布式、异质性和动态变化的资源和服务环境中实现无缝的信息整合，促进跨系统和跨学科的服务和共享，提升红色档案管理的能力，推动红色档案管理创新和发展，提高红色档案可用性。

1.2 红色档案知识融合技术

在红色档案知识融合过程中，根据档案类型不同和需要解决任务不同，涉及的核心技术也有了进一步区分，其中计算层面主要分为文本型技术、语音型技术、图像型技术。如图 1 所示。

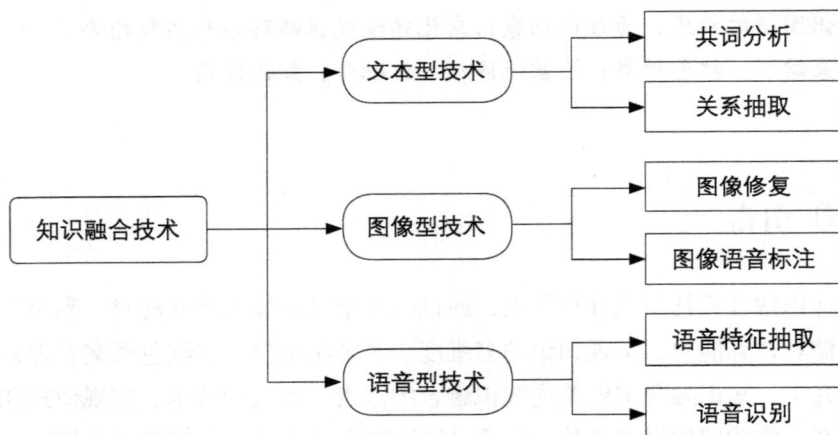

图 1　知识融合技术

1.2.1 文本型技术

文本型数据来源广泛且多样化，通常具有非结构化、大数据量和主观性等特点。不同文本之间可能存在关联和上下文信息，在红色档案知识融合中，一般会以段落、短语为单位进行知识的抽取。[2] 比如，在重点战役的研究中，通过建立共词矩阵，能够将历史史籍、革命人手记、革命会议记录等多来源的文档进行融合挖掘，发现高频词进而推理归纳整合，总结重要事件的关键因素。红色档案文本型数据引用自动分词、关系抽取、主题建模与文本表示等方法完成大量文本库的分析，建立文本知识关联。

1.2.2 图像型技术

在革命历史中，图像是极为珍贵的红色档案，具有一定的客观性和真实性，可以直观地反映物体、场景或事件的视觉特征。通过对图像进行分析和融合，我们可以实现图像识别、目标检测、图像分类、图像表述等一系列任务。红色图像数据的融合，体现在图像质量、多个图像的融合和文本、语音的融合。例如开国大典上的珍贵图像，利用图像增强和复原，展现更清晰、细节突出的图像新知识。图像与文本、语音的融合可利用文字、语音对图像进行说明，加深图像理解，让后人清楚了解事件发生的前因后果。

1.2.3 语音型技术

语音型数据包含了丰富的声音特征，如语速、音调、音域、语义等高维数据，在客观性和主观性之间具有一定的特点，说话者的情感、口音、语言背景等主观因素都会影响语音型数据的理解。在红色档案中，音频型数据是相对留存较少的数据，为了兼备主观性和客观性，较为客观地体现语音数据真实意义，通常与图形图像数据相结合，在珍贵的视频中运用语音特征提取技术中对视频的声音、音调等特征进行知识提取。在应用语音转文字技术的过程中，通过融合文本知识相关的先进技术，实现对语音内容的精确转录和整合，挖掘红色语音档案中更多细节和价值。

1.3 红色档案知识融合框架体系

根据红色档案多源异构、关联度差的特性，红色档案知识融合框架体系包括三个层面：资源层、知识组织与处理层以及服务使用与评价层。[3]

1.3.1 资源层

知识融合结构模型以红色档案资源层为基础设施层，建构档案整合框架模型。红色档案分布广散，记录样式多样，在知识融合前，红色档案知识广泛存在于动态、多源、异构、分布式的知识源中[4]，需要利用机器学习技术从各地红色档案馆、纸质档案、图像档案等数据中进行知识源获取，形成粗粒度知识，形成初数据源。在红色档案知识获取和处理过程中，开展多个环节的鉴别评价、采集、清洗、转换和存储等操作[5]，剔除掉重复的、无用的数据。红色档案资源层按照元数据标准规范化处理多源、异质及多类型数据集，以结构化及可用性为手段为红色档案使用者提供知识更新支持。

1.3.2 知识组织与处理层

为快速追踪捕获用户需求，采用智能技术，如图像识别、检测和跟踪等，来添加用户行为数据[6]。这些数据主要来自大量非结构化的在线数据集，如历史文献、党史资料和图像语音资料等。由于数据体量巨大、碎片化、冗余度高且可靠性低，需对其进行筛选和清理，以建立有机、有条理的数据集，为红色档案组织层和档案服务层的后续工作提供数据支持。同时，为降低异构数据间的相互干扰，需引入辅助分析算法来提高数据挖掘效率。为更好地管理红色档案，将红色档案本体分解为小而易管理的模块，能够快速转换和集成不同类型信息。运用自然语言处理技术将红色档案的文本数据转化为结构化的知识表示形式，对初始数据源进行初步识别和主题提取，提取相关的知识特征项。例如，当一个数据集中存在一个事件实体"抗日战争"，而另一个数据集中存在一个事件实体"八年抗战"时，将其匹配起来。特征项进行过滤、分解和序化，使用语义熵对知识进行有效性评估，形成有效的元知识集合。

1.3.3 服务使用与评价层

红色档案知识服务目标是实现数字化、网络化和智能化，为历史研究提供决策支持服务，促进用户间的知识交流和利用，推动对红色历史的认识和研究。将已有的红色档案资源进行主题特征融合，利用数字化技术聚集优势资源，以实现面向历史研究的服务推送。构建红色档案知识资源集成平台，主要由红色档案管理系统（MIS）和红色档案信息处理系统（CIS）两部分构成。MIS 负责监管各种数据源，包括网络文本数据、社交平台数据、用户数据库以及现存档案库等。CIS 数据则对这些数据进行加工处理，生成粗粒度知识，为红色档案使用者提供知识更新支持。通过整合和利用红色档案知识资源，提高档案服务质量和效率。

2 沂蒙地区红色档案领域知识图谱应用

沂蒙作为中国三大革命根据地，是历史的见证者和记录者，沂蒙地区保存了大量的战争遗址、名人故居、烈士陵园、红色文学和艺术作品、照片影像以及流传至今的红色人物典型事迹等珍贵的档案资料。目前这些档案普遍存在内容分散、关联度低和细粒度欠缺，资源内部信息语义挖掘不足的问题。知识融合技术赋能沂蒙红色档案的开发利用，构建知识图谱建立沂蒙档案资源的语义关联，规范知识图谱中概念层级关系，以可视化形式提供直观检索结果，使用户快速准确获取所需信息，全面准确的数据支持和分析手段，揭示历史事件的本质和规律，有助于加强对中国革命历史的保护和传承，为政府决策和社会治理提供重要参考和支撑。

2.1 沂蒙红色档案知识图谱建设

沂蒙红色档案知识图谱基本架构由数据采集、知识抽取、知识融合和知识服务组成，如图 2。通过从国家、地方档案馆、党委政府机关和红色旅游景区等渠道获取的结构化、非结构化沂蒙红色档案相关的数据，运用自然语言处理、机器学习、图像识别等科技手段对采集数据进行实体抽取、关系抽取、属性抽取，基于数据冗余的情况进行知识融合消歧后，根据其特点进行本体模型构建，对其概念、属性、关系等进行清晰地描述，利用 Protégé 完成本体构建，并利用 Neo4j 图数据库灵活、便捷的特点，将沂蒙红色档案数据导入存储[7]。最终通过使用图表、图形和其他视觉元素将复杂的数据信息转化为易于理解和分析的可视化数据，以帮助用户更好地理解数据背后的趋势、模式和关联[8]。

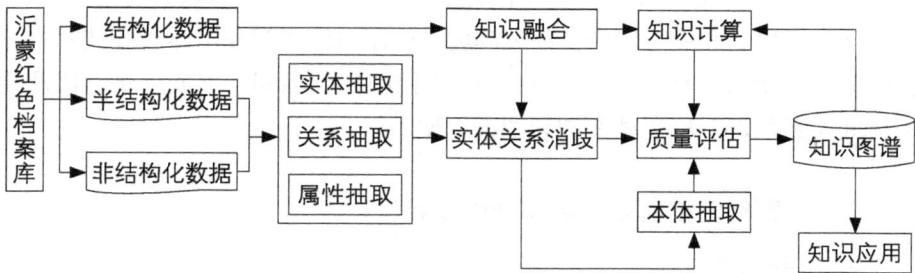

图 2 沂蒙红色档案知识图谱基本架构

2.1.1 数据采集

沂蒙地区作为革命老区红色档案资源众多，据不完全统计，现存在临沂市档案馆及各县区主要红色档案保管地的沂蒙红色档案史料有超过 2 万卷，馆藏品 1.5 万余件套，沂蒙地区保存党政军机关旧址 60 余处，军事战场遗址 35 处，红色堡垒村（镇）85 处，更有沂蒙历史纪念馆、华东野战军诞生地纪念馆、孟良崮战役纪念馆、华东革命烈士陵园等爱国主义教育基地。采集时要广泛收集散落在民间的红色档案史料，丰富沂蒙红色档案数据库。采用扫描仪、照相机等专业转换设备，将革命手记、革命会议记录、传记、民间歌曲等纸质档案资源进行数字化转换，为资源的开发利用夯实信息化数据基础。

2.1.2 知识抽取

利用自动化或半自动化的知识抽取技术对初步数字化的沂蒙红色动态资源、图像资源、文字资源等多源资源进行结构化和非结构化分类处理，形成高质量的事实表达。从结构化和非结构化的资源数据中进行实体抽取、属性抽取、关系抽取，形成三元组。考虑沂蒙档案数据的特点，为避免误差传播、上下文语义关系利用不足等问题可采用联合实体的抽取方式，建立人物、出生、时间、参与事件等实体关联的拓展关系，有效提升关系三元组抽取效果，为下一步实体对齐操作提供数据支持，获得更完整的知识。

2.1.3 知识融合

采用本体匹配和实体对齐等方法，将来自各种知识源的不同知识在统一的框架下进行处理。实现异构数据中实体的消歧和冲突检测，高效地完成知识库的建立，并实现数据、信息和方法的融合。同时使得实体能够被整合到一起。通过这些技术手段的应用，在沂蒙红色档案资源的整理过程中，会存在"地名多名""姓名重复"等不同标识实体的语义理解关联到同一目标上，造成同名、多名和缩写等歧义冲突问题，应用本体匹配和实体对齐技术进行消歧和共指消解。将对齐的三元组存入图数据库 Neo4j，形成反映实体及其实体间关系的沂蒙红色档案知识图谱框架。

2.2 沂蒙红色档案知识图谱功能设计

2.2.1 知识可视化

知识图谱利用综合分类、建模和可视化档案管理知识，以图形化方式呈现领域知识，使用户能够轻松浏览概念层次，并快速发现沂蒙档案资源之间的联系。相比于文献阅读等工具，知识图谱系统多维度显示档案信息，用户能够快速便捷总览沂蒙档案资源，实现隐性知识向显性知识转化，为深入挖掘沂蒙档案隐藏的知识提供支持，提高知识服务效率。档案专家和公众利用这一系统，深入探究沂蒙红色档案管理开发利用，助力沂蒙红色档案的发展。

2.2.2 知识检索

沂蒙红色档案多源异构的信息结构使得传统的关键词检索难以准确满足用户的需求。将知识图谱整合到沂蒙红色档案资源服务平台中，实现基于语义的准确搜索。用户可以互动地输入所需的档案数据或选择一个词来启动查询或搜索。例如孟良崮战役、红嫂故居等关键词，系统将用户的需求与档案数据资源相匹配，用户有效节省搜索和获取档案数据时间，帮助用户深入了解沂蒙地区革命历史。

2.2.3 知识推荐

知识推荐核心在于根据用户的兴趣和行为，将沂蒙红色档案知识图谱中的概念与用户的知识需求进行匹配和映射，以满足用户需求。[9] 用户利用沂蒙红色档案知识图谱找到与其当前兴趣相符的知识经验、政策和内容，如沂蒙革命战役、沂蒙文化、沂蒙红色旅游等，以帮助他们做出决策。通过用户选择的沂蒙红色主题、时间段或地域，适当的沂蒙红色文化产品和服务会自动推荐给用户，建立"匹配"关系。根据用户的情况和需求，自动向用户推荐沂蒙档案资源的相关知识、服务和产品，以满足用户对沂蒙红色文化的需求，助力沂蒙红色经济的发展。

3 红色档案知识融合构建思考

红色档案知识融合应用，旨在推动不同类型的红色档案知识整合、融合，形成多层次、多维度的知识体系，满足不同用户的需求。[10] 在融合过程中还需要考虑几个问题：一是不同类型的红色档案知识之间存在较大的差异性，如何进行有效整合；二是如何验证红色档案知识的质量和可信度，确保知识的准确性和可靠性。这种应用需要跨越历史、文化、社会等多个领域的知识，要加强不同领域专家之间的跨学科交流与合作，建立协同创新机制，共同推进红色档案知识融合应用的深入发展。

本文系山东省档案科技项目"基于人工智能的高校档案知识图谱构建与应用研究"（2022-07）的阶段性研究成果。

注释及参考文献

[1] 刘念,陈浩冉,施威."互联网+"视域下红色档案开发模式构建研究[J].档案与建设,2022(10):42-45.

[2] 陈沫,李广建.大数据环境下知识融合技术体系研究[J].图书情报工作,2022(20):20-31.

[3] [4] 栾庆玲 . "双一流"建设背景下高校图书馆知识融合服务框架研究 [D]. 南昌 : 南昌大学 ,2021.

[5] 翟娇娇 . 面向知识图谱构建的知识融合问题研究 [D]. 济南 : 齐鲁工业大学 ,2021.

[6] [7] 谢爱良 . 知识图谱视角下沂蒙精神研究进展与趋势述评 [J]. 临沂大学学报 ,2020(3):1-15.

[8] 赵维维 , 段燕鸽 , 陈玮 . 红色档案资源知识图谱的构建研究 [J]. 兰台内外 ,2023(15):4-7.

[9] 易黎 , 林扬 . 基于深度学习的档案知识图谱构建研究 [J]. 中国档案 ,2022(11):33-35.

[10] 谭雨琦 , 冯安仪 , 郝钰璋 . 基于 LAM 理论的云南红色档案资源整合研究 [J]. 兰台世界 ,2023(6):29-32.

智能视域下 AI 技术
在档案管理中的风险挑战和应用研究

刘进　史依心

航天档案馆

摘要：当前，我国主要的综合档案馆和企业档案馆都已经迈入数字档案馆时代，档案资源的来源和馆藏基本已完成数字化转型，档案行业积累了多年的高密度、大规模、标准化数据。本文以人工智能（Artificial Intelligence，以下简称 AI）技术为切入点，论述在数字档案馆向智能档案馆管理升级时，AI 技术对档案管理的变革性作用。文章旨在提供一个较为全面、客观的视角，分析 AI 技术在档案管理应用的风险与挑战，同时也研究其在档案管理中的潜力和优势，最后就如何用好 AI 技术，推动档案工作从数字化到智能化转型进行分析。

关键词：人工智能；档案服务；风险挑战；应用场景

0 引言

2022 年起，AI 技术在各行业开展了广泛的应用，面对当前新时代档案工作转型升级中人民群众对档案利用的全新需求，面对日益降本增效的环境下对档案管理的人工成本要求，档案从业人员需要结合自身工作开展对 AI 技术和应用的学习，在档案部门探索 AI+ 档案最适用的场景，如智能整理、照片识别、AI 问答等，并结合当前政策要求与发展趋势，研究如何将 AI 技术平稳、高效、合规地应用到我们的档案事业当中。

1 AI 技术的组成及其技术特征

1.1 AI 技术的发展历程

20 世纪五六十年代，伴随着通用电子计算机的诞生，人工智能悄然在大学实验室里崭露头角。1955 年约翰·麦卡锡创造了"人工智能"（Artificial Intelligence，简称 AI）一词。在其后的五六十年时间里，因为计算机算力不满足和深度学习算法的不成熟，AI 一直未对社会生产和生活产生实质性影响。2006 年以来，在互联网海量数据、工业网多端互联、算力达到临界、深度学习和语义分析的算法成熟，真正的人工智能开始显现，无人机、无人车、智能家居、AlphaGo 等人工智能应用投入实际应用。2022 年 11 月，人工智能实验室 OpenAI 发布了他们第一款聊天机器人模型 ChatGPT，在海量数据和深度学习的算法加持下，通过高速的数据挖掘能力，ChatGPT 的出色交流与圆满回答能力很快就在全球爆红。同时，我国也出现了华为"盘古"大模型、百度"文心一言"助手等 AI 产品。

1.2 AI 技术的学科组成与特点

AI 是多学科交叉的一门技术，跨学科、多学科集成与融合正成为学术发展的新趋势[1]，通过多种技术组合成的一种模拟人类智能，模仿人类的感知、学习、推理和决策等能力，使计算机能够像人一样思考和行动。AI 涵盖了多个学科领域，如表 1 所示：

表 1 AI 主要涵盖的学科领域和技术组成

序号	学科领域	主要技术
1	深度学习	卷积神经网络（CNN）用于图像识别和处理
		循环神经网络（RNN）用于处理序列数据
		强化学习用于让 AI 在与环境的交互中学习
2	语义识别	语言理解（NLU）用于对语言进行分类归纳
		语言生成（NLG）用于将反馈组合成可读文字
3	图像处理	图像识别和处理技术，用于识别图像和视频

（续表）

序号	学科领域	主要技术
4	知识图谱	用于整理和归纳现实世界中的关系与逻辑
5	情感分析	分析文本、语音、面部表情等来识别分析情感
6	智能语音	语音识别（ASR）用于分析和理解人类语言
		语音合成（TTS）用于产生人类语言

AI 技术的高度依赖于数据，属于数据驱动类技术，其中模型的复杂度、解决问题的难度、数据多样性等都决定 AI 对数据的依赖程度。一般而言，难度越大的问题所需要的数据基数越大，所以可以说数据的数量和质量对 AI 系统的性能有着至关重要的影响。

在上述技术组成和海量的数据支撑下，AI 模型可以持续学习和优化，随着数据的不断积累和算法的不断改进以及不断地正向反馈叠加，AI 系统的性能都可以逐渐提升，更好地适应各种复杂场景和任务需求。

1.3 AI 技术在档案领域的显著优点

在 AI 智能具备强大的数据挖掘能力、数据整合表达能力和持续学习优化三个技术特点的基础上，其在档案工作领域也具有多项显著优势：

1.3.1 显著效率

数字档案馆已经建立了"存量数字化、增量电子化"的方式自动获取元数据，同时具有"全文检索"等方式对海量馆藏进行信息查询。而 AI 技术的智能处理能力可以进一步减少数字档案管理中语言转化为数据的过程，更大幅度地减少人工参与，同时通过语义识别等方式对档案中的信息进行提取和分析，效率显著提高。

1.3.2 增强准确

基于深度学习和自然语言处理的 AI 系统在档案分类、检索等方面的准确性高于数字管理的方法。在现有的信息提取与数据分析案例中，AI 技术能够准确识别文档中的关键信息，提供可靠的数据支持。

1.3.3 数据表现

原有的档案利用表现形式多是复制件、电子件、大事记、画册、纪录片等，AI 时代可以将档案数据的借阅利用表现为一个"人"的形式，有问题、有需求均可直接发出指令进行获取，同时基于档案借阅者的工作领域和个人需求，进行针对性的档案作品自动生成和推送。

2 AI 在档案管理中的风险挑战

新技术在提供高效率和人性化服务的基础上，同样也会带来新的问题和风险，AI 技术亦然，主要是集中在依赖性、安全性、成本投入三方面。

2.1 AI 技术在应用中的风险

2.1.1 技术依赖性高

AI 技术因其学科交叉性广、且在部分计算机专业垂直领域深入，现阶段档案从业人员虽然已经有很多信息专业背景人员加入，但是 AI 领域的专业层度仍有不足；其次是 AI 技术的模型和开发难度较大，尖端技术集中在少数头部信息公司。

2.1.2 数据安全

由于档案管理涉及大量敏感信息，AI 技术下的档案利用产生结果效率过快，一旦借阅需求激增，审核与监管将很难实现 100% 覆盖，除非进行全档案数据库的脱密脱敏处理。

2.1.3 成本投入

AI 系统开始建设到发挥作用，其间除了需要数据和技术的成本支撑之外，还需要一定量的人力进行 AI 的训练，为 AI 产生的结果进行反馈和调教，通过海量测试逐步完善和修正模型。AI 技术的更新迭代速度较快，需要不断投入资金进行技术升级和维护。

2.2 AI 技术在应用中应注意的替代边界

根据笔者研究，AI 技术在档案管理中，也存在无法替代的边界，这些边界首先是档案专业的核心，如创新性成果、企业文化精神，AI 本质上仍旧是对所有馆藏数据的分析和综合归纳，并不具有创新能力，例如 AI 只能给利用者提供几十年的各种历程、各类数据、各种趋势分析，但是无法提出建设性意见；同样在文化和精神领域，AI 技术只能展现案例，但是无法分析和理解其内在精神，档案的"育人"功能无法在此有效发挥。

其次是涉及法律与伦理方面，在处理个人隐私、敏感信息时，AI 技术可能引发法律与伦理问题。例如人事档案、纪检监察档案或者是在普通文书档案中的任免与问责文件等，AI 很容易就将其作为普通内容进行分析归纳，然后反馈给使用者。

3 AI+ 档案的适用场景分析

在 AI 技术的显著优势下，其可以对原有数字时代的档案管理进行重新赋能，形成 AI+ 档案的管理模式，使档案管理者更加高效便捷，使档案利用成果更加贴合借阅者需要。在这里笔者就 AI+ 档案的适用场景，结合现有的 AI 技术实践和档案管理实际情况，进行初步分析：

3.1 智能归档

档案馆引入了 AI 技术进行档案分类，通过自然语言处理和机器学习技术，系统能够自动识别文档内容，并根据关键词、语义等信息对档案进行智能分类和归档。例如在组卷归档时，AI 可以根据档案的题名、文件内容中词语的频次、文件号之间的关联、设计图纸的依赖关系等信息进行归集，或者按照既定的归档原则进行文件划分；在著录和编码环节中，AI 可以更高效地智能提取文件的各个字段，不仅提高了归档的准确性，还可以大幅减少人工重复劳动的时间成本。

3.2 智能编研

利用 AI 技术对大量历史档案进行信息提取和数据分析，系统能够自动识别文档中的关键信息，如人名、地名、时间等，更精准的 AI 语义分析可以对"经验做法""工作亮点""存在问题"和"解决措施"等人类语言进行分析与整理，通过检索、分类、归纳、整合，最后转化输出为人类语言的历史情况汇总，为档案馆所支撑的政府或者是企业提供了宝贵的数据支持，为政策和决策的制定提供经验支持和佐证。例如笔者所在的企业档案馆，历次发射成功均会有试验简报，通过对简报的语义分析和整理，即可快速生成几十年来的发射事件、成功率、数据曲线等多种有价值的编研成果；或者是通过对历年档案文件的知识挖掘和 AI 整理，形成项目投资、历史沿革、领导任免、年度大事等方面的初步编研材料。

3.3 智能识别

当前多数档案馆已完成了照片和录像的模转数，并形成了电子化积累的机制，数字化声像馆藏量迈入新的历史台阶。声像档案量级的飞速递增，其归档信息的准确性和单体利用率却在逐年下降，馆藏的声像档案中存在大量未予识别的照片，人物、地点、场景等元数据信息不全；存在大量未逐帧著录的录像，利用时仍需要整片借出、整段播放选取，信息的精度和利用效率已不满足新时代利用者的需要。随着 AI 技术实时语音识别和大规模数据处理能力，智能识别成为可能[2]，在基于本单位相关人员肖像和历史已有著录信息的照片作为人脸数据库的基础上，AI 可以通过自我完善、自我学习，只要一张人脸出现过，即可进行识别；如果有多次出现的基础照片，更是可以提高识别的精度和速度；同时利用 EsayPOI 等地址数据库，通过 3D 地点比对，也可以对照片或者视频中的地点进行识别，根据笔者实践，基本 99% 以上的照片和视频都能自动比对出所拍人物，90% 以上的新照片能够比对出所拍地点。

AI+ 档案的应用场景不仅如此，还可以用于结合领导讲话和报告，形成 AI 智能回答；也可以用于档案数据传输过程，自动识别敏感信息并进行加密或退回；还可以用于建立综合管理平台，通过对异常行为的监测，及时发现并应对潜在的安全威胁和隐患。

4 智能时代中档案行业的应对措施

随着 AI 技术的飞速发展，档案行业正面临着前所未有的挑战与机遇。为了适应这一时代变革，档案部门必须采取一系列应对措施，以确保档案工作的效率、安全和可持续发展。笔者考虑在 AI 时代下档案部门可结合实际情况开展以下工作：

4.1 提高技术视野，认识档案转型升级的必然性

在做好档案宣传的同时，在档案部门和档案受益者之间做好档案技术的宣传和推广，准确把握档案工作"走向现代化"的必然性和必要性，深刻领悟当前时代高水平科技自立自强的要求。通过到 AI 企业实地参观、开展形势任务教育、档案技术论坛、前沿新闻等多种形式，提高档案从业人员技术视野，形成对 AI 技术和 AI+ 档案模式的认同感。

4.2 梳理替代步骤，优化档案管理流程

对现有的档案管理过程进行梳理，将其中人工重复劳动密集、出错率较高等节点筛选出来，对比当前的 AI 技术现状，是否可以进行部分的 AI 替代人工，在确保档案安全性和完整性的前提下，建立部分替代的混合档案管理模式。

4.3 加强人才培养，形成复合型队伍

在档案部门内部开展对 AI 基础技术的学习，利用开源的 AI 模型进行研究探索（见表 2），建立技术基础和熟练人才。同时通过培训交流、人才引进、专题学习等多种方式，培养一支既懂档案管理又具备信息技术的复合型人才队伍，为后续的档案智能化转型储备智力支持。

表 2　当前全球主流的 AI 开源项目及其功能

序号	开源名	提供方	主要功能
1	TensorFlow	谷歌	支持各类深度学习算法的实现，已有 42700 余基于此开源的 AI 项目
2	PyTorch	Facebook	以动态计算图为核心，具有高速构图功能
3	BERT	BERT	用于对大量未标记的文本数据进行训练，作为 NLP 领域里程碑
4	Transformers		语音识别、文本转换语音、上下文连贯等
5	ChatTTS		文本转语音，达到真人水平
6	AllenNLP	PyTorch	将自然语言转化为文本，建立语言理解模型

4.4 保护数据安全，完善法律法规

建立完善的数据安全管理制度是确保数据安全的基础[3]，加强网络安全技术保障，确保档案数据在采集、存储、处理和传输过程中的安全性。加强对档案管理人员和 AI 技术开发人员的法律意识和伦理教育培训工作，保护档案部门服务对象以及其他相关人员的隐私权和知识产权。

新时代党和人民对档案行业有了越来越高的要求与期待，人工智能时代的到来带给对文件档案管理领域的挑战很有可能是全方位的、颠覆性的历史浪潮[4]，同时是档案部门从数字档案馆到智能档案馆转型的重要机遇与挑战。

作为档案部门的工作人员，我们应该理性地看待这一技术变革，充分认识 AI 技术的优缺点与技术边界，采取更有效措施来最大限度地发挥其优势、规避潜在风险，将 AI 技术融入档案工作的新质生产力当中，更好地推动档案事业的高质量发展。

注释及参考文献

[1] 王振滔 . 新人文：面向生态、新媒体、大数据和人工智能的挑战——首届"新人文"学术论坛综述 [J]. 社会科学动态 ,2024(4):124-126.

[2] 魏丽维 . 基于 AI 技术的声像档案语音识别检索应用研究 [J]. 机电兵船档案 ,2024(1):22-24,34.

[3] 刘树锋 . 大数据和人工智能时代下数据安全的风险及应对策略 [J]. 网络安全技术与应用 ,2024(2):54-56.

[4] 马林青 , 谢丽 , 高玉宝 , 等 . 人工智能时代文件档案管理教育的 AI 竞争力培养探析——基于美国 iSchools 专业能力培养的视角 [J]. 档案学通讯 ,2023(4):93-102.

数据驱动视角下的数字档案馆建设探究

王洁菲

上海航天技术基础研究所

摘要：随着社会信息化全面推进，数据成为社会生产与再生产的关键要素。以数据资源为基础、以数据理念为指引、以数据方法为手段、以数据价值为导向，激发产生数字档案馆建设数据驱动力。在此趋势下，探究数据驱动视角下的数字档案馆资源转型、管理业态重塑、资源价值实现。

关键词：数字档案馆；数据驱动；资源转型；管理业态；资源价值

0 引言

随着全球数据量爆发式增长，数据发挥着越来越重要的赋能作用，被誉为"未来的新石油"。著名管理咨询公司麦肯锡认为"数据已渗透到当今每一个行业和业务职能领域，成为重要的生产因素"[1]，已然成为助力社会各领域建设发展的战略性资源。"大数据发展前期的主要任务是收集数据，现已逐渐向数据治理、数据驱动的方向转换，从而推动着数'字'世界向数'智'世界的转换。"[2] 数据驱动力为解决数字档案馆发展困境提供了数据思维、注入了数据要素、创造了治理工具，对数字档案馆发展理念变革、资源重构、价值重塑作出了战略性安排，对促进数字档案馆建设能力提升创造了更多的可能。

1 驱动数字档案馆资源转型

1.1 数据资源大量形成

从档案资源形态来看，从"模拟态""数字态"向"数据态"嬗变。"随着大数据作为新的基础设施正在重塑社会生态与生产要素，'数据化'开始接力'数字化'，推动着社会新一轮的、基于数据维度的空间与秩序变革。"[3]从广度而言，数据化浪潮不断波及着现实社会的各个场域维度，数据疆域不断拓展；从深度而言，数据化浪潮深刻改变着生产模式、工作业态和生活方式，数据渗透力不断加深。档案工作从"实体空间""数字空间"向"数据空间"的迁移，档案资源形态从"模拟态""数字态"向"数据态"嬗变。故而，需要在数字化经验积累和既有成果的基础之上进阶推进档案数据化，转换为便于机器直接提取、关联、组织、解析、挖掘的细粒度的档案数据资源，从数字化的形式控制递进为数据化的内容控制，从海量的数据资源中发现知识，突破传统"全宗""案卷""文件"为管理单位的档案管理系统，提升数据赋能作用，释放数据要素价值。

从档案资源范围来看，从"小数据"到"大数据""全数据"拓展。"小数据"时代，档案部门所获取的往往都不是全景式的综合信息，不能很好地进行定量分析决策。到了大数据时代，档案数据具有广源性的特征，对于档案数据价值来讲，一条数据与集成后的数据集合的价值是不可比拟的。因此，构建数字档案馆资源生态圈要注重全面而完整的数据采集，使得档案数据资源的价值得以拓展和提升。发挥数据赋能作用，建设量大面广的档案数据资源，长期连续性地对传统档案资源进行全文本的数据转换、对电子文件和其他原生数字档案资源进行全要素的数据采集保存，"应归尽归，应收尽收"，尽可能多元、全面、全景、完整、综合地收集档案数据，建立资源丰富的生态集群。

从档案资源组成来看，"内容数据""管理数据""利用数据"并存。数字档案信息资源不仅包括从传统载体档案转化而来的数据和电子档案的内容数据，还包括数字环境下档案管理和利用过程中产生的各类元数据，对于档案资源的结构有了更全面的认识。"大数据时代的档案数据内涵不局限于档案的内容，还关注产生该数据内容的计算机软硬件环境，包括其软硬件平台、日志、维护信息等相关信息，即关注的是以数据包为单位的多元数据"[4]。在此背景下，就要拓宽档案数据资源来源途径，扩大数字档案馆资源空间格局。

1.2 发展理念深刻变革

数据赋能数字档案馆管理理念从经验管理到循数治理升级。长期以来，档案管理工作以经验管理居多，在此影响下，数字档案馆的运行大多也是停留在经验管理，一方面档案部门基于经验和直觉自上而下做出管理决策，这种由经验或直觉驱动的管理，主观意志太强，很容易做出不正确的判断以及不清楚档案用户到底需要什么，从而影响管理效能；另一方面由于档案人员知识结构的限制，难以适应现代化、信息化需求。数据时代，数字档案馆应该逐步改变经验决策管理模式，积极倡导循数治理，通过数据发现问题、分析问题、解决问题，把"循数"治理理念引入治理过程中，由"（主观）经验驱动"的管理决策转向"（客观）事实驱动"的管理决策，以此实现数字档案馆运行各环节"信息可查询、来源可追溯、去向可跟踪、责任可追究"。

数据赋能数字档案馆服务理念从供给导向到需求导向升级。长期以来，档案部门在利用服务上更多承担的是供给导向的被动型服务，坐等用户上门来查阅、咨询，即使是在资源共享时代的馆际互建，其背后的思维模式仍是追求资源的更加全面、系统的更加兼容，调动已有的设备和资源来满足用户发出的利用需求，而不是主动预测用户潜在的需求。在数据智能时代下，档案用户的信息浏览、网络发言、网络检索、利用活动等"一切皆为数据"，档案用户行为、偏好、态度等需求"一切皆可量化"，依据用户需求变化灵活调整治理方式，通过及时、动态和个性化的服务提供来实现满足用户需求的精准供给。一方面，在服务前端，树立深入档案用户行为的需求识别理念；另一方面，在服务后端，及时收集档案用户的反馈数据。在如今移动互联时代，公众获取信息渠道不断增加且日益多元化，意见表达更自由，档案用户的身份不单是档案信息服务接收者，同时通过"反馈"使其在数字档案馆建设转变为了参与者、协调者。

1.3 档案数据管控建设

档案数据整合集成。数据环境下，数字档案信息的分散性、异构性、无序性、冗余性等特点，限制了档案信息内容的集成利用，因此需要"通过逻辑方式或物理方式组织成一个有机整体，填平不同地区、不同层级、不同部门之间的'数字鸿沟'"[5]。数字档案馆信息资源集成是指"根据一定的需求，对各个相对独立的已经实现了一定程度的有序化的档案信息资源进行融合、类聚和重组，构建一个新的功能更强大、效率更高的档案信息资源体系的过程"。[6]档案数据整合就是"要整合各种类型的档案数据库，将其联接成一个相互关联的数据库群，从而实现数据的自由流动"。[7]在档案数据整合过程中，要改变局限于体制内资源、机构资源、文献资源等逻辑资源导向，树立大数据观，以开放协同、集成共享的理念广泛收集公共政务、科研文化、社交媒体等数据，形成数量丰富、结构合理的档案资源库。

档案数据质量控制。关注并严格执行该行为不仅是资源建设的基础，也是治理的关键。"档案数据质量包括两方面：一是档案数据自身的质量，主要指档案数据的真实完整、准确可靠、关联可用程度等；二是档案数据的过程质量，包括数据存储质量、传输质量、运行质量和利用质量等。"[8]依照前端控制与全过程管理的思想，需要分别从前端防控、事中管控、事后调节[9]来对档案数据进行全流程控制与优化，确保采集的档案数据价值保值，为后期开发利用夯实基础。

2 重塑数字档案馆管理业态

2.1 业务数据化：数字档案馆管理业务的数据化控制

"'原生环境数据化、形成方式数据化、来源形态数据化'的档案形成生态逐渐生成"[10]，需要加大对数字档案馆相关业务的数据化。"所谓的'业务数据化'是指将企业或组织业务活动以数据方式记录下来，所关注的是数据价值链的前端。"[11]其本质上是用数据表现和解读业务。

在数字档案馆运行过程中，其业务数据化主要包括管理系统化、流程电子化和业务在线化。一是管理系统化。通过建立归档数据质量管控平台、电子档案资源整合平台、企业档案工作管控平台等，服务驱动管理决策，用系统来实时监控、跟踪、记录、控制数字档案馆各项业务。二是流程电子化。为整个流程提供了更快、更准确、更完整的信息，实际上实现了对整个数字档案的动态、实时管理和控制。三是业务在线化。通过整合文件集成系统、信息采集系统、档案信息管理系统、档案信息使用维护系统、保管管理和跟踪系统以及其他与数字档案有关的系统的数据接口，并逐步完善支持各项业务的管理软件，所有业务都可以管理和在线交易，消除了传统的手工管理方式，实现数字档案馆的最大价值。

2.2 数据业务化：数据反哺数字档案馆管理业务开展

数据赋能数字档案馆业务不仅仅是将线下业务转移到线上，还包括在数字领域重新思考档案馆业务，基于整个数字档案馆业务，转变工作流程，引入档案数据业务，以及通过获取、收集、分析和利用所产生的数据，重组档案业务，引入档案数据业务。"与'业务数据化'不同的是，'数据业务化'

是指如何基于数据定义和再造敏捷业务，属于数据价值链的后端。"[12] 其本质就是通过对档案业务系统中沉淀的数据进行二次加工，让数据反哺业务，释放数据价值，即强调数据对档案业务的理解、渗透和反哺。

数据业务化类似于数字档案馆利用数据说话、管理、决策、优化。这种方式是一种科学的态度、科学的方法和科学的管理模式，显示了档案作为信息来源的不可缺少的作用。让数据（这里的数据主要指管理数据、运维数据、利用数据等，不是指档案数据）赋能数字档案馆各项业务，比如通过数据舱、数据大屏、数据分析平台掌握数字档案馆运行状态、服务效果等。业务数据化是数据的浅层应用，数据业务化是数的深层应用，前者是前提和基础，后者是前者的延伸与深化。业务数据化与数据业务化相辅相成，业务数据化是为了更好地开展数据业务化，数据业务化对业务数据化提出更高的要求，倒逼业务数据化的精细化，两者共同服务于数字档案馆业务的运营和档案数据资源价值的释放。

3 实现数字档案馆资源价值

随着大数据时代的发展，档案形成生态发生新变化，档案数据的特点被激发、活性被催化，在价值形态、价值活性、价值实现等价值特性上都与传统表现出了很大不同和进步性[13]，逐渐成为档案信息资源的主要表现和存在形式。在此态势下，档案管理者也需要从数据管理视角审视档案数据价值。作为一种新的生产要素和重要的信息资源，其价值和实现机制是多元的，在资政辅政、经济运行、文化休闲、科技创新、生态保护等方面发挥着信息支撑作用。

档案数据的知识价值。档案数据的"数据态"和"数据体"特性决定了档案数据管理的复杂性和精细化，档案管理者在具备档案管理专业能力的同时，也需要通过自主学习和集中教培，与时俱进地掌握数据科学、数据管理的知识本领，将其运用至档案数据管理的环节过程当中，继而向知识管理和智慧管理迈进。在知识时代背景下，档案价值有了新的特质，开始注重知识属性，参与知识管理，提供知识服务，帮助用户解决实际问题。例如，2011年开通运行的"青岛档案历史知识库"服务平台，是青岛历史知识的集成化、结构化管理和网络化应用服务平台，形成了一个有关青岛历史的系统的知识体系[14]。中石油通过基础层的构建资源体系、中间层的开发产品体系、最高层的分析与研究类产品体系，让档案数据价值从"保存备查"的"地下油藏"增值为"知识利用"的"石油资源"，将中石油数字档案馆建设作为凭证中心与知识中心。

档案数据的关联价值。当前，档案数据管理不仅将文件档案与数据关联起来，也在档案管理利用过程中注重档案数据的关联价值。利用能够对数据化信息进行处理的工具，分解、提取、组合复杂、多元、分散的档案数据单元，根据实际需求建立和打通数据关联，开展文本分析、数据挖掘、知识发现、智慧洞察。如档案馆通过对档案内容数据、档案利用数据、档案用户数据的关联分析，洞察用户偏好、兴趣、需求，预测利用趋势，开展精准式利用服务。再比如，我国"青岛啤酒时光机"项目通过对存档内容的关联，建立了数据知识网络，如员工和产品关系网络，并利用可视化工具和 3D 模型，再现了青岛啤酒厂的发展和员工的实际工作场景，为用户提供强沉浸感的档案服务体验[15]。

档案数据的潜在价值。档案数据的价值不仅局限于内容表面，更多的在于深层次细粒度的记忆单元，因此数字档案信息资源开发朝着细粒化的知识单元方向显得非常重要。如档案馆综合运用多种数据组织、分析和挖掘技术，开展档案数据化编研，对档案数据进行深层次挖掘，将原生档案数据加工成为初级或高级的数据产品进行展示与传播。另外，像格式的数字存档可以使用人脸和照片识别等技术，而音频和视频格式的数字存档可以使用语音识别来搜索深层次档案知识，形成对档案数据潜在价值的更好开发。

注释及参考文献

[1] Manyika J, Chui M, Brown B, et al. Big data: The next frontier for innovation, competition, and productivity.[EB/OL].[2023-10-05].http://www.mckinsey.com/insights/business_technology/big_data_the_next_frontier_for_innovation.

[2] 张清华,高渝,申秋萍.数据科学：从数字世界到数智世界 [J].数据采集与处理,2022(3):471-487.

[3] [10] [13] 金波,添志鹏.档案数据内涵与特征探析 [J].档案学通讯,2020(3):4-11.

[4] 于英香.从数据与信息关系演化看档案数据概念的发展 [J].情报杂志,2018(11):150-155.

[5] [8] 金波,杨鹏.大数据时代档案数据治理研究 [J].档案学研究,2020(4):29-37.

[6] 金波 . 数字档案馆生态系统研究 [M]. 北京 : 学习出版社 ,2014:210.

[7] 金波 . 档案学导论 [M]. 上海 : 上海大学出版社 ,2018:255.

[9] 周林兴 , 崔云萍 . 大数据视域下档案数据质量控制实现路径探析 [J]. 档案学通讯 , 2022(3):39-47.

[11] [12] 朝乐门 , 卢小宾 . 数据科学及其对信息科学的影响 [J]. 情报学报 ,2017(8): 761-771.

[14] 魏福翠 . 青岛：创新服务模式 提升服务能力 [N]. 中国档案报 ,2014-11-18(1).

[15] 靳文君 . 数字技术赋能档案资源开发 [N]. 中国档案报 ,2022-12-26(3).

文本数据挖掘与档案保密性的兼容性研究

罗辑

苏州瑞档信息科技股份有限公司

摘要：文章通过对国内外文本数据挖掘研究现状的概括，指出档案保密性面临的挑战，如个人隐私泄露、商业机密泄露、法律遵从问题、数据访问权限管理不当以及数据传输安全问题。为解决这些问题，笔者提出以保护个人隐私、商业机密和法律遵从为导向的策略。具体而言，需要采取匿名化与脱敏、加强访问控制、建立合法合规机制、控制数据访问权限以及加强数据传输安全等措施。通过本研究，希望为档案资源体系建设与利用体系建设助力。

关键词：文本数据挖掘；档案保密性；敏感信息保护

0 引言

在当今信息时代，大量的文本数据在不同领域中被广泛生成和应用。同时，随着档案事业的发展，《"十四五"全国档案事业发展规划》指出，档案事业应"主动融入数字经济、数字社会、数字政府建设，推动档案全面纳入国家大数据战略"[1]，在对档案的数据进行挖掘的同时，档案的保密性要求也日益重要。然而，传统的档案保密方法往往无法满足通过文本数据挖掘技术对档案进行分析和管理的需要。因此，研究文本数据挖掘与档案保密性的兼容性具有重要的背景和动机。

在《中华人民共和国保守国家秘密法》第三章保密制度的"第二十四条机关、单位应当加强对涉密信息系统的管理……"[2]的指导下，探索文本数据挖掘技术与档案保密性之间的兼容性，并提出相应的方法和模型。为了实现这一目标，本次研究将回答以下问题：（1）文本数据挖掘技术对档案保密性的要求是什么？（2）档案保密性要求对文本数据挖掘技术有何影响？（3）如何设计兼容性分析方法和模型，确保文本数据挖掘与档案保密性的兼容性？

本研究的意义和价值主要体现在以下几个方面：首先，通过研究文本数据挖掘与档案保密性的兼容性，能够促进档案学和信息技术的交叉应用，为档案管理和保密提供新的思路和方法。其次，通过设计兼容性分析方法和模型，可以解决现有档案保密措施无法满足数据挖掘需求的问题，提高档案信息的利用效率和安全性。最后，本研究的成果将有助于提升我国档案管理水平和信息安全保密能力，在国家治理、企事业单位以及个人隐私保护等方面具有广泛的实际应用价值。

1 文本数据挖掘技术概述

文本数据挖掘（Text and Data Mining，简称 TDM）是一种信息处理技术，它利用机器学习、自然语言处理和推理分析等方法，通过对文本内容的处理，实现信息抽取、关系发现、热点预测、文本分类和自动摘要等具体任务。它通过自然语言处理、机器学习和统计学等方法和技术相结合，对文本数据进行预处理、特征提取、文本分类、聚类、情感分析、主题建模和关系抽取等操作 [3]。

1.1 国内外文本数据挖掘研究现状

基于中国知网（CNKI）文献检索平台，以"文本数据挖掘"为主题或以题名在中文总库中进行检索，共计得到文献 1527 篇 [4]。检索结果表明，自 2000 年起关于"文本数据挖掘"的研究逐年递增，2010 年至 2013 年稍有回落而后一直热度不减，尤其在 2020 年达到顶峰，当年度共计 113 篇。在这些文献中，主要的研究着重点为数据挖掘技术、文本聚类、研究与实现、文本自动分类、数据分析、网络舆情、文本情感分析、研究综述等。而在档案学的研究领域中，主要有两类文献。一类是以理论研究为主，主要探讨档案数据挖掘的发展方向、方法、算法和保密等跨学科理论问题。另一类是以应用实践为主，主要描述数据挖掘技术在档案行业某个方面的具体应用和实践 [5]。这些文献很少有对文本数据挖掘研究的同时兼顾对保密的讨论，其中王兰成在他的文章中讨论了如何在档案数据库中保护敏感信息，并提出了引入敏感元组和密度的概念，以保护档案数据库中敏感信息的匿名化方案 [6]。

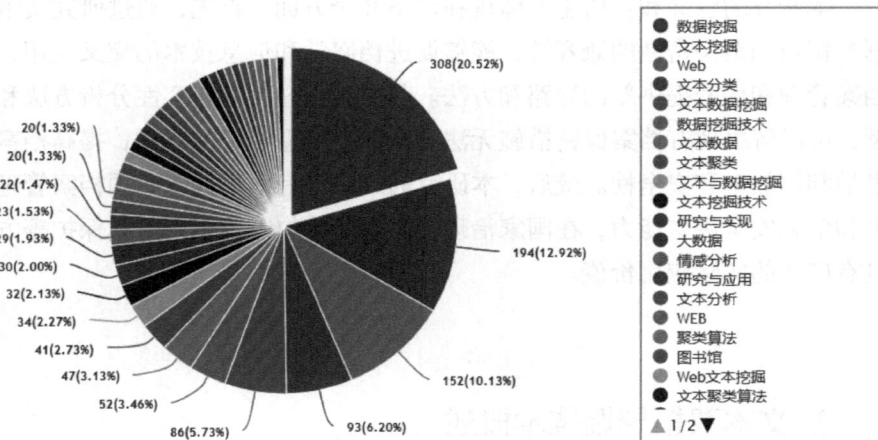

图 1 中国知网中"文本数据挖掘"研究的主题频次饼状图

在国外对"文本数据挖掘"的研究中，其研究趋势与国内相近，但国外对其的研究早于我国两年，即 1998 年。不同的是，国外对文本数据挖掘的研究在我国研究的主题之上，还有许多我国学者不曾关注的领域。例如社会媒体、新冠病毒、推特、多方位立体视觉等。另外，笔者发现，国外的研究更加注重通过互联网中的文本数据挖掘，来讨论许多重大的社会议题。例如文章《利用推特数据来分析 Covid-19 推文的病毒式传播性：一种文本挖掘方法》（Leveraging Twitter data to analyze the virality of Covid-19 tweets: A text mining approach）[7]，以及文章《支持健康图书馆实践的文本挖掘应用程序：一个关于大麻合法化的推特分析的案例研究》（Text mining applications to support health library practice: A case study on marijuana legalization Twitter analytics）[8]。

1.2 文本数据挖掘在档案学中的应用领域

文本数据挖掘技术在档案学中具有广泛的应用领域，为档案工作提供了有效的支持和增值。

其一，文本数据挖掘可用于档案文件的分类和标注。通过建立文本分类模型，可以将大量的档案文件自动分类归档，大大提高了档案的管理效率。同时，文本数据挖掘还可以处理档案文件中的标签、关键词等元数据信息，为后续的检索和筛选提供便利。例如可以运用 LDA 模型提取文档的主题特征向量，然后通过 K-means 算法对这些主题特征进行聚类，从而得到档案

之间的相关性 [9]。

其二，文本数据挖掘技术可应用于档案的信息提取和摘要。通过实体识别、关系抽取等算法，可以从大规模的文本数据中提取出与档案相关的实体、关系等重要信息，进而生成文本摘要或自动化报告。这样不仅提高了档案信息的获取速度，也减轻了人工处理的负担。例如可以利用统计和马尔可夫过程构建模型，并运用一种从文本中提取地名信息并调用地图服务供应商的方法，以生成结构化数据来补充信息 [10]。

其三，文本数据挖掘还可用于档案的语义分析和主题建模。通过分析档案文件中的语义内容和上下文关系，可以揭示档案文件之间的相关性和主题结构。这有助于深入挖掘档案的内在信息，提供更全面的文献综述和研究视角。例如可以应用文献的引用内容和关键词构建 Labeled-LDA 主题模型，由此生成文档 - 主题概率向量，并利用 K-means 聚类算法对文档进行聚类，以提取每个文档集合中的主题内容 [11]。

其四，文本数据挖掘技术还可以应用于档案中的敏感信息保护。通过敏感词过滤、隐私信息脱敏等方法，确保在共享或发布档案数据时不泄露个人隐私和敏感信息。除此之外，还可通过防火墙技术、防病毒技术、加密技术、安全检测技术、安全监控技术、安全隔离技术，安全审计技术、备份恢复技术、数字签名技术、身份验证技术、访问控制技术等之间引入隐私保护技术和本体技术，对档案中的具体敏感信息，进行针对性的保护 [12]。

1.3 常用的文本数据挖掘技术

文本数据挖掘是一项重要的任务，常用的技术与方法涵盖词袋模型、TF-IDF、主题模型、文本分类算法、文本聚类算法和情感分析算法等，它们各自具有相似之处和独特之处。

一方面，词袋模型、TF-IDF、主题模型、文本分类算法、文本聚类算法和情感分析算法都是常用的文本数据挖掘技术与方法。词袋模型将文本表示为词汇的集合，并统计每个词汇的出现频率。TF-IDF[13] 结合了词频和逆文档频率，用于评估词语在文本中的重要程度。主题模型通过统计算法发现文本中潜在的主题，并将每个文档与主题相关联，主要有 LDA（latent Dirichlet allocation）主题模型和嵌入式主题模型（embedded topic model，ETM）等 [14]。文本分类算法（如朴素贝叶斯、支持向量机、决策树等）用于将文本分为预定义类别或判断新文本的类别。文本聚类算法（如 K-means、DBSCAN 等）将文本数据聚类成相似的组。情感分析算法则识别文本中的情感倾向 [15]。

另一方面，它们也各自具有独特之处。词袋模型简单有效，能够捕捉到文本中的关键词信息。TF-IDF 能衡量一个词语对文本的贡献度，通过权重调整更好地评估词语重要性。主题模型能够抽取关键主题，从大规模文本数据中进行分析和理解。文本分类算法通过训练样本进行分类预测，判断文本的类别。文本聚类算法将文本数据聚类成相似的组，帮助整理和归纳文本数据。情感分析算法通过识别情感倾向获取用户的情感反馈。

2 文本数据挖掘与档案保密性之间的矛盾

文本数据挖掘可以发现隐藏在大量文本中的模式、关联和趋势，从而为决策和洞察提供有价值的信息。然而，在档案管理中，文本数据挖掘可能与档案保密性之间存在一些冲突和挑战。

2.1 个人隐私泄露问题

在档案的文本数据挖掘中，存在个人隐私泄露的问题主要体现在以下几个方面：（1）身份信息泄露：文本数据中可能包含个人的身份证号码、出生日期、姓名等敏感信息。如果这些数据没有被妥善保护，在数据挖掘过程中被未经授权的人员获取，就会导致个人身份信息被泄露。（2）通讯信息泄露：文本数据中可能包含个人的电话号码、邮件地址等通讯信息。如果这些信息被不法分子获取，可能导致个人受到骚扰、恶意垃圾邮件或诈骗等。（3）地址信息泄露：文本数据中可能包含个人的住址、工作地址等敏感信息。如果这些地址信息被泄露，个人可能面临盗窃、滋扰或其他安全风险。（4）健康信息泄露：文本数据中可能包含个人的健康状况、病历记录等敏感信息。如果这些健康信息被泄露，可能导致个人隐私暴露、遭受歧视或者用于不当目的。（5）兴趣爱好和消费习惯泄露：文本数据中可能包含个人的兴趣爱好、消费习惯等敏感信息。如果这些信息被商家或广告公司获取，个人可能面临个性化广告骚扰、隐私权侵犯等问题。

2.2 商业机密泄露问题

在档案的文本数据挖掘中，存在商业机密泄露的问题可能涉及以下几个方面：（1）商业计划和策略泄露：文本数据中可能包含公司的商业计划、战略规划、市场营销策略等重要机密信息。如果这些信息被未经授权的人员获取，竞争对手有可能利用这些信息来获得不公平竞争优势。（2）产品研发和设计泄露：文本数据中可能包含公司的产品研发进展、设计方案等机密信息。如果这些信息泄露，竞争对手可能会利用这些信息来复制、模仿原公司的产品或者进行其他侵权活动。（3）财务数据泄露：文本数据中可能包含公司的财务报表、利润情况、成本结构等敏感信息。如果这些财务数据被泄露，可能导致公司财务状况暴露给竞争对手或其他不法分子，从而影响公司的商业利益和声誉。（4）合同信息泄露：文本数据中可能包含公司与供应商、客户之间的合同信息、商务合作细节等。如果这些合同信息被泄露，可能导致商业伙伴关系的破裂，甚至带来法律纠纷和经济损失。（5）知识产权泄露：文本数据中可能包含公司的专利、商标、版权等知识产权信息。如果这些知识产权信息被泄露，可能导致侵权行为，损害公司在市场竞争中的地位和利益。

2.3 法律遵从问题

在档案的文本数据挖掘中，存在的法律遵从问题主要包括以下几个方面：（1）数据来源合规性：在进行文本数据挖掘前，需要确定数据的来源是否合法。如果数据来源涉及盗窃、欺诈、侵犯隐私等违法行为，那么进行数据挖掘可能就存在法律遵从问题。（2）版权侵犯：文本数据可能包含有版权保护的作品，如文字、图片、视频等。在未获得相关权利人的授权下，对这些作品进行数据挖掘使用可能构成侵权行为，需要遵守著作权法的规定。（3）商标权侵犯：文本数据中可能包含有注册商标的信息。对于这些商标信息的使用，需要遵守商标法的规定，不得擅自使用他人注册商标，以免侵犯其商标权。（4）数据保护和隐私权：文本数据可能包含个人身份、个人偏好、健康状况等敏感信息。在进行数据挖掘过程中，需要遵守相关的隐私保护法律法规，确保个人隐私的合法使用和保护。（5）反垄断法规：如果进行文本数据挖掘的目的是获取市场情报，需要遵守反垄断法规，不得进行不正当的竞争行为或滥用市场优势地位。

2.4 数据访问权限管理不当问题

在档案的文本数据挖掘中，存在数据访问权限管理不当的问题可能包括以下几个方面：（1）缺乏细粒度的权限控制：在数据挖掘过程中，如果缺乏细粒度的权限控制，所有的用户都能够访问所有的数据，容易导致数据泄露的风险。不同类型的数据和用户应该有不同的权限控制，以限制访问敏感数据的范围。（2）弱密码和身份验证：若在数据访问权限管理中使用弱密码或弱身份验证机制，例如简单密码、单因素身份验证等，会增加未经授权者获取敏感数据的可能性。合适的密码策略和身份验证方法如多因素身份验证应得到采用，以确保只有经过授权的用户可以访问数据。（3）未及时撤销或更新权限：如果未及时撤销或更新不再需要的用户或角色的访问权限，可能导致继续存在访问敏感数据的风险。授权管理人员需要定期审查和更新权限，并及时删除不再需要的用户或角色的访问权限。（4）缺乏日志监控和审计：如果在数据访问权限管理过程中缺乏日志监控和审计机制，无法对访问数据的行为进行跟踪和记录，难以发现未经授权的访问行为或异常访问行为。应建立完善的日志监控和审计系统，对访问数据的操作进行监控和审计。（5）内部人员不当操作：数据访问权限管理不当还可能涉及内部人员滥用权限、越权访问敏感数据，或者将数据提供给未经授权的人员。这反映了内部控制的问题，需要加强对内部人员的培训、监督和审计，以防止非法或滥用数据权限的行为 [16]。

2.5 数据传输安全问题

在档案的文本数据挖掘中，存在数据传输安全问题可能包括以下几个方面：（1）数据截获和窃听：在数据传输过程中，如果未采取加密措施，数据可能被黑客攻击者截获或窃听。黑客可以通过截获数据包或监听传输通道，获取敏感信息，从而导致数据泄露 [17]。（2）中间人攻击：数据在传输途中经过多个网络节点，在这些节点上可能存在恶意人员进行中间人攻击。中间人攻击者冒充数据的发送者或接收者，篡改、窃取或伪造数据，导致敏感信息泄露或者数据完整性受到破坏。（3）非法访问：未经授权的人员利用网络漏洞或其他手段，非法访问正在传输的数据，可能获取到敏感信息或者对数据进行破坏、篡改等操作。（4）数据传输错误和丢失：在数据传输过程中，由于网络延迟、不稳定性、传输错误等原因，数据包可能会发生错误、重复、丢失等情况，导致数据完整性受损，甚至丢失部分或全部数据。

3 文本数据挖掘与档案保密性的兼容性解决策略

在做好档案保密工作的前提下，为更好地兼容文本数据挖掘，针对第二部分提出的问题，可以采取以下措施。

3.1 解决个人隐私泄露问题的策略

为了解决个人隐私泄露问题，在档案的文本数据挖掘中需采取以下措施：（1）匿名化和脱敏：在进行文本数据挖掘前，对涉及个人隐私的信息进行匿名化或脱敏处理，以消除直接可识别个人的风险[18]。（2）数据最小化原则：仅收集和使用必要的数据，避免收集和使用与挖掘目的无关的个人敏感信息，依据数据最小化原则保护个人隐私[19]。（3）合法合规的数据使用：确保在进行文本数据挖掘时符合适用的法律和隐私保护条例，取得合法的数据使用授权或明确的知情同意。（4）强化数据访问权限控制：限制数据的访问权限，确保仅有授权的人员可以访问和使用文本数据，采取细粒度的权限控制措施，以减少个人隐私泄露的风险[20]。（5）增强数据安全保护措施：采用加密技术保护数据的存储和传输过程安全，确保数据不被未经授权的人员获取，防止数据泄露[21]。（6）审查算法和模型：对数据挖掘算法和模型的偏见和歧视进行审查和监控，确保挖掘结果不受个人隐私权和歧视问题的影响[22]。（7）定期更新隐私政策和风险评估：建立完善的隐私政策并定期更新，进行隐私风险评估，及时调整和改进个人隐私保护措施。

例如在医疗信息系统中，为了保护数据挖掘的隐私，可以通过对医疗系统中的信息进行清洗来实现个人隐私的保护。这一保护方法主要依靠预先定义的转换，筛选出隐私信息和敏感信息的数据，然后向挖掘者提供，或者使用挖掘工具进行数据挖掘，以确保个人信息的隐藏和保护隐私权[23]。

3.2 解决商业机密泄露问题的策略

为了解决商业机密泄露问题，可以采取以下措施：（1）保密协议和非竞争条款：在数据共享和合作过程中，与相关方签署保密协议和非竞争条款，明确双方的保密责任和义务。（2）数据安全保护措施：采用加密技术对商业机密数据进行保护，确保数据在存储和传输过程中不被未经授权的人员获取。同时，利用访问权限控制和审计机制，限制内部人员的访问权限，防止内部人员泄露商业机密数据。（3）安全的第三方合作：在选择第三方服务提供商时，要求其签署保密协议并评估其信息安全措施是否合规，确保商业机密数据在合作过程中得到妥善保护。（4）内部培训和监督：加强对内部人员的培训，增强其对商业机密保护的意识，同时建立监督机制，定期审查和监控内部人员对商业机密数据的访问和使用行为。（5）审查数据挖掘算法和模型：确保数据挖掘算法和模型不会泄露商业机密信息，对算法和模型进行审查和验证，确保其不泄露商业机密。（6）定期安全评估和漏洞修补：定期进行安全评估，发现潜在的安全漏洞，并针对性地修补漏洞，加强系统和数据的安全性。

3.3 遵守相关法律法规的策略

为了遵守相关法律法规，进行档案的文本数据挖掘时可以采取以下措施：（1）获取合法授权：确保文本数据的来源合法，在对他人数据进行挖掘之前，获得相关权利人的授权或者确保数据来源符合法律要求。（2）匿名化处理：在进行文本数据挖掘之前，对数据中的个人身份信息进行匿名化或脱敏处理，确保个人隐私得到保护[24]。（3）依法获取许可：如果需要使用受版权保护的作品进行数据挖掘，应当事先获得相应的版权许可或者确保符合相关的法律例外规定。（4）遵守数据保护规定：确保遵守相关的数据保护和隐私保护法律法规，对个人敏感信息进行合法使用和保护。（5）定期法律合规审查：监测法律法规的变化，定期进行法律合规审查，确保数据挖掘过程符合最新的法律要求。

3.4 解决数据访问权限管理不当问题的策略

为解决数据访问权限管理不当的问题，可以采取以下措施：（1）实施细粒度的权限控制：根据用户的角色和需要访问的数据类型，设置不同的权限级别，确保只有经过授权的用户可以访问特定的数据。（2）强化密码策略和身份验证方式：使用复杂的密码要求，并通过多因素身份验证等方式加强身份验证安全性，以防止未经授权者访问敏感数据。（3）定期审查和更新权限：定期检查和更新用户的访问权限，及时撤销不再需要的用户或角色的访问权限，确保权限与实际需要保持一致。（4）建立日志监控和审计机制：监控和记录用户对数据的访问行为，定期审计访问日志，及时发现并应对异常访问行为。（5）强化内部控制和培训：加强对内部人员的培训，提高他们对数据访问权限管理的重视意识，建立内部监督机制，及时发现并纠正不当操作。

3.5 解决数据传输安全问题的策略

为了解决这些数据传输安全问题，可以采取以下措施：（1）加密数据传输：采用加密算法对数据进行加密，确保数据在传输过程中无法被截获或窃听。常用的加密协议包括 SSL/TLS（安全套接层 / 安全传输层）等[25][26]。（2）使用安全传输协议：使用安全传输协议，如 HTTPS，以保护数据在传输时的安全性和完整性。（3）强化访问控制措施：在数据传输过程中，通过身份验证和访问控制机制，仅允许授权用户或设备进行数据传输操作，防止非法访问。（4）建立安全隧道：通过建立虚拟专用网络（VPN）等安全隧道技术，将传输的数据加密，并确保数据在传输过程中不会受到中间人攻击等威胁。（5）实施完整性校验和容错措施：在传输过程中，通过数据的哈希值、校验和等方式验证传输的数据完整性，并实施冗余和容错措施，以保证数据的可靠性。（6）定期更新和维护系统和设备：确保传输数据的系统和设备及其软件始终处于最新的安全状态，及时修补安全漏洞，增强数据传输的安全性。

注释及参考文献

[1] 中办国办.印发"十四五"全国档案事业发展规划 [EB/OL].[2023-9-8].https://www.saac.gov.cn/daj/toutiao/202106/ecca2de5bce44a0eb55c890762868683.shtml.

[2] 中华人民共和国保守国家秘密法 [EB/OL].[2023-9-8].http://www.npc.gov.cn/zgrdw/huiyi/cwh/1114/2010-04/29/content_1571766.html.

[3] 宗成庆,夏睿,张家俊.文本数据挖掘 [J].中文信息学报,2020(12):127.

[4] 中国知网 [EB/OL].[2023-9-11].https://kns.cnki.net/kns8/Visual/Center.

[5] 谭美琴,郑川.档案数据挖掘文献统计分析 [J].资源信息与工程,2019(4):166-168.

[6] 王兰成.应对档案数据库中敏感数据挖掘威胁的实证研究 [J].档案学研究,2013(2):54-59.

[7] Krishnadas N,Geethu J.Leveraging Twitter data to analyze the virality of Covid-19 tweets: a text mining approach[J].Behaviour & Information Technology,2023(2):196-214.

[8] Y J K,Kynan L,Ali S.Text mining applications to support health library practice: A case study on marijuana legalization Twitter analytics.[J].Health information & Libraries Journal,2024(1): 53-63.

[9] 霍光煜,张勇,孙艳丰,等.基于语义的档案数据智能分类方法研究 [J].计算机工程与应用,2021(6):247-253.

[10] 郭利荣.基于数据挖掘地址的文本信息提取方法 [J].信息记录材料,2022(10): 30-32.

[11] 杨春艳,潘有能,赵莉.基于语义和引用加权的文献主题提取研究 [J].图书情报工作,2016(9):131-138,146.

[12] 王兰成,宋容.论网上档案信息资源的共享与档案敏感信息的安全保障 [J].档案与建设,2012(4):7-10.

[13] 陈科文，张祖平，龙军．文本分类中基于熵的词权重计算方法研究 [J]．计算机科学与探索，2016(9):1299-1309.

[14] 王宇晗，林民，李艳玲，等．基于 BERT 的嵌入式文本主题模型研究 [J]．计算机工程与应用，2023(1):169-179.

[15] 吴玉佳，李晶，宋成芳，等．基于高效用神经网络的文本分类方法 [J]．电子学报，2020(2):279-284.

[16] 闫媛婷．军工企业档案管理的保密问题及优化措施 [J]．办公室业务，2023(14):154-155.

[17] 周霭．档案数字化的质量和安全保密控制措施分析 [J]．兰台内外，2020(7):16-17.

[18] 顾兆军，蔡畅，刘春波，等．面向多元组关系——集值数据的脱敏方法 [J]．计算机工程与设计，2022(1):34-42.

[19] 金龙君，翟翌．论个人信息处理中最小必要原则的审查 [J]．北京理工大学学报 (社会科学版)，2023(4):140-150.

[20] 陈大勇．大数据传输中授权访问多层次控制仿真 [J]．计算机仿真，2020(3)：149-152,202.

[21] 司莹莹，王洪．访问控制策略的研究 [J]．计算机技术与发展，2007(4):100-103.

[22] 刘畅．私有云在数据中心网络安全中的应用 [J]．无线互联科技，2023(5):99-102.

[23] 卓建成．医疗信息系统中数据挖掘隐私保护的思考分析 [J]．数码世界，2018 (3):61.

[24] 张晨原．数据匿名化处理的法律规制 [J]．重庆邮电大学学报 (社会科学版)，2017(6):52-58.

[25] 杨知玲，郭焰辉．基于关联规则分析的车联网大数据加密传输模型 [J]．现代电子技术，2022(23):83-87.

[26] 张志伟，张贺勋，吴泽江，等．基于云计算的数据安全与隐私保护 [J]．网络安全技术与应用，2019(7):63-64.

信息集群理论视域下
民生档案数字资源整合共享研究

任秋娴　付茹

南京市栖霞区档案馆

摘要：民生档案是维护国家社会和谐稳定、人民群众健康幸福，推进国家治理体系建设和治理能力现代化的重要资源。民生档案数字资源整合是开发利用民生档案的基础，信息集群理论可以为相关研究提供新的视角。本文根据信息集群的集群要素要求，从组织集成、技术集成、资源集成、人员集成进行剖析，针对民生档案资源整合面临的协同问题、数据问题、人员问题，提出了民生档案资源整合对策：破解各自为政，建立协同机制；共商共享平台建设，遵照统一标准；全方位资源采集，实现档案数据汇交；鼓励区域人才一体化，提升专业技能。

关键词：信息集群理论；民生档案资源；资源整合

0 引言

民生是最大的政治，民生问题关乎人民福祉、关乎社会繁荣、关乎国家稳定。民生档案工作长期以来一直是党和国家高度重视的核心工作，而"为民服务"的理念也始终贯穿于我国档案事业及档案工作者的使命之中。民生档案是指"国家机构、社会组织在从事社会管理活动中涉及民生范围的直接形成的对国家和社会有保存价值的各种文字、图表、声像、电子数据等不同形式的历史记录"。[1]随着新一代信息技术的广泛应用，档案工作环境、对象、内容发生巨大变化[2]，数字资源成为档案资源的重要组成。《"十四五"全国档案事业发展规划》提出"加大相关档案资源跨领域、跨区域、跨层级整合力度""推进档案信息资源共享平台建设"[3]，为民生档案资源整合共享指明具体目标与方向，在此背景下，推动民生档案数字资源整合，对于拓展区域民生档案资源共享空间，提高档案信息服务普惠便民程度具有重要意义。基于此，本文借助于管理领域的信息集群理论，从理论角度分析民生档案数字资源整合共享与信息集群理论之间的契合性，在该理论的指导下分析民生档案数字资源整合的现实困境，并提出相应对策，以期对推进民生档案数字资源整合实践提供参考借鉴。

1 信息集群理论及其应用于档案数字资源整合的契合性分析

1.1 信息集群理论

集群理念发源于生物学领域，拓展延伸至信息领域。信息集群是大量信息机构与组织按照一定的信息资源服务优势集中在特定的虚拟地域范围，构成一个类似生物有机体的信息群落，在一定管理职能机构的统一领导、统一规划下统一行动，形成一个既有分工又有合作的信息联合体，发挥强劲、持续的信息竞争优势的一种新的空间知识服务组织形式。[4] 信息集群理论是在以用户为中心的共享理念的内核驱动下，在原有的信息存储基础之上，把握信息之间存在的共生之处，利用现代化网络信息技术，打造信息集群虚拟空间，提供高水平的信息服务。

1.2 信息集群理论应用于档案数字资源整合的契合性

分散性民生档案资源具有共生基础。信息集群是指基于信息技术的资源和应用聚集成一个协同工作的整体，分为技术集成、资源集成、组织集成和人员集成。[5] 集群往往是由对相同要素的共同需求而产生，信息集群的共生基础可以被总结为技术、资源、组织、人员。档案资源整合的内容应该涵盖档案实体、档案信息、档案信息技术、档案信息人才等要素。[6] 分散性的民生档案资源整合需要在这些要素的基础上才有可能实现。

民生档案资源整合与信息集群理论具备相合性。以多元方式解码民生档案资源整合，能够发现其与信息集群的相合性。其相合性主要表现在：两者整合目的是为实现更高层次的信息共享，民生档案资源整合是在建立起一个结构合理、配置优化的民生档案资源社会系统供应体系的基础上，提供系统化、跨区域的民生档案信息利用服务。民生档案资源整合对象不仅包括分散的档案信息，还要对相关技术、人员、设备等进行融合、类聚和重组。整合形式选用虚拟信息整合模式。[7]各区域按照本区域要求产生并保存民生档案，这就使得民生档案资源实体整合是不可能实现的，此时虚拟档案信息整合的优势就展现了出来。

2 信息集群理论视域下民生档案数字资源整合现实困境

2.1 协同问题：民生档案分布分散，组织合作深度不够

档案资源整合目的主要是不断优化全国档案资源配置，方便公众与社会的利用，实现资源共享。换言之，保证国家档案信息资源具备系统性、有效性、共享性。民生档案是多种类的专门档案的集合，涉及众多民生领域。民生档案产生于不同的专门领域，在未到保管期限时分散在各形成机构，移交档案馆后也分散存储在不同的全宗之中。因此民生档案分布极为分散，这种形成与保存特点导致民生档案资源的整合面临着更大的挑战。当前，各区域内外陆续展开了民生档案资源整合工作，形成了"区域内为主体，区域间为补充"的基本现实情况，这远远没有达到更大范围内资源整合的理想状态，组织和合作的深度并不够高。早在 2018 年，江苏、上海、浙江、安徽三省一市的档案局共同签署了民生档案"异地查询、便民服务"工作合作协议，实施民生档案跨区查档服务项目，实现了区域内民生档案资源共享，但在人才流动的现实情况中，来自全国范围内的民生档案查询者的需求仍难以满足，需待在更大的范围内签订协议，为民生档案资源整合创造政策条件。同时在已经建立起的资源整合平台上也呈现出不完善、不健全的状况。如长三角地区虽是较早进行民生档案整合的区域，但长三角婚姻登记档案查询也存在线下场景复刻的服务方式、服务的时效性较差、便利性较低等问题。

2.2 数据问题：技术鸿沟导致区域不平衡，隐私信息安全得不到充分保障

随着国家经济持续发展，信息化建设不断推进，全国范围内民生档案的资源整合共享平台建设已经取得许多成就，但依旧存在区域不平衡的情况。在国家档案局的统一规划下，我国建立起了全国档案查询利用服务平台，它是全国范围内民生档案共享平台建设的集大成者，基本纳入了全国各省市县的档案馆，但其中存在偏远地区查档信息大面积暂无的情况，比如在平台上

查看新疆维吾尔自治区，乌鲁木齐市查档指南比较完善，但偏远的喀什市有很多档案馆就没有相关信息。[8] 这是区域间技术鸿沟的重要体现，这与边境地区经济发展落后，信息化建设不强，民生档案资源整合没有充足的现代化信息技术作为支撑。另外，民生档案围绕社会主体产生，具有很强的隐私属性，如何保证这些数据在网络上完整、安全、真实是进行民生档案资源整合和共享必须思考的问题，在档案馆对共享信息资源控制时存在访问控制不严、共享利用不当的行为并造成了负面影响和不利后果。同时，要时刻注意网络攻击、木马病毒等威胁，造成数据篡改、数据泄密的安全等问题。

2.3 人员问题：人才多向流动难，合作意识待提升

人员集群也是信息集群的一个重要组成因素。信息集群建设必须配备相关人才，但在各单位全面性覆盖高水平的人才显然是不现实的，特别是针对偏远地区，这也制约了民生档案信息资源的整合，于是人才共用，人才流动便成了一个良好的解决措施，但现实资源整合中，人才流动却十分困难，如偏远地区生活艰苦、收入水平较差，若要派遣技术人员入偏远地区，大部分技术人员都会产生畏难情绪，需要建立更为完善的对口支援机制，对相关技术落后地域予以人才支持，再如高校作为重要的科研单位有许多技术人才，一般也不会深入民生档案资源建设的实践中从事民生档案信息资源的整合与建设。另外，各档案部门对于构建全国范围内的资源整合与共享体系还存在着"事不关己，高高挂起"的错误认知，不利于加快推进民生档案资源整合和共享。

3 信息集群理论视域下民生档案数字资源整合的路径探索

3.1 组织集成：破解各自为政，建立协同机制

协同机制即各相关机构为实现各地目标而实施的一系列协同合作。鉴于民生档案保存与分布的分散性，建立协同机制对于民生数字档案资源的整合至关重要。一方面，积极协同联动，民生档案资源整合工作绝非单一部门的单独战斗，它涉及人民生活的方方面面，与民政、教育、城建以及卫生健康等多个系统紧密相连。正因如此，各相关部门必须积极协同联动，通过多元化途径，全面推动各类民生档案资源的整合工作。另一方面，全局谋划、统

一部署，先区域后全国。当前，区域协同发展战略不断推进，长三角等地区协同小有成效，实现了区域内民生档案资源协同，为更大范围的协同提供了重要参考。针对区域协同要做好全局谋划，牢固树立"一盘棋"思想，紧密围绕国家档案局的高站位谋划，统一部署，为实现全国民生档案资源整合打下基础。

3.2 技术集成：共商共享平台建设，遵照统一标准

为实现民生档案信息资源的集群整合，搭建数字化共享平台是必要的条件，同时也要注意平台搭建所涉及的各种标准规范。首先，在数字化时代，民生档案资源的整合与高效利用需要突破单一机构的界限，实现跨系统、跨部门、跨行业档案资源共建。同时需要建立标准化的协作框架和协议，通过云服务、数据互操作性和共享目录等技术手段，促进不同档案部门之间的资源整合与优化配置，推动民生档案数字资源的共建共治共享。其次，需要完善已有民生档案共享平台建设；利用先进的信息技术对现有的共享平台进行进一步优化，丰富民生档案在线查询利用的方式方法，以此实现民生档案业务的集中一站式处理，从而减少群众的办事难度，"让群众少跑腿"。最后，加强个人隐私数据保护是民生档案资源整合工作的重要任务。需要加强区块链、电子加密、数字签名等技术对传输数据进行加密处理，确保信息在传输过程中的安全性及真实性[9]。

3.3 资源集成：全方位资源采集，实现档案数据汇交

协同机制与共享平台的建设为民生档案数字资源整合提供了组织保障和平台支撑。在此基础上，需要强化征集研究，夯实民生档案集群基础。一方面，尽可能实现全方位资源采集。拓宽征集范围与渠道，不断扩充民生档案的门类与数量。同时，采集后对民生档案数据的前处理、扫描、图像处理、内容识别、著录、标引等具体流程，都应注意采用统一的标准，避免信息集群的整体阻塞。采集民生档案数字资源，应尽量获取模拟态、数字态、数据态等海量信息资源，不同模态的信息可最大限度地消除歧义、相互补充，以便全面地描述各种现象和事件[10]。另一方面，对于收集到的民生档案资源数据要进行汇交工作。具体包括数据准备、数据核验、数据提交三个阶段，按照统一标准进行数据准备，相关人员对转化信息进行标准核验，最后进行提交，保证民生档案信息数据既符合规定，又保证安全。

3.4 人员集成：鼓励区域人才一体化，提升专业技能

人才是第一资源，是民生档案资源集群建设的基础保障。由于人才分布的地域偏向性，盲目追求人才的平均分布是不可能的，"人才一体化"的实行是重要的解决方式，这是整合区域间人才资源的重大战略举措，也是解决民生档案数字资源整合发展不平衡问题的重要抓手。首先，各地区极力打造集群式人才生态圈，把已有的人才队伍整合列出，形成人才链图谱。其次，整合区域内民生档案资源整合共享的相关单位人才资源需求清单，共同发布高精尖人才需求目录。最后，依托大数据平台，绘制出相关单位人才具备情况和需求情况，实现各民生部门明确何处有自身需要的人才，进行人才调用。另外，在数字化的浪潮中，需要对档案工作人员制定培训计划，包括对档案数字资源管理的基础理论知识、相关软件工具的操作技能等的全面掌握。增强档案工作人员对新技术的适应能力和创新能力。

4 结语

"民惟邦本，本固邦宁。"民生档案是维护国家社会和谐稳定、人民群众健康幸福，推进国家治理体系建设和治理能力现代化的重要资源，其跨域性、保存地点的分散性、涉及领域的多样性等特征凸显了民生档案资源整合的难度，这也要求档案机构必须采取相应措施和手段做好民生档案资源的整合工作。将信息集群理论引入民生档案资源整合，可以有效应对机构协同问题、数据情况问题、人员问题等，为民生档案数字资源整合提供新视野和新思路。

注释及参考文献

[1] 民生档案的概念解析与价值指向 [J]. 档案管理,2009 (2) :19-21.

[2] [3] 中华人民共和国国家档案局 . 中办国办印发《"十四五"全国档案事业发展规划》[EB/OL].(2021-06-09).https://www.saac.gov.cn/daj/toutiao/202106/ecca2de5bce44a0eb55c890762868683shtml.

[4] 金中仁 , 成建权 , 陈镇宇 , 等 . 图书馆信息共享与信息集群服务 [M]. 北京 : 人民邮电出版社 ,2009:79-80.

[5] 叶宏伟,金中仁,陈振宇.图书馆信息集群研究[J].中国图书馆学报,2008(1):99–101.

[6] 余厚洪.网络环境下档案信息资源整合探究[J].档案管理,2012(5):37–39.

[7] 张艳菊.档案信息资源的整合[J].黑龙江科技信息,2011(2):130–131.

[8] 王大众.逐步实现全国档案信息共享利用"一网通办"——全国档案查询利用服务平台正式上线[J].中国档案,2022(8):14–15.

[9] 王长红.民生档案跨区域查询出证平台安全管控探讨[J].档案与建设,2021(6):55–56.

[10] 孙大东,张怡涵.基于事理图谱的红色档案资源开发利用研究[J].档案学研究,2023(5):73–80.

档案数字化转型的本质探析和研究展望

许剑颖

金陵科技学院人文学院

摘要： 档案数字化转型是新时期档案事业高质量发展的必由之路，明晰档案数字化转型的内涵、构建科学的转型框架，对于推进档案数字化转型具有重要意义。首先梳理了档案事业的发展历程，对档案信息化与数字化的异同进行了辨析，并在此基础上提出档案数字化转型的四重逻辑，即时代背景逻辑、内涵厘清逻辑、要素统筹逻辑和实践导向逻辑。接着基于四重逻辑构建了"三维四柱七层"档案数字化转型框架，较为全面地刻画了档案数字化转型的内在逻辑和实现路径，最后对未来档案数字化转型研究的重点领域进行了展望，以期为档案事业转型发展提供有益的参考和借鉴。

关键词： 档案数字化转型；档案管理模式演变；转型四重逻辑；"三维四柱七层"框架

0 引言

数字化浪潮席卷全球，深刻改变了人类社会的发展进程。人工智能、大数据及云计算等前沿技术快速发展，极大重塑了人们的工作模式和生活方式，也深刻影响着档案工作的发展。2021年《"十四五"全国档案事业发展规划》明确提出"档案管理数字化、智能化水平得到提升，档案工作基本实现数字转型"[1]，国家档案局也将档案工作数字化转型和现代化建设作为2024年工作重点之一[2]，档案数字化转型已成为备受瞩目的新焦点，也是推动"十四五"时期档案事业高质量发展的关键路径。

在数字化浪潮的冲击下，档案治理体系、管理流程、服务方式都面临着全新的挑战。一方面，海量的档案数据亟须运用先进数字技术进行采集、存储和管理；另一方面，数字时代公众档案获取和利用的需求不断提升，倒逼档案工作进行数字化改革和创新。然而，面对这些机遇和挑战，我们对档案数字化转型的认识还存在一些模糊和不确定：档案数字化转型的内涵是什么？如何从理论层面认识其内在逻辑和演进规律？对这些问题的思考，将有助于我们认识档案数字化转型的本质，把握数字化转型的重点和方向。鉴于此，本文拟从"数字化"和"转型"两个维度，深入剖析档案数字化转型的理论内涵。在此基础上，尝试构建档案数字化转型的理论框架，并展望未来的研究方向，以期为新时期档案事业转型发展提供参考。

1 档案数字化转型之"数字化"内涵

数字化转型的兴起并非偶然，其深层动因在于科技变革所引发的范式转移。人工智能、大数据等新兴技术的突破性进展，使得大量数据的收集、存储、处理和分析成为可能，为数字化转型奠定了坚实的基础。与此同时，虚拟空间作为技术与现实世界交互的延伸与映射，为新兴技术的融合创新和场景化应用提供了无限可能。技术和虚拟空间的高度融合推动了社会各行各业的数字化转型，包括教育、医疗、金融、政府服务等领域。技术是推动社会数字化转型的核心动力，在档案领域也不例外，技术进步推动了档案管理模式的不断变革，使其呈现出不同的发展阶段，并孕育出"档案信息化"和"档案数字化"两个重要概念。要理解"档案数字化转型"中"数字化"的内涵，必须追溯档案事业的历史发展逻辑，厘清"数字化"与"信息化"两个概念的内在关联。

1.1 技术进步驱动的档案管理模式演变

技术引发的社会发展变迁，其核心动因在于控制结构的根本转变，学者Paulin总结了人类社会发展控制结构演进的四种模式，反映了技术进步对社会变革的深刻影响[3]。档案事业的发展轨迹也深受技术进步的推动和塑造，使其呈现出不同的特征化阶段。结合技术发展状况，我们将档案事业的发展历程划分为传统阶段、信息化阶段和数字化阶段三个主要阶段，每一阶段内部又可进一步细分，具体如图1所示。

1.1.1 传统阶段

传统阶段可以分为手工化和机械化两个阶段。手工化阶段可追溯至人类文明的起源，这一阶段档案处理全过程依赖手工操作，如手工书写、誊抄、复写等。档案处理的操作模式和处理方式完全由人的经验法则和习惯性实践决定。这一时期档案制作、流转和存储均高度依赖人力，作业效率低下且容易出现失误。

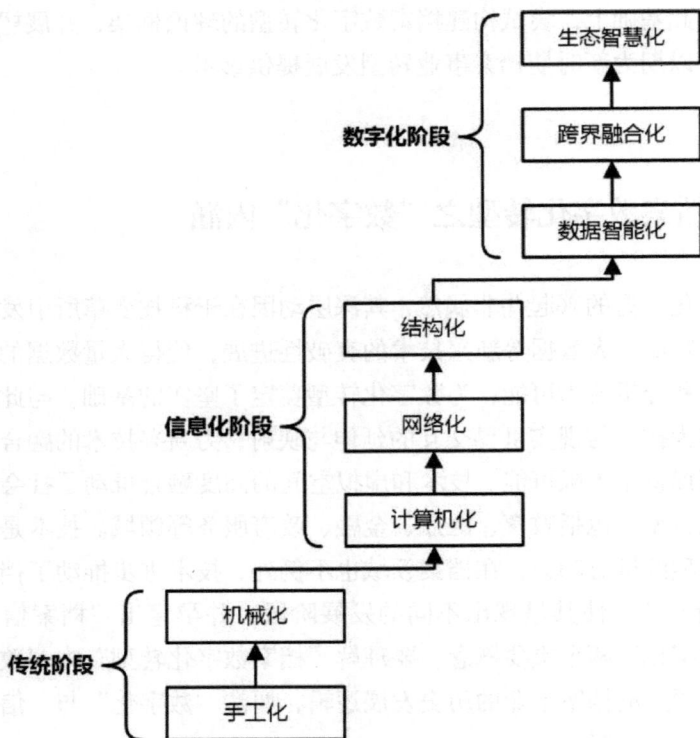

图 1 中的内容：

生态智慧化

跨界融合化 — 数字化阶段

数据智能化

结构化

网络化 — 信息化阶段

计算机化

机械化

传统阶段

手工化

图 1 档案工作转型各阶段

机械化阶段则标志着人类开始利用机器设备辅助部分档案处理环节。这一阶段引入打字机、复印机等机械化工具，将原本纯手工的书写、复写等环节实现了机器化作业，在一定程度上提高了处理效率。但控制机制和逻辑仍由硬件物理架构所限定，档案处理由彻底非结构化状态转为部分环节标准化的半结构化流程，但各环节之间的衔接仍高度依赖人工参与和干预。

1.1.2 信息化阶段

信息化阶段是档案事业发展的关键转折期，标志着档案管理由传统手工模式迈向现代信息技术驱动模式。这一阶段可进一步细分为计算机化、网络化和结构化三个子阶段。

计算机化阶段是信息化的起步阶段。在此阶段，计算机技术开始应用于档案处理环节，成为管理控制的新工具。计算机系统通过预编码的程序指令接管了诸多原本依赖人工的作业流程，使档案处理过程实现自动化，控制机制和逻辑转移到软件系统层面，功能和流程由软件架构和算法所决定，如电子文件管理系统等将归档、检索等传统手工环节自动化，极大提高了档案转换、存储和检索的效率，为数字化档案管理奠定了坚实基础。

需要指出的是，在这一阶段，计算机系统应用于档案工作实现了档案的初步数字化管理，因此也被学界称为"档案数字化"阶段。如王学平（2011）认为档案数字化指利用计算机技术将传统载体的档案资源转换为数字化的档案信息，并以数字化的形式存储、网络化的形式传输，从而实现档案信息的快捷利用和共享的过程 [4]。然而，这一阶段的"数字化"概念较为狭隘，仅指将原先的模拟格式的档案资料，如纸质文件、缩微胶卷等转化为数字格式存储的"数码化"(Digitization)过程。这种"数字化"更多体现在介质形式的转换上，将模拟载体的内容数字化采集形成数字对象，但在本质上仍保留着纸质档案时代的管理理念和流程，与当今所提出的"档案数字化转型"中的"数字化"内涵有明显区别。后者所指的"数字化"不仅包括档案介质形式的数字化，更重要的是围绕数字技术重塑档案全生命周期管理，从根本上转变管理理念、流程和运作模式，真正实现"以数字化思维管理数字化档案"。这种"数字化"内涵不限于数码化，而是渗透到各个环节，体现数字技术的价值主张。

网络化阶段是计算机化的延伸和升级。通过互联网和网络技术的广泛应用，不同地点的档案管理者可方便访问和交换数字化档案信息并实现远程协作，控制机制和逻辑不再由单一系统决定，而是由网络环境和各种协议规范约束和引导。这种基于网络的开放式协作模式，一定程度上打破了传统的地域和资源限制，显著提升了工作效率和资源利用率。

结构化阶段则是围绕元数据标准展开的一次质变。此阶段开始重视通过元数据标准对档案数据实现结构化描述和组织，控制机制和逻辑围绕元数据展开。档案元数据就是对档案本身及其相关特征的结构化编码式描述 [5]。在此之前，数字化档案资料存在着"孤立"和"扁平化"的问题，彼此之间缺乏内在联系和上下位结构关系。通过元数据，人们赋予这些原本"平整"的数字对象以丰富的语义信息和内部关联结构，使它们成为"富有层次、相互关联"的结构化数据，使其具备可交换、可共享的特性，从而提高发现性、可管理性和应用价值，也为档案数据的高级应用铺平了道路，成为后续数字化阶段的重要基石。

1.1.3 数字化阶段

数字化阶段是档案事业借力现代数字技术实现根本性飞跃的关键时期。这一阶段的核心内涵在于通过数字技术的全方位渗透和融合，从根本上重塑档案管理的理念、模式和运行机制，实现管理范式的革命性转变。这一阶段可细分为数据智能化、跨界融合化和生态智慧化三个阶段。

数据智能化阶段通过大数据分析、人工智能等新兴技术手段对档案数据实施智能处理，档案管理开始步入一个全新的智能化发展阶段。此阶段档案管理系统控制机制和运行逻辑的主导权开始从传统程序化控制转移至人工智能算法和数据模型。智能系统基于机器学习等技术自主发现数据内在模式和规律，形成知识库和决策模型，指导和优化管理策略及行为。当前，我们正处于数据智能化阶段。

更进一步，当前的"数字化转型"其实质内涵更应被精准定位为"数智化"阶段。尽管采用"数字化"这一约定俗成的提法，但其本质实为一场由数字技术赋能和推动的"智能化"革命，是档案管理迈向智能时代的关键转折期，其价值远不止于数字化形式的转换，而在于全面数智化融合所带来的根本性范式重塑。

跨界融合阶段是档案管理数智化发展的必然趋势和更高阶段，这一阶段的显著特征在于档案管理突破自身边界，与政务、商务、文化教育等领域实现深度融合，形成多元主体协同参与、交叉创新的新模式。跨界融合阶段的档案管理控制机制和运行逻辑也将发生重大变革，档案管理的运行逻辑将从"自上而下"的线性控制转变为"多中心、多节点"的非线性协同，通过区块链等技术构建分布式账本和智能合约，实现跨界数据交换和业务协作的自动化与高效化。档案管理的控制机制将从刚性规则转向柔性治理，运行逻辑将从封闭线性转向开放生态，形成多元共治、合作共赢的发展新格局。

生态智慧化阶段是档案管理数字化发展的终极愿景和最高境界。这一阶段的核心特征是档案数据与其他社会数据高度融合，成为支撑社会治理、经济发展和文化传承的基础性战略资源。档案管理系统全面融入国家数字化战略和数字中国生态的发展方向，与国家治理现代化深度融合形成一个有机联结、智慧进化的档案生态系统。在这个生态系统中，档案不再是单一的历史记录，而是与社会生活深度交织的有机组成部分，成为人类智慧的载体和社会文明的基因库。

生态智慧化阶段的档案管理将实现从数据到智慧的跃迁，成为社会高效运行、创新发展的核心引擎。档案管理的控制机制将从集中管控转向生态协同，即通过开放共享、跨界协作构建政府、企业、社会组织和公众广泛参与的档案管理生态圈。档案管理的运行逻辑将从静态存储转向动态智慧，档案数据不再是一次性采集入库的静态对象，而是随着社会活动持续动态生成和实时更新，从而激发全社会创新活力，推动知识的传播和再创造。

总的来说，数字化阶段代表了数字技术在档案管理领域的深度渗透和革命性重塑，系统的控制机制已经不再受限于单一技术架构，而是呈现出高度智能化、融合化和生态化的特征，档案将与数字社会形成共生共长、互促共进的命运共同体，成为人类可持续发展的基石和智慧演进的动力源泉。

1.2 数字化：信息化发展的必然选择和升华

档案管理的演进轨迹清晰地勾勒出技术进步对档案事业的重大影响，当前数字技术日新月异，推动档案事业由信息化阶段向数字化阶段加速跃升。学界对档案数字化内涵的认识也经历了一个不断深入的过程，一些学者从技术应用角度理解档案数字化，强调档案形式从实体向数字转换，以及相应的管理模式变革[6][7]。另一些学者则从管理对象和用户需求视角解读档案数字化，凸显了档案数字化应以满足用户需求为导向，实现数据化和网络化全生命周期档案管理[8]。

然而在实践中，档案信息化与数字化的内涵边界常常不甚明晰，二者的异同之处尚未得到充分厘清，这在一定程度上影响了档案数字化转型实践的深度和广度。为厘清两者关系，本文梳理归纳了档案信息化与数字化的异同，具体如表1所示。

表 1　档案信息化和数字化的比较

对比视角	档案信息化	档案数字化
核心技术	主要采用计算机、互联网、数据库等信息技术手段	综合运用人工智能、大数据、区块链等新兴数字技术手段
管理对象	对象是信息，强调信息的采集、存储、加工、传输和应用	对象是数据，强调数据的分析、挖掘、融合和创新应用
内涵外延	侧重将信息技术应用于档案管理，实现流程自动化、信息化	强调以数字化思维重塑档案管理理念、模式和运行机制，实现范式革命性转变

（续表）

对比视角	档案信息化	档案数字化
价值创造	侧重提高管理效率，实现流程优化和成本节约	侧重创造新价值，通过数据融合和创新应用开拓新的增长点
管理范式	将传统管理模式映射到数字环境，本质上仍是传统管理模式的延伸	在数字环境下重构管理模式，从根本上颠覆和重塑传统管理模式
发展阶段	档案管理现代化的初级阶段，侧重档案数字化采集、存储和检索	档案管理现代化的高级阶段，侧重数据驱动的智能管理和跨界融合

可以发现，档案信息化和数字化虽然在技术应用上有一定的连续性，但在内涵外延、价值取向、管理范式等方面存在着显著差异。信息化是以信息技术为工具、以提高管理效率为目标，对传统档案管理流程的优化改造；而数字化则是以数字技术为驱动、以重塑管理模式为导向，对档案管理理念、架构乃至范式的革命性变革。

信息化强调利用计算机、互联网等信息技术手段，实现档案管理的自动化、规范化，其价值取向侧重于管理层面的效能提升。而数字化则立足数字思维，综合运用大数据、人工智能等新兴技术，深度挖掘数据资源、创新管理模式、重塑业务流程，其价值取向更加注重创新层面的变革引领。从发展阶段看，信息化是档案管理现代化的起步，侧重信息化基础设施建设；而数字化则是档案管理现代化的跃升，强调数据驱动的智能化管理和泛在化应用。

总的来说，档案信息化奠定了数字化的技术和数据基础，代表了档案管理现代化的初级阶段；而数字化则是信息化的升华和飞跃，标志着档案管理现代化迈向更高阶段。信息化夯实了数字化转型的技术根基，数字化则指明了信息化发展的方向和归宿。两者相互融合、递进发展，共同构成了档案管理现代化的升级路径。

2 档案数字化转型之"转型"内涵

档案数字化转型是新时代档案事业发展的必由之路。"转型"一词所揭示的不仅仅是档案信息载体和管理手段的变革，更意味着档案事业本身在多个层面发生根本性的质变。"转型"的内涵，可以概括为"系统性创变过程"。"创"即为创新，"变"可代表转变与变革，创变可以理解为"通过创新或创造条件给特定领域带来形态的、实质的变化过程"[9]。档案数字化转型本质上是一个技术驱动下档案事业全方位、系统性的创变过程，是传统档案向数字档案的理念更新、结构重组和功能拓展的演进过程，即以数字化为契机，通过创新实现新时代档案事业的系统性重塑，这一创变过程，可以从以下四个方面理解。

（1）转型动因：数据与技术双驱动。档案数字化转型的核心动因是数据要素驱动和数字技术赋能的双轮驱动。一方面，通过数据资源的数字化采集、加工、存储和管理，释放数据价值，为档案管理和服务创新提供丰富的素材和洞见；另一方面，通过云计算、大数据、人工智能、区块链等新技术的应用，赋能档案业务流程再造和服务模式优化，提升管理和服务效能。数据驱动和技术驱动相互促进、深度融合，共同为档案事业注入创新动力，开拓发展新空间。

（2）转型目标：三化融合赋能。档案数字化转型的目标是实现档案管理与服务的全面数字化、智能化、协同化，即"三化融合赋能"。通过推进档案信息资源数字化，打造数字档案资源库；运用人工智能、大数据等新技术，提升档案管理智能化水平、创新智慧档案服务模式；构建跨部门、跨区域、跨行业的档案协同利用机制，实现多元主体参与下的档案资源共建共享。"三化融合"相互促进，全面赋能档案管理与服务现代化。

（3）转型路径：构建创新生态。档案数字化转型的关键路径是构建数字档案创新生态，推动档案事业由封闭管理向开放融合转变。通过档案数字化转型带动档案工作与智慧城市、数字政府、数字经济、数字社会等多领域的协同发展。吸引各类创新主体广泛参与，汇聚多元智慧，打造政府、企业、社会组织、公众等多元主体协同参与和开放共享的档案创新生态。

（4）转型保障：人才培育为要。数字化转型需要一支懂数字化、善创新的高素质专业化档案人才队伍。大力培育档案数字化人才，是档案数字化转型的关键保障。通过完善档案教育培养体系，加强档案专业学科建设，优化课程设置，创新教学模式，全面提升档案人员数字化素养和创新能力，培养具有数字化管理与服务能力的档案人才，打造"档案＋人工智能""档案＋大数据"等复合型人才队伍。

总之，档案数字化转型是一个系统性创变过程，需要在转型动因、转型目标、转型路径和转型保障等方面统筹谋划、系统推进。唯有秉持数字化理念，依托数据技术双轮驱动、实现三化融合赋能、构建创新生态系统、加强人才队伍建设，才能不断开创档案数字化转型新局面，为建设数字中国、服务国家治理现代化贡献档案力量。

3 档案数字化转型的框架构建

3.1 数字化转型框架构建的四重逻辑

档案数字化转型是一项复杂的系统工程，涉及技术、管理、文化等多个维度的变革。档案数字化转型框架的构建需要从多个角度入手，统筹考虑各种影响因素。本文认为，构建档案数字化转型框架需要遵循四重逻辑，即时代背景逻辑、内涵厘清逻辑、要素统筹逻辑和实践导向逻辑。这四重逻辑相互交织、相互影响，共同构成档案数字化转型的框架。

（1）时代背景：构建转型框架的基础

数字技术引发的新一轮产业革命正在重塑社会形态，数字化转型已成为新时代的鲜明特征。档案数字化转型是顺应数字时代发展大势、服务国家治理体系和治理能力现代化的战略举措。一方面，数字技术广泛应用带来的环境变化，对传统档案工作模式提出了全新挑战，倒逼档案业务流程、管理方式、服务模式加快转型升级；另一方面，档案数字化转型也是提升档案治理效能、更好服务于决策民生的必由之路，把握住"档案数字化转型的时代背景"这一逻辑起点，是构建转型框架的基础。

（2）内涵厘清：构建转型框架的理论支撑

档案数字化转型是一项事关长远、影响深远的系统性变革，深入阐明其科学内涵，形成对转型规律的科学认知是设计转型框架的理论前提。档案数字化转型的本质是数据驱动、技术赋能的系统性重塑，目标是实现档案管理与服务的全面数字化、智能化、协同化，进而服务国家治理体系和治理能力现代化。推进档案数字化转型，需要坚持理念引领、体制机制创新、强化科技支撑等基本原则，只有对档案数字化转型形成科学认知，才能在正确理论指导下开展框架构建。

（3）要素统筹：构建转型框架的关键

档案数字化转型是一个复杂的系统工程，构建科学合理的转型框架，必须坚持系统思维全面考虑各类关键要素。具体来说，一是要准确定位转型的战略高度，将数字化转型上升到事关档案事业长远发展的层面来谋划推进。二是要明确转型的目标导向，着眼于服务国家治理、促进档案管理与服务现代化等宏观目标来设计转型路径。三是要周密规划转型的实施路径，从档案资源、业务流程、服务模式、队伍建设等方面系统设计，确保各项转型任务协同推进。四是要夯实转型的要素支撑，加强顶层设计、健全标准规范、强化制度保障，为转型奠定坚实基础。科学统筹转型要素是构建系统完备、运行高效的转型框架的关键所在。

（4）实践导向：构建转型框架的落地保障

档案数字化转型必将在具体实践中不断推进，框架构建必须服务和指导这一实践过程。把握档案数字化转型的实践逻辑，是确保转型框架落地见效的关键。一方面要将数字化转型的理念、动力、支撑等关键要素有机融入转型框架设计，确保框架对实践具有针对性和指导力；另一方面要在实践层面对标框架要求，加大改革创新力度，确保转型行稳致远。只有与时俱进把握转型实践逻辑，才能不断提升转型框架的科学性和有效性。

综上所述，把握档案数字化转型的时代背景、阐明转型的科学内涵、统筹转型关键要素、把握转型实践逻辑是构建档案数字化转型框架必须遵循的四重逻辑。以此为基础，本文将进一步提出一个多维度、多层次的档案数字化转型框架，力求为新时代档案数字化转型提供有益的参考。

3.2 "三维四柱七层"档案数字化转型框架

为了更加系统全面地认识和推进档案数字化转型，本文构建了"三维四柱七层"档案数字化转型框架，包含三个维度、四大支柱和七个层次。三个维度指理论认知维度、行动实施维度、策略方法维度，其中理论认知引领行动实践、行动实践依托策略方法，三者相互支撑、密切关联。四大支柱包括时代要求支柱、理念引领支柱、主体协同支柱、能力建设支柱。七个层次由理论层、价值层、主体层、应用层、数据层、保障层、技术层构成[10]。具体如下：

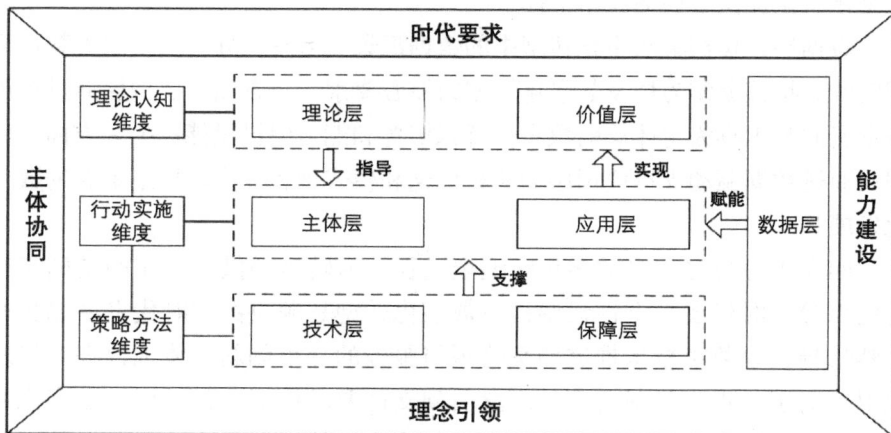

图 2 　档案数字化转型框架

在理论认知维度，理论层阐明档案数字化转型的内涵本质，涉及对档案数字化发展历程和相关概念的理论认知，包括档案学理论、信息管理理论、数字化转型理论、数据科学理论、知识管理理论等，为档案数字化转型提供全面的理论基础。价值层体现档案部门围绕数字化转型目标，基于全局视角制定的战略规划和长远决策，包括转型愿景、使命定位、发展蓝图等，以便更好地服务国家治理、经济社会发展和公众信息需求，推进档案事业现代化发展。

在行动实施维度，主体层侧重档案管理者、档案利用者等主体的数字化意识和能力建设，强调人的主体作用和能动性发挥，体现以人为本的理念。应用层聚焦利用数字技术赋能档案收集、整理、编目、保管、利用等各环节的管理实践，实现档案资源数字化，优化档案业务流程，提升管理和服务效能。应用层可以包括智慧档案管理、智慧档案利用、数字档案空间、档案治理、档案服务和智能评价等应用场景。如武汉市洪山区档案馆、青山区档案馆的"省级示范数字档案馆"项目应用了智能机器人问答系统、档案全文检索、圈图检索、以图搜图等多样化检索方式，极大地丰富了档案数字资源的检索途径，拓展了数字档案的应用场景，有效提升了档案管理和服务的效能[11]。

在策略方法维度，保障层强调构建档案数字化协同工作机制，制定相关标准规范、健全数字化管理制度，以及加强人才培养和经费投入等方面的保障措施，以强化档案数字化转型的可持续性。技术层注重档案数字化所需的软硬件环境、信息系统平台及安全保障措施等数字化基础设施建设，为档案数字化转型提供必要的技术支撑。

数据层聚焦档案数字化转型中的数据汇聚、治理、分析和应用等数据管理实践，将数据作为档案数字化转型的核心要素。一方面，数据层通过提供数据资源和工具为主体层的数字化意识培育和能力建设赋能；另一方面，数据层通过数据驱动支撑应用层的流程优化和模式创新，推动档案事业的数智化发展。

四大支柱贯穿档案数字化转型全过程，为转型提供了坚实的基础和有力的保障。时代要求支柱强调档案数字化转型是顺应数字时代发展趋势的必然选择，以数字技术推进档案管理与服务的变革创新，体现数字时代发展对档案工作提出的新要求。理念引领支柱要求档案工作者树立数字化意识形成数字档案文化氛围，用数字化思维指导档案管理实践，突出数字化意识和文化的重要性。主体协同支柱强调档案数字化要彰显档案主体的创新活力，保障各方主体在档案数字化进程中的参与感、获得感，体现多元主体参与的特点。能力建设支柱指出档案数字化要着眼能力建设，培育档案数字化转型所需的专业能力、技术能力和管理能力，强调能力建设在档案数字化转型中的关键作用。

4 档案数字化转型研究展望

档案数字化转型是当前档案事业发展的重点议题，也是未来档案创新变革的关键趋势。当前档案数字化转型整体仍处于起步探索阶段，学界尚需进一步探讨诸多亟待突破的核心问题。展望未来，档案数字化转型研究可聚焦以下几个方面。

4.1 新范式：需求驱动的档案管理范式创新研究

在数字技术推动下，档案管理范式亟须从"供给驱动"向"需求驱动"转型。未来的档案管理必将以满足多层次、多样化的社会需求为导向，实现从被动服务向主动服务的范式跃迁。需求结构的演变将倒逼档案体系在结构、功能、评价机制等方面进行系统性重构。一方面，通过系统梳理个人、企业、政府、社会等多元主体日益增长的档案需求，刻画档案社会化服务的需求画像和需求地图。另一方面，优化档案管理服务供给，推动形成"以需定供、供需匹配"的良性循环。由此以需求驱动的视角审视档案数字化转型将成为未来研究的重要切入点。如何洞察个人、社会、国家发展等多元主体的档案需求，并据此开展档案管理供给侧改革，将是一个值得持续探索的课题。

4.2 新能力：档案数字化转型能力建设研究

数字化转型将重塑档案从业人员的知识结构和能力素养，提升档案工作者数字化意识和创新能力是推动转型的关键因素。未来亟须从宏观、中观、微观三个层面系统研究档案数字化转型能力体系的内涵、要素和评价指标。宏观层面研究政策环境、法律法规、标准规范等外部制度环境对档案数字化转型能力建设的影响和制约，提出优化制度环境的策略建议；中观层面分析组织结构、管理流程、技术架构、文化理念等内部环境因素，刻画档案机构数字化转型的核心能力图谱。微观层面关注档案从业人员的数字素养与创新能力，研究数字化环境下档案员岗位胜任力模型，识别关键能力要求，构建数字化转型能力成熟度评估指标体系，为档案队伍能力培养提供理论指引。

4.3 新机制：档案数字资源共享协同机制研究

数字时代亟须打破档案数字资源的藩篱隔阂，构建开放共享、互联互通的资源汇聚新机制。未来相关研究要立足数字化转型需求，围绕档案数字资源共享与协同利用这一关键议题，从理论、实践、制度三个维度协同发力。在理论层面，构建内涵清晰、逻辑严密的档案资源共享协同理论框架，阐明其基本内涵、核心要素、演进规律和实现路径。在实践层面，需要针对不同时期档案数字资源共享与协同的主要矛盾和瓶颈问题开展机制创新，重点破解档案数据共享"孤岛"问题，打通档案与政务、社会数据的融通渠道。在制度层面，着眼顶层设计，加快构建适应数字化转型需求的档案数字资源共享协同制度体系，研究制定档案数据交互与流通的各项规定，明确数据产权归属、开放共享及隐私保护等要求。

4.4 新生态：档案数字化生态系统构建研究

档案数字化转型是一个动态演进的过程，单一的技术应用或管理创新已难以适应数字时代档案事业发展的内在需求。档案数字化转型需要构建开放共享、协同创新的数字化生态系统，一个多元主体协同参与、多种资源高效配置、多项功能深度融合的档案数字化生态系统方能激发数字化转型的内生动力，实现档案事业的可持续发展。未来档案数字化生态系统的构建研究，在理论层面，亟须跨学科融合，积极吸纳信息生态学、复杂网络理论、协同学等前沿理论成果，构建内涵清晰、逻辑严密的档案数字化生态系统理论框架，为生态系统构建实践提供理论指引。在实践层面，主要立足生态位视角，围绕档案资源获取、加工、存储、鉴定、利用等业务链条，系统设计纵向闭环、横向协同的业务生态。

注释及参考文献

[1] 中华人民共和国国家档案局.中办国办印发《"十四五"全国档案事业发展规划 》[EB/OL]. [2024-04-16]. https://www.saac.gov.cn/daj/toutiao/202106/ecca2de5bce44a0eb55c890762868683.shtml.

[2] 新华社. 国家档案局将加大档案工作数字化转型 [EB/OL]. [2024-04-16]. https://www.gov.cn/lianbo/bumen/202401/content_6928992.htm.

[3] Paulin A A. Informating public governance: Towards a basis for a digital ecosystem[M]// Open government: Concepts, methodologies, tools, and applications.IGI Global,2020:1534-1555.

[4] 王学平. 浅议我国档案数字化建设实践与发展策略 [J]. 档案学通讯 ,2011(6):54-57.

[5] 于振宽. 中国档案界对元数据的认识过程 [D]. 沈阳：辽宁大学 ,2012.

[6] 屠跃明, 翟瑶. 档案数字化的元数据研究 [J]. 兰台世界 ,2012(14):60-61.

[7] 梁惠卿. 档案数字化、数字化档案和数字档案概念辨析 [J]. 档案管理 , 2013(1):3.

[8] 刘永, 庞宇飞. 档案数据化之原生数据源全链式管理分析 [J]. 档案管理 ,2018(5):11-18.

[9] 祝智庭, 胡姣. 教育数字化转型的本质探析与研究展望[J].中国电化教育, 2022(4):9.

[10] 钟志贤, 杨佳, 张义, 等. 国际数字化转型框架研究: 比较与镜鉴 [J]. 中国电化教育, 2024(2):79-88.

[11] 荆楚网. 武汉电信全面助力档案馆数字化转型 [EB/OL]. [2024-04-16].https://baijiahao.baidu.com/s?id=1796138545372979202&wfr=spider&for=pc.

新质生产力视角下的档案管理革新：
AI 大模型应用研究与实践

杨力沨

南京出版传媒集团

摘要：在当前人工智能技术迅猛发展的背景下，AI 大模型在信息处理方面展现出前所未有的能力。本文以新质生产力为视角，针对档案管理领域进行创新研究，重点探索 AI 大模型在档案管理智能应用方面的实践。以档案管理工作中图书信息档案的整理过程为实验对象，设计并实现基于 AI 大模型的图书信息档案智能整理功能。该功能能够自动从图书宣传资料中提取图书关键信息，如书名、作者、编辑、出版时间、ISBN 号及内容简介等，实现相关信息的结构化梳理与存储。通过参数和代码的优化调整，有效提升了对图书信息提取的准确性和效率。实践结果显示，该系统为图书信息档案整理供了高效、高质量的创新解决方案，具有广阔的应用前景。

关键词：人工智能；AI 大模型；智能整理；信息管理

0 引言

在人工智能技术迅猛发展的背景下，AI 大模型在信息处理方面展现出前所未有的能力。本研究以新质生产力为视角，聚焦档案管理智能化，重点探索 AI 大模型在实际业务工作中的应用潜力。我们选定图书信息档案管理作为研究的实践领域，设计并执行一项基于 AI 大模型的智能整理功能，旨在自动从大量的图书宣传资料中抽取出关键数据信息，实现信息的结构化整理与存储。经过严格的测试与评估，该功能在图书信息档案管理中的应用证实了其巨大价值，不仅极大提高了工作效率，还确保了信息处理的精准度，为档案管理的智能化实践提供了一条高效高质量的实施路径。此番探索不仅是对 AI 大模型应用领域的一次拓展尝试，还为档案管理及其他诸如图书馆学、信息科学等相关领域的智能化升级提供了宝贵经验和启示。

1 背景

1.1 新质生产力背景

2024 年 3 月，习近平总书记在参加江苏代表团审议时强调，要牢牢把握高质量发展这个首要任务，因地制宜发展新质生产力。新质生产力，就是创新起主导作用，具有高科技、高效能、高质量特性，符合新发展理念，以知识经济和信息技术为核心，强调通过技术创新和管理创新来提高生产效率。在全球化和数字化的大背景下，新质生产力不仅改变了传统产业的生产方式，还催生了许多新兴产业。特别是在我国，新质生产力的发展受到国家战略的高度重视，发展新质生产力作为转变经济发展方式、实现高质量发展的关键途径。根据本地的资源禀赋、产业基础、科研条件等，有选择地推动新产业、新模式、新动能发展，用新技术改造提升传统产业，成为当前研究的重要课题。

1.2 档案管理发展背景

档案管理作为信息资源管理的重要组成部分，一直以来都是各类组织、单位关注的焦点。从传统的纸质档案管理到电子档案管理，档案管理经历了多次变革。随着信息技术的不断进步，档案管理逐渐向数字化、网络化和智能化方向发展。为了进一步解决档案管理所面临的检索效率低、信息共享困难以及数据整合能力弱等问题，不断提高档案管理的效率和质量，迫切需要引入新质生产力，推动档案管理的智能化发展[1]。

1.3 AI 大模型发展情况

自从 2022 年 11 月 ChatGPT 发布以来，全球范围内掀起了一股人工智能浪潮，各类人工智能（AI）大模型不断推出，尤其是近两年来，AI 大模型凭借其强大的计算能力和学习能力，不断加强其智能能力，能够应对各种繁杂的数据处理任务，为不同领域带来创新的智能化解决策略。例如在语音识别、图像处理和自然语言理解等领域，这些 AI 大模型已经实现了重要的突破。同样，在档案管理领域，AI 大模型也一样有发挥重要作用的价值，具有极大的应用潜力。

在档案管理方面，结合实际业务工作，AI 大模型发挥的主要作用有信息提取、内容审核、关键词生成和智能检索等，这些作用能够有效提高档案管理过程中的工作效率，同时也能降低部分人力成本，具有很高的利用价值。随着 AI 大模型技术的不断成熟，在安全性、准确性和实用性方面的表现也越来越出色，为档案管理工作的发展带来了新的机遇[2][3][4]。

综上所述，在大力发展新质生产力的背景下，利用 AI 大模型，将新的技术应用到档案管理工作中具有巨大的潜力。本文将探讨在档案管理过程中，如何利用 AI 大模型技术服务于档案管理的具体业务工作，以推动档案管理智能化的落地。

2 提出设想

2.1 利用 AI 服务档案管理的设想

结合人工智能（AI）的智能能力，尤其是 AI 大模型在自然语言处理方面的较好表现，我们提出利用 AI 大模型来优化档案信息管理的过程。这一设想旨在通过 AI 的先进能力，实现档案管理过程的自动化、智能化和高效化。实现对档案原件的内容识别、文本分析、自动标签、汇总归档等功能，从而极大地提升档案初始整理过程的效率，同时释放人力资源，降低管理成本[5][6][7][8]。

2.2 国内对外大模型总体情况

近年来，国内外在大型模型领域取得了显著成果。一方面，我国科研团队不断突破关键技术，研发出具有国际竞争力的超大模型，如百川智能的 Baichuan3、智谱清言的 GLM-4、阿里巴巴的通义千问 2.1 等，这些模型在自然语言处理、计算机视觉等领域表现出色。另一方面，国际巨头如 OpenAI、亚马逊等也在不断推进大模型的研究与应用，其发布的 GPT-4、Claude 3 Opus 等模型在自然语言生成、机器翻译等方面取得了令人瞩目的成绩。整体来看，国内外大模型技术正呈现出快速发展的态势，为人工智能领域的创新应用提供了有力支撑（图 1）。

2.3 AI 大模型选择

为了将设想转化为现实，选择合适的 AI 大模型是关键，要针对 AI 大模型的具体能力开展调研。根据权威测评机构 SuperCLUE 发布了《中文大模型基准测评 4 月报告》中，AI 大模型的能力测评如下。（见图 2）

国内外大模型SuperCLUE基准得分 ■ 海外模型 ■ 国内模型

模型	得分	梯队
GPT-4-Turbo-0125	79.13	第一梯队（70+）
GPT-4-Turbo-0409	77.02	
GPT-4(官网)	75.32	
Claude3-Opus	74.47	
Baichuan3(百川智能)	73.32	
GLM-4(智谱AI) / 通义千问2.1(阿里云)	72.58	
腾讯Hunyuan-pro / 文心一言4.0(百度)	72.12	
MoonShot(Kimi) / MiniMax-abab6.1 / 从容大模型(v1.5云起) 6	70.42	
山海大模型(云知声) / 讯飞星火V3.5 9	69.51	
Llama-3-70B-Instruct(poe)	68.77	第二梯队（60+）
阶跃星辰step-1-32k 11	68.69	
qwen-1.5-72b-chat 12	68.07	
云雀大模型(字节跳动) 13	67.11	
360gpt-pro 14	66.60	
GPT-3.5-Turbo-0125	66.56	
Gemini-Pro	64.22	
qwen-1.5-14b-chat 15	63.51	
Llama-3-8B-Instruct	57.44	第三梯队（-60）
XVERSE-13B-L(元象科技) 16	55.82	
qwen-1.5-7B-Chat 17	55.49	
Llama-3-70B-Chat(千帆) 18	53.52	
Baichuan2-13B-Chat-v2	53.05	
ChatGLM3-6B 19	50.60	
Gemma-7b-it	44.46	
Chinese-Alpaca2-13B 20	43.55	
Llama2-13B-Chat	40.71	
Llama2-7B-Chat	40.17	

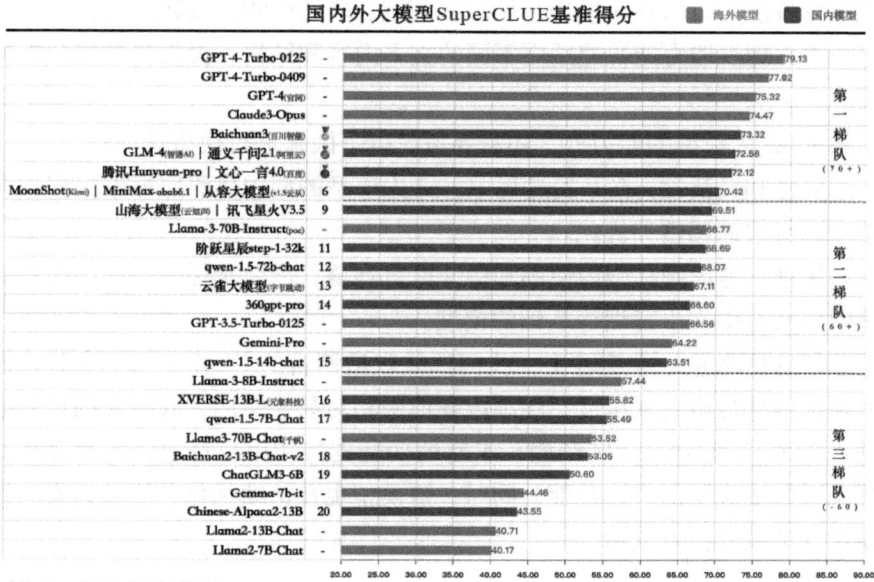

来源：SuperCLUE，2024年4月30日

注：由于部分模型分数较为接近，为了减少问题波动对排名的影响，本次测评将相近0.25分区间的模型定义为并列。报告中分数展示以上区间为主。

图1 国内外大模型基准得分

模型名称	总分	理科				文科					
		计算	逻辑推理	代码	工具使用	知识与百科	长文本	角色扮演	语义理解	生成与创作	传统安全类
GPT-4-Turbo-0125	79.13	82.80	75.20	87.90	78.60	81.60	69.80	76.20	79.80	73.40	86.00
GPT-4-Turbo-0409	77.02	81.60	71.20	87.60	76.60	79.00	67.00	72.80	77.60	72.60	84.20
GPT-4(官网)	75.32	78.60	71.60	87.80	74.80	72.80	66.40	71.80	76.40	72.00	81.00
Claude3-Opus	74.47	76.80	61.20	84.50	74.00	77.40	66.60	74.00	75.80	70.80	83.60
Baichuan3	73.32	74.80	68.60	74.80	74.40	82.00	64.20	70.80	73.60	71.40	78.20
GLM-4	72.58	71.00	64.60	72.60	74.60	78.00	64.20	73.60	75.20	71.00	81.00
通义千问2.1	72.45	71.00	59.60	53.30	75.60	81.00	71.80	78.80	75.40	75.60	80.20
腾讯Hunyuan-pro	72.12	71.00	62.60	63.60	74.00	78.40	66.40	73.60	75.40	70.60	85.60
文心一言4.0	71.90	70.60	64.60	73.80	72.40	77.00	62.00	71.00	74.80	71.40	83.20
MoonShot(Kimi)	70.42	71.40	56.20	61.60	70.60	79.80	68.60	72.60	65.80	72.20	85.40
从容大模型V1.5	70.35	75.80	54.40	54.10	71.00	80.60	64.20	72.00	74.60	65.80	83.00
MiniMax-abab6.1	70.18	71.40	56.40	65.20	68.60	75.80	66.20	68.80	73.80	67.20	88.40
山海大模型	69.51	68.20	56.40	66.40	69.20	78.20	62.60	73.40	74.40	72.60	77.80
讯飞星火V3.5	69.43	70.40	65.40	78.10	63.80	75.20	54.20	63.20	72.60	70.40	81.00
Llama-3-70B-Instruct(poe)	68.77	70.60	59.60	72.90	71.60	73.00	59.00	69.40	73.60	67.80	70.20
阶跃星辰step-1-32k	68.69	64.80	55.20	60.30	69.20	79.20	61.60	70.80	73.20	69.40	83.80
qwen-1.5-72b-chat	68.07	68.20	52.80	51.70	69.00	77.40	67.00	72.60	74.20	71.00	76.80
云雀大模型	67.11	67.80	55.20	59.50	65.20	78.20	59.80	66.00	72.20	65.00	82.40
360gpt-pro	66.60	63.20	55.20	42.20	68.80	74.40	63.60	69.80	73.80	70.60	84.40
GPT3.5-Turbo-0125	66.56	64.00	44.80	75.20	68.80	66.20	61.20	67.00	71.60	66.00	80.20
Gemini-Pro	64.22	53.00	46.40	53.20	68.60	72.20	56.80	67.80	73.40	69.00	81.80
qwen-1.5-14b-chat	63.51	62.60	45.40	34.70	65.40	72.40	63.40	69.00	72.80	70.60	78.80
Llama-3-8B-Instruct	57.44	45.80	46.20	52.60	63.00	55.20	54.40	60.20	69.40	60.60	67.00
XVERSE-13B-L	55.82	49.00	39.60	42.60	55.40	69.20	44.60	61.20	61.40	57.80	77.20
qwen-1.5-7B-Chat	55.49	44.60	38.40	14.50	36.60	66.40	58.00	65.00	69.40	68.40	73.60
Llama-3-70B-Instruct(千帆)	53.52	33.20	44.10	30.20	33.00	64.00	55.80	60.80	66.40	66.00	70.20
Baichuan2-13B-Chat-v2	53.05	54.80	44.80	25.30	58.80	69.80	3.40	63.40	69.00	66.40	74.80
ChatGLM3-6B	50.60	41.40	36.00	21.40	47.40	57.00	49.20	59.40	65.00	58.60	70.00
Gemma-7b-it	44.46	35.40	33.60	7.80	50.20	41.40	44.00	50.60	62.40	53.00	66.20
Chinese-Alpaca2-13B	43.55	29.20	33.60	4.10	45.00	56.60	12.20	59.80	60.60	52.80	65.60
Llama2-13B-Chat	40.71	31.60	37.60	11.90	48.00	43.00	0.20	47.80	61.20	57.00	68.80
Llama2-7B-Chat	40.17	29.00	35.00	7.90	42.60	46.20	0.80	50.60	59.80	59.40	70.40

图2 国内外主要大模型 SuperCLUE 十大能力得分

在档案管理过程中，重点需要 AI 大模型在文科方面的突出能力，例如知识与百科能力可以让大模型在处理多领域、多类型的档案数据时具有明显优势；语义理解能力能快速适应不同的文本内容和结构，提供精准的分析整理等。

除了 AI 大模型的能力外，还需要考虑以下因素进行模型选择：

适应性和灵活性：在开发过程中，AI 大模型的调用代码应能够根据程序的需求进行快速调整和优化。

易用性：考虑到在国内使用和中文语言环境，需要选择一些在国内不受限访问以及有中文语言训练基础的模型。

基于这些考量，本实验中，我们选择智谱清言的 GLM-4 用于实验，该模型在国内外具有高认可度，在国内环境中相对易于使用，其强大的自然语言处理能力、创新的 GLM 结构、丰富的功能支持和用户自定义特性等也易于开发适合本实验的具体功能。同时，该模型也在持续优化，能够为实验提供稳定、高效的技术支持。

3 实验设计

3.1 实验目标

本实验旨在通过实验验证 AI 大模型在档案管理中的实际应用效果。我们将聚焦于 AI 大模型的文本识别、分析、智能整理、自动标签、内容审核等功能，设计一系列实验来评估其在提高档案管理工作效率、内容准确性等方面的表现。实验将基于真实档案数据集进行，以确保评估结果的现实意义和实用价值。

3.2 实验介绍

本实验以档案管理工作中图书信息档案的整理过程为对象，设计并实现基于 AI 大模型的图书信息档案智能整理功能。该功能能够自动从图书宣传资料中提取图书关键信息，如书名、作者、编辑、出版时间、ISBN 号及内容简介等，实现相关信息的结构化梳理与存储。通过参数和代码的优化调整，有效提升了对图书信息提取的准确性和效率。

3.3 实验设计

在具体实验过程中，需要将 AI 大模型与办公自动化相结合，实现以下具体功能：

3.3.1 文本识别

在使用 AI 大模型分析文本之前，需要对原资料文档进行预处理，提取出文本信息进行下一步分析。原资料中图书宣传资料主要以 PDF 文件形式存储，需要使用 OCR 技术识别图像中的文字，并将识别后的文本按要求存储。

3.3.2 文本分析

根据提取出来的文本信息，将每份提取出来的文本信息依次传送给 AI 大模型做分析，先是通过 AI 大模型检查错别字并修改，避免图文识别过程中可能存在的识别错误，去除重复和无关信息，确保数据质量；再根据图书宣传资料中的文本内容，识别出宣传资料期号、书名、作者、编辑、出版时间、ISBN 号、定价、信息发布人，以及根据文本，生成关键词、作者简介、内容简介等内容；最后将以上生成内容作为书签信息保存到本地。

3.3.3 文本汇总

利用文本整理工具，将上一步导出的书签信息，按照统一格式整理汇总为表格，形成图书信息档案汇总表格，作为电子档案存储。

3.4 预期实验成果

识别准确度：实现 90% 以上的文本识别准确率。

高提取精度：实现 90% 以上的关键信息提取准确率。

自动化程度：达到 90% 以上的信息处理和整理自动化程度。

结构化存储效率：确保图书信息能够快速、有效地存储为数据表格，便于未来分析和使用。

通过上述实验设计，我们期望开发出一个能够自动识别图书宣传资料中的文本，通过 AI 大模型提取和生成信息，并整理汇总为表格的功能，从而提高图书信息档案管理的效率。

4 具体实施

本实验将利用 Python 语言进行具体操作，主要是因为 Python 拥有丰富的数据科学和机器学习库，能在具体应用中支持 AI 相关操作，同时，Python 语法简洁明了，易于学习和使用，有助于提高研究效率[9][10]。因此，我们采用 Python 作为主要编程语言，从文本识别、文本分析、文本汇总三个部分开展 AI 大模型的应用实验。

4.1 文本读取与识别

使用 AI 大模型处理文本，首先需要对图书宣传信息文档进行读取与识别。这一步骤是整个实验的基石，其准确性直接影响到后续分析的质量。我们将所有图书宣传资料放在指定文件中，通过编写 python 代码，利用 pdf2image 库将 PDF 文件转换成图片，然后通过 pytesseract 模块，调用 Tesseract 来进行光学字符识别（OCR），最后使用 docx 库，创建、修改和保存 Word 文档（.docx 格式）。具体实现以下功能：

（1）设置路径和初始化：通过代码指定待处理文件的文件夹和处理后文件的文件夹，指定图文识别工具 Tesseract-OCR 引擎的执行路径。

（2）PDF 转换为图像：代码会逐个提取待处理文件的文件夹中所有的 PDF 文件，将每份 PDF 文件使用 pdf2image 库将其转换为一页页的图像。

（3）OCR 处理：接着，代码使用 pytesseract 库对每一页图像进行光学字符识别（OCR）处理。由于预处理文本以简体中文为主，所以使用 lang='chi_sim' 参数，利用中文简体语言包来识别图像中的中文文字。

（4）保存至 Word 文档：将识别出的文本添加到 docx 库创建的 Word 文档中，完成后再保存到之前指定的目标文件夹中，文件名与原 PDF 文件保持一致，此时扩展名变为 ".docx"。

具体代码见图 3。

4.2 利用 AI 大模型进行文本分析整理

完成文档的识别与读取后，接下来是本实验的核心部分，通过向 AI 大模型导入已识别文本，由 AI 大模型根据指令进行分析整理，主要实现以下功能：

（1）内容审核：通过 AI 大模型阅读识别出来的文本，联系上下文检查并修改错别字，避免图文识别过程中可能存在的识别错误，去除重复和无关信息，确保文本质量。

（2）信息提取：根据导入文本内容，提取图书宣传信息的期号、书名、作者、编辑、出版时间、ISBN 号、定价、信息发布人。

（3）文本生成：根据需求生成关键词、作者简介、内容简介等。

（4）整理保存：将以上内容按照固定格式保存到本地指定文件夹中。

这一阶段在导入 AI 大模型文本同时，需要向大模型发送指令，例如："请将以下内容检查错别字并修改整理后按照该格式回复：[您的回复] 期号、书名、作者、编辑、出版时间、ISBN 号、定价、作者简介、内容简介、信息发布人、关键词（5 个以内）。其中作者简介、内容简介要用原文内容并检查修改错别字。"利用 GLM-4 在 Python 中的 zhipuai 模块，与 AI 大模型建立连接，通过 os 模块和 docx 模块中处理需要导入大模型的文本，并获取大模型的回复内容，保存到本地。具体代码见图 4。

4.3 汇总整理 AI 大模型生成内容

上一步中，程序已经将 AI 大模型分析生成后的内容保存在本地，现在需要在此基础上，按照统一格式整理汇总为表格，形成图书信息档案汇总表格，作为电子档案存储，便于用户快速检索和利用档案。该部分需要在 python 中导入 pandas 库，用于执行表格方面操作。具体代码见图 5。

```python
# 指定处理文件路劲
source_folder = 'D:\Python Files\PDF识别转word\原文件\出版信息'
dest_folder = 'D:\Python Files\PDF识别转word'
os.makedirs(dest_folder, exist_ok=True)
pytesseract.tesseract_cmd = r'D:\Program Files\Tesseract-OCR\tesseract.exe'

# 遍历源文件夹中的所有文件
for filename in os.listdir(source_folder):
    if filename.endswith('.pdf'):
        pdf_path = os.path.join(source_folder, filename)
        docx_path = os.path.join(dest_folder, filename.rsplit( sep='.', maxsplit=1)[0] + '.docx')

        # 读取PDF并转换为图片
        images = convert_from_path(pdf_path)

        # 初始化docx文档
        doc = Document()

        # 对每个页面进行OCR处理并添加到docx文档
        for image in images:
            text = pytesseract.image_to_string(image, lang='chi_sim')  # 使用中文简体语言包
            doc.add_paragraph(text)

        # 保存docx文件
        doc.save(docx_path)
```

图 3　文档读取与识别

```python
# 指定ABC文件夹的路径
path_to_abc_folder = 'D:\Python Files\图书信息整理\已转换文件'
# 指定保存回复的文件夹路径
path_to_save_folder = 'D:\Python Files\图书信息整理'
# 填写你的API Key
api_key = "XXXXXXXXXXXXXXXXXX"
# 初始化ZhipuAI客户端
client = ZhipuAI(api_key=api_key)
# 确保保存文件夹存在
if not os.path.exists(path_to_save_folder):
    os.makedirs(path_to_save_folder)


# 定义发送文档内容到GLM并获取响应的函数
1个用法
def get_response_from_chatglm(doc_content):
    messages = [
        {"role": "assistant","content": "请将以下内容检查错别字并修改整理后按照该格式回复：〔您的回
        {"role": "user", "content": doc_content}
    ]
    response = client.chat.completions.create(
        model="glm-4",
        messages=messages
    )
    return response.choices[0].message.content


# 遍历ABC文件夹中的所有文件
for filename in os.listdir(path_to_abc_folder):
    # 检查文件是否为.docx文件
    if filename.endswith('.docx'):
        # 构建完整的文件路径
        file_path = os.path.join(path_to_abc_folder, filename)
        # 读取.docx文件内容
        doc = Document(file_path)
        full_text = ''.join([paragraph.text for paragraph in doc.paragraphs])

        # 获取ChatGLM的响应
        response_content = get_response_from_chatglm(full_text)

        # 保存响应到同名的.txt文件中
        txt_filename = os.path.splitext(filename)[0] + '.txt'
        txt_file_path = os.path.join(path_to_save_folder, txt_filename)

        with open(txt_file_path, 'w', encoding='utf-8') as file:
            file.write(response_content)
print("所有文件处理完毕，回复已保存到指定文件夹。")
```

图 4　利用大模型分析整理

```
# 设置文件夹的路径
folder_path = 'D:\Python Files\图书信息整理'
output_file = 'D:\Python Files\图书信息整理\汇总.xlsx'
# 初始化一个空的 DataFrame，列名按照指定的顺序
columns = ['期号', '书名', '作者', '编辑', '出版时间', 'ISBN号', '定价', '作者简介', '内容简介', '信息发布人', '关键词']
df = pd.DataFrame(columns=columns)
# 遍历文件夹中的所有文件
for file_name in os.listdir(folder_path):
    if file_name.endswith('.txt'):
        file_path = os.path.join(folder_path, file_name)

        # 读取文件内容
        with open(file_path, 'r', encoding='utf-8') as file:
            lines = file.readlines()
            for i in range(1, len(lines), 11):
                if i + 10 <= len(lines):  # 确保有足够的数据
                    # 提取信息并添加到 DataFrame，例如[5:]是从第5个字符开始提取
                    row = pd.DataFrame({
                        '期号': [lines[i][3:].strip()],
                        '书名': [lines[i + 1][3:].strip()],
                        '作者': [lines[i + 2][3:].strip()],
                        '编辑': [lines[i + 3][3:].strip()],
                        '出版时间': [lines[i + 4][5:].strip()],
                        'ISBN号': [lines[i + 5][6:].strip()],
                        '定价': [lines[i + 6][3:].strip()],
                        '作者简介': [lines[i + 7][5:].strip()],
                        '内容简介': [lines[i + 8][5:].strip()],
                        '信息发布人': [lines[i + 9][6:].strip()],
                        '关键词': [lines[i + 10][4:].strip()]
                    })
                    df = pd.concat( objs [df, row], ignore_index=True)
# 将 DataFrame 写入 Excel 文件
df.to_excel(os.path.join(folder_path, output_file), index=False, engine='openpyxl')
```

图 5　将大模型整理内容汇总成表格

5　结果测试

5.1 实验结果分析

实验结果分析是评估 AI 档案管理系统性能的关键环节。为检测程序运行效果，在完成一系列实验后，我们将该实验按照文本识别、文本分析、文本汇总这三部分，分段检测运行效果，图 6、7、8、9 分别是其中一篇信息的原稿，以及文本识别、文本分析、文本汇总各阶段的运行结果。

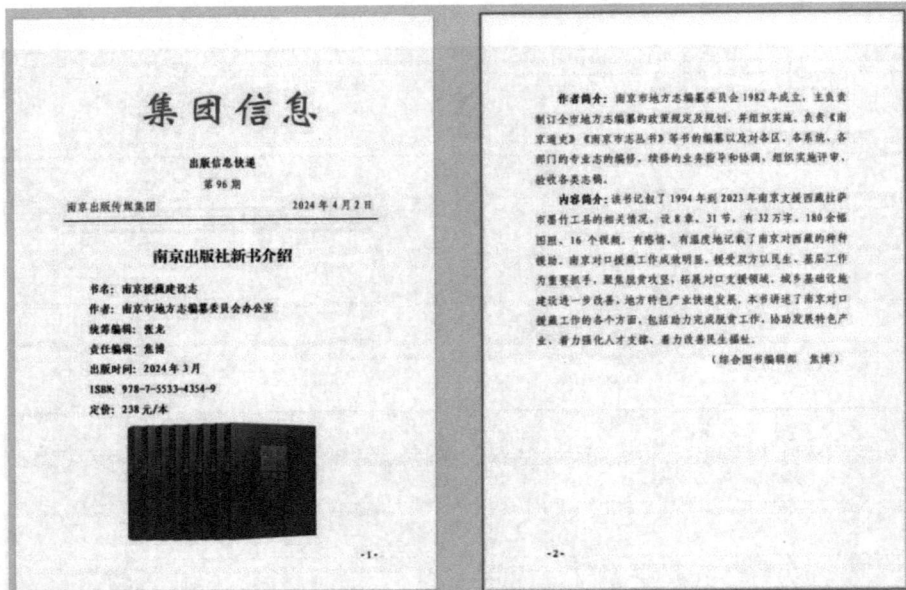

图 6 初始图书宣传信息 PDF 文件

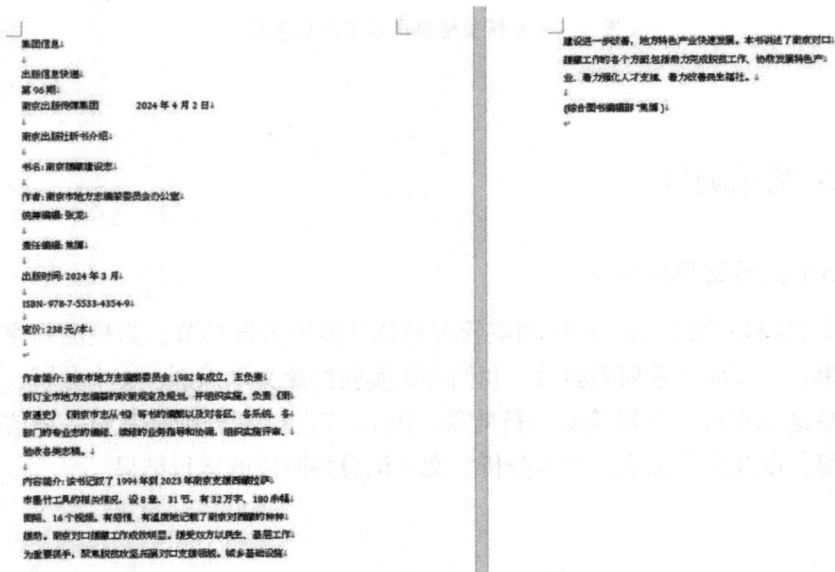

图 7 图文识别后生成文本

[您的回复]
期号：第96期
书名：《南京援藏建设志》
作者：南京市地方志编纂委员会办公室
编辑：张龙（统筹编辑）、焦博（责任编辑）
出版时间：2024年3月
ISBN号：978-7-5533-4354-9
定价：238元/本
作者简介：南京市地方志编纂委员会于1982年成立，主要负责制订全市地方志编纂的政策规定及规划，并组织实施。负责《南京通史》《南京市志丛书》等书的编纂以及对各区、各系统、各部门的专业志的编修、续修的业务指导和协调，组织实施评审、验收各类志稿。
内容简介：该书记录了1994年至2023年南京支援西藏拉萨市墨竹工卡的相关情况，设有8章、31节，共计32万字、180余幅图照、16个视频。本书深情、有温度地记载了南京对西藏的种种援助。南京对口援藏工作成效显著，双方以民生、基层工作为重要抓手，聚焦脱贫攻坚，拓展对口支援领域。城乡基础设施建设进一步改善，地方特色产业快速发展。本书讲述了南京对口援藏工作的各个方面，包括助力完成脱贫攻坚、协助发展特色产业、着力强化人才支撑、着力改善民生福祉。
信息发布人：焦博
关键词：南京援藏、建设志、编纂、脱贫攻坚、特色产业

图 8 通过 AI 大模型整理生成后的内容

期号	书名	作者	编辑	出版时间	ISBN号	定价	作者简介	内容简介	信息发布人	关键词
第96期	《南京援藏建设志》	南京市地方志编纂委员会办公室	张龙（统筹编辑）、焦博（责任编辑）	2024年3月	978-7-5533-4354-9	238元/本	南京市地方志编纂委员会于1982年成立，主要负责制订全市地方志编纂的政策规定及规划，并组织实施。负责《南京通史》《南京市志丛书》等书的编纂以及对各区、各系统、各部门的专业志的编修、续修的业务指导和协调，组织实施评审、验收各类志稿。	该书记录了1994年至2023年南京支援西藏拉萨市墨竹工卡的相关情况，设有8章、31节，共计32万字、180余幅图照、16个视频。本书深情、有温度地记载了南京对西藏的种种援助。南京对口援藏工作成效显著，双方以民生、基层工作为重要抓手，聚焦脱贫攻坚，拓展对口支援领域。城乡基础设施建设进一步改善，地方特色产业快速发展。本书讲述了南京对口援藏工作的各个方面，包括助力完成脱贫攻坚、协助发展特色产业、着力强化人才支撑、着力改善民生福祉。	焦博	南京援藏、建设志、编纂、脱贫攻坚、特色产业

图 9 将 AI 大模型整理生成的内容汇总成表格

该实验总共处理了 98 期图书宣传信息，为提高验证效率，随机抽取其中 3 篇进行初始内容和最终结果的对照分析，具体情况如下：

识别准确率：实验结果显示，3 篇信息总字数 1948 字，在文本识别环节中，识别有误 87 处，图文识别准确率达到了 95.5%，超过了预期的 90%。这表明该程序能准确识别到图书宣传信息中的文本。

高提取精度：在 AI 处理过程中，经过处理 3 篇文本生成期号、书名、作者、编辑、出版时间、ISBN 号、定价、作者简介、内容简介、信息发布人、关键词等合计 33 项目内容，经核对，生成不准确部分 2 处，关键信息提取准确率 93.9%，超过了预期的 90%。能有效审核修改其中部分错别字，生成与对应主题高度相关，符合预期指标。

自动化程度：通过三部分代码合并，可以一键完成所有信息的识别到汇总整理，完全达到预期 80% 以上的信息处理和整理自动化程度。

整体而言，实验符合预期，达到了实验设定的目标。通过该实验，我们不仅验证了原有设想的可行性，还为进一步拓展 AI 大模型的应用奠定了坚实的基础。接下来，我们将进一步优化这一过程，以期在更多类型的档案管

理过程中，探索出更优解决方案，为具体业务工作提供更有力的支持。

5.2 存在问题及解决方案

尽管实验结果总体令人满意，但在测试过程中也发现了一些问题：

（1）识别精准度有待提升：识别过程中对复杂文字识别能力较弱，例如"篡"字被识别为"繁"；还有对信息发布人和落款容易混淆，例如落款是单位名字，会被 AI 大模型理解为信息发布人。解决方案：通过向 AI 导入知识资料库，进行微调训练，加强 AI 大模型对特定的词汇和句子结构的识别能力，增加包含复杂文字的样本数量，特别是对于易混淆的字符，提高识别模型的识别准确性。

（2）人工审核负担：虽然 AI 大模型在文本处理中表现出色，但为确保完全准确，仍然需要人工参与审核逐条内容。解决方案：开发辅助工具提高人工审核的效率，例如在 AI 生成结果后，自动与原内容比对相似程度，由人工根据程度高低有筛选地进行二次审核。同时，持续优化 AI 模型，不断减少人工参与的过程。

（3）安全性考虑：由于大模型需要调用网络接口，虽然能保证信息传输过程中的安全，但是为了绝对的保密安全，暂时还不适合处理一些涉密内容。解决方案：利用开源的 AI 大模型，部署在本地离线环境中运行，确保绝对的使用安全。

通过上述解决方案的实施，我们有望进一步优化 AI 大模型在档案管理过程中的应用，不断提升其在实际应用中的可用性和可靠性。这将有助于推动档案管理向智能化、高效化方向不断发展。

6 结论与展望

6.1 结论

在当前人工智能技术迅猛发展的背景下，本文以新质生产力为视角，针对档案管理领域进行创新研究，成功探索了 AI 大模型在档案管理智能应用方面的实践。具体而言，基于 AI 大模型的图书信息档案智能整理功能，实现了从图书宣传资料档案中自动提取关键信息，并进行结构化梳理与存储的过程。实验结果表明，该功能在信息提取的准确性和效率方面成效显著，为图书宣传信息档案整理提供了高效、高质量的创新解决方案。

6.2 未来展望

本实验中，AI 大模型对档案管理方面只是做了一个初步的应用，未来在相关工作的深入应用中，AI 大模型仍然具有极大的发展潜力，例如进一步研究和开发更先进的机器学习模型，提高档案管理的自动化和智能化水平；探索 AI 大模型在处理图像、音频、视频等多媒体信息方面的能力，实现多媒体档案的智能整理和检索；结合 AI 大模型，研究和开发智能化档案安全管理系统，实现对档案的实时监控、风险评估和预警，确保档案安全等等。同时，同样用法可以拓展到其他领域，诸如涉及相关文本、数据的整理分析方面，用好 AI 大模型解决实际工作中存在的问题还是很有发展前景。通过不断加强 AI 大模型与实际工作的研究，加强产学研各方的合作，推动 AI 大模型在实际工作应用中的成果转化。

通过以上展望，我相信 AI 大模型在档案管理领域的应用将不断拓展和深化，为档案管理工作提供更高效、智能的解决方案，助力档案事业的发展。

6.3 结论总结与建议

综上所述，AI 大模型在档案管理领域的应用具有显著优势和广阔前景。为充分发挥 AI 大模型的潜力，仍然需要不断地创新和探索，在合规、安全的基础上，进一步研究开发出更加契合实际工作、应用于基层管理、服务于基础业务的 AI 大模型智能应用，这样才能有效地推进 AI 智能化的落地，在真正意义上做到"因地制宜发展新质生产力"，赋能档案管理工作，为档案管理领域带来更大的价值。

注释及参考文献

[1] 陈慧，罗慧玉，张凯，等 .AI 赋能档案：AI 技术在档案管理中的赋能模式探究 [J]. 山西档案 ,2020(4):76-83, 131.

[2] 刘丽，王兆伟，张明智，等 . 生成式人工智能对档案工作的影响——从 ChatGPT 谈起 [J]. 浙江档案 ,2023(9):47-50.

[3] 周文欢 .ChatGPT 在档案领域应用和意义 [J]. 中国档案 ,2023(3):62-63.

[4] 陈惠琼 .ChatGPT 在档案智能化管理中的应用和建议 [J]. 兰台世界 ,2023(12):60-64.

[5] 陈亮，秦玉婷，费鸿虹，等 .GPT 赋能档案馆智慧服务：技术特征、应用场景与实现路径 [J]. 档案与建设 ,2023(12):35-38.

[6] 汪东峰 . 利用 ChatGPT 开展档案管理的前景展望 [J]. 机电兵船档案 ,2024(1):63-66.

[7] 冯宇，苏博川 . 基于 ChatGPT 的智慧档案管理系统与安全策略 [J]. 档案 ,2023(8):23-29.

[8] 肖伟玲 . 办公自动化环境下医院档案管理的意义及策略探讨 [J]. 办公室业务 ,2024(2):34-36.

[9] 周洪斌，苗盼盼 . 基于 Python 的办公自动化应用 [J]. 现代计算机 ,2023(21):114-117.

[10] 杜健鹏 .Python 在办公自动化中的应用 [C]// 天津市电子工业协会 . 天津市电子工业协会 2023 年年会论文集 .2023:5.

用户界面设计对档案信息系统业务功能的影响及改进研究

张懿

云南省档案局

摘要：在转轨和文档一体化转型背景下，系统用户界面作为人机交互的桥梁，对于发挥系统管理优势、培育电子文档文化有着深远意义。本文分析了当前档案系统在用户界面设计方面存在的主要问题、档案系统界面设计的复杂性、独特性及其产生的根源，在此基础上提出档案系统人机交互界面设计的改进措施和合作推动提升系统界面设计水平的举措，以期使档案信息系统的用户界面以崭新面貌助力系统达到更好的管理效果，展现档案电子化管理的优势与风采。

关键词：档案系统用户界面；人机交互；电子文档管理体系

0 引言

用户界面 UI（User Interface）作为人机交互的桥梁，其设计质量直接影响到系统的可用性和用户的工作效率。在转轨和文档一体化转型背景下，档案工作很大程度上是"基于系统"的，包括文档的创建、存储、检索、删除、共享和安全、"四性"保障等多方面都要基于信息系统以半自动或全自动化方式开展，规范、易用的界面设计对于发挥系统管理优势、培育电子文档文化有着深远意义。本文关注的是除了清晰简洁、具有美感的美术设计之外的，UI 设计对于系统完成档案管理相关业务的影响和帮助相关问题，并提出改进措施，以期使档案信息系统以更加亲和的崭新面貌迎接正在深刻发生着的"转"与"变"。

1 系统操作之"困",导致信息技术力量不能充分释放

当前,档案正在加速从模拟态转变为数字态、数据态,档案管理系统从辅助档案管理、对象描述层次朝着信息管理、集成服务方向进化[1],人们的方法、习惯乃至思维都在随之变革。与此不相适应的是,现有档案系统以模块数量众多为追求,以功能五花八门为荣,在实际工作中往往令人应接不暇,操作的复杂性和缺乏逻辑带来推广应用的迟缓和障碍,进一步将导致行业标准规范的难以落实和用户使用意愿的降低。目前档案系统在 UI 设计方面主要存在以下方面的问题。

1.1 功能不直观

普遍表现为需要大量的人工记忆点,系统呈现笨重、烦琐的状态,需进行多次尝试方能找到恰当的功能模块,许多功能终系统整个使用生命期都不曾被唤醒,也不被用户所理解。比如,若著录与原文显示不能同时出现在同一页面,则会造成人工著录或对照检查时的不便甚至无法开展。专用名称不统一造成的误用也普遍存在,档案领域与文书文献学、图书馆学等领域会产生词汇的交叉混用,但定义不尽相同,容易望文生义甚至生造词汇,语义含混、描述不准轻则带来系统使用效率的低下,重则造成操作的背道而驰。

1.2 信息过载

档案信息系统需要处理的数据量是巨大的,每一份标准电子文件同时携带大量元数据,由于分类显示不力、提示不清晰、重点不突出,往往使用户"迷失"在杂乱的"条目"中。一些系统单次处理数量过多,标识过长,又没有提供给用户足够清晰的可区分的节点,造成数据处理的混乱或遗漏。

1.3 交互性不足

反馈机制不强带来可操作性减弱,涉及多用户操作时情形尤为突出。比如在政务服务文档管理系统中,移交笔数多,且不定期发起,需先等待档案馆检查通过方能接收入库,若系统对移交包标注不清晰,一旦发生检查不通过的情况,退回时与未移交文件混在一起无法区分,移交接收双方极难比对。

1.4 缺乏个性化选项

与前端业务系统的融合不足,后端的档案系统不考虑业务系统特点,操

作方法和设计风格迥异，在电子文件归档环节，由于归档系统的操作方式、显示方式与前端系统差异过大，导致出现较多管理瓶颈，影响单轨化的实施。

界面设计应有利于用户转变工作方式，而不是制造新的阻碍。我们不得不正视的是，在限制电子文档发展应用的诸多难点痛点问题中，有不少跟系统界面的优劣相关，档案系统的人机交互界面在推广文档电子化、构筑完整规范的系统大厦中是一个重要的但容易被忽视的角色。

2 优质设计之"难"，源于文档管理需求的特殊性和复杂性

不可否认，文件档案管理的客观要求带来了系统的复杂性，档案系统界面设计有其独特性，档案本身特点、系统特点、社会环境与条件三方面的原因决定了其界面设计的不易。

2.1 管理对象本身的特点

管理对象本身——电子文件和档案——有着载体、格式的多样性，属性的多元性，以及数量巨大等特点。随着"归档"的界限日趋模糊，文件达到法定条件即纳入档案管理，需要更高的管理精度；当前广泛存在着电子形式与纸质形式并存的现象，多种模态的电子文件和档案必须在长期保存过程中须始终保持真实、完整、可用、安全要求，保障编号的唯一性，始终保持档案及其元数据之间的有机联系，实现自包含、自证明，实现从人工的经验认证到系统的技术认证，而且注重文件、数据对于不同用户的正确显示，满足凭证价值、记忆价值和情感价值，以及接受未来深度利用开发的考验。

2.2 档案信息系统的特点

档案工作是一项实践性、动手性很强的工作，将这项工作搬到"线上"，存在很大程度的对人工动作和操作的模拟、替代，对系统界面设计要求较高。系统要嵌入包括保管期限、分类方案、处置方案等规则，并支持规则的修改、维护；系统需对接多种类型的前端业务系统，与数据标准、移交接口和网络等要素息息相关，要统一管理在数字化加工、归档管理、备份管理、提供利用、长期保存等活动中产生的基于同一电子文件的不同"化身"的档案，要满足统计管理、载体管理、格式管理等方面的需求，复杂度急剧增加[2]；

系统交互性要求高，除了收集整理、移交接收阶段的多用户交互，在将来需求不断释放的条件下，多用户操作将扩展至业务指导、开发利用方面，产生更高的即时性和专业性要求；档案数据包结构、格式各异，不仅要求即时处理，还要突出数据安全管理的长期性要求，管理全过程满足对"四性"的保障；在系统下开展的迁移、转换、挂接、数据同步等过程都是复杂、耗时耗力的管理活动，协调性要求高，必须做出准确提示，保障精准、可控。

2.3 与社会环境和条件的适配

新一代档案系统用户的工作习惯随着专业背景、年龄等因素的变化而发生重大变化，包括档案工作者和利用者在内的用户需求和预期在变化，对于操作和反馈的要求不断提高，更加注重与业务系统的对接，与软硬件平台的对接；要求最大程度实现"关联"和"控制"，做到可回溯、可查核、可验证，要求更完善的风险控制，完整记录过程数据，实现全程跟踪。要适应这些社会条件的变化，必须使用户更好地与机器对话。

3 人机交互之"融"，构筑人机共生的电子文档管理体系

上述需求对档案管理系统的界面设计提出了高要求。在人机交互设计领域已有诸如尼尔森原则等较为成熟的研究和应用成果，对档案系统的界面设计具有重要的参考价值。档案系统的界面设计目标是为着充分的兼容性、长期保存的安全性、数据语义的全面可理解可开发而服务的。笔者提出以下的档案系统界面设计的改进措施。

3.1 重组导航结构，建立简化、有序的功能体系

在用户与任务之间创造一种自然、容易解释的关系，在行为与效果之间建立起正确的匹配。考虑记忆和注意力的局限，简化任务结构，对复杂操作加以重组，减少不必要的选项，使界面布局更易理解，提高可访问性；考虑可能出现的人为差错，具有充分的容错性；导航结构应简单直观，强化信息定向能力，方便用户快速找到所需的信息，确保所有页面和功能模块都可通过返回或跳转菜单轻松访问；建立功能和信息的过滤机制，强化系统搜索引擎，支持用户对操作目标按权限添加注释、标签，辅以上下文帮助系统，提

示关联档案。

3.2 优化信息展示方式，建立统一、规范的符号体系

人的身体经验左右了人机界面的发展方向，人机界面的发展呈现出完整的人试图找回与世界接触的最本真的感觉过程[3]。应顺应人类阅读、处理文档的习惯和要求，进行标识、流程的规范化，以用户为中心，以需求为导向，增强功能和内容的可读性，对功能模块命名以及术语、图标进行统一规范，提升准确性，采用直观的界面元素，规范图形、图标、按钮、对话框、表单、表格等元素的设计，确保颜色、字体和布局易于阅读和理解；优化图片和文件的大小及加载速度，根据不同设备和屏幕尺寸自适应布局，实现响应式设计，确保所有用户都能轻松浏览系统各模块页面。

3.3 提升操作的连续度、顺滑度，增强交互、反馈机制

在文档一体化背景下，围绕文档管理各个环节的界线逐渐模糊，要让操作更加连续、顺滑，应注重提醒提示，加入智能化辅助，更多采用"一键"式操作——一个动作集成多个步骤，或更多采用图形化操作——以拖拽、勾画示意图的方式发出文件分类、移库、处置等操作指令；将功能后台化，更多功能处于隐藏、潜在的但是等待被唤醒的状态，在文件处理和事务办理过程中可以随时被快速调用，采用弹窗等方式收集用户的几个重要指令之后再次"潜伏"后台；增强交互环节的反馈精度，比如形成、收集、移交等环节存在多用户之间的操作反馈，用户需要清晰掌握另外一个用户的状态以便于对自己的操作做出及时的反应调整。

3.4 提供个性化选项，构建档案系统特有的习惯体系

开展不同用途档案系统的用户界面定制、工作流定制。建立用户工具箱概念，类似于可移植 API，形成跨应用的通用程序组，箱内的工具可按需自由取用，这些工具包括创作成果分类管理，文件及其组件的分类组织、存储和组合、利用；在实践中加入巧思，进行更多的创新尝试，创造形成新的操作习惯，通过鼠标或键盘的"小动作"实现特定指令用途等，比如电脑键盘上的 ESC 键就是软件变成硬件标配、顺应灵活性的一个例子，ESC 键本是 20世纪 60 年代为了解决不同电脑之间的编码转换问题而发明的，随着电脑编码的标准化，esc 键成了电脑的"中止"键，用来终止当前的操作或程序，档案系统也可以尝试发展这样的"约定俗成"的快捷键。

4 建设推行之"合"，多方合作多措并举提升系统界面设计水平

为了构建规范的档案系统界面文化，需要多方合作努力。采取以下措施开展建设和保障。

4.1 将界面设计纳入系统建设需求

电子文件形成单位在建立和完善档案信息系统时，应当强化部门配合，组织文秘、业务、档案、信息化、保密等部门在提出功能需求时同时提出界面要求，将界面设计纳入档案系统建设需求，纳入电子文档管理总体规划，做好与不同业务系统之间的界面适配；发挥体制优势，在一个相对较大的范围内，推广一种风格统一的系统界面，有利于用户的熟悉和使用，也有利于对前端信息系统的规范引领，为在未来条件成熟时出台档案系统界面标准规范做必要的准备。

4.2 深入开展用户需求调研，分层次提出界面要求

为创建出流畅的用户体验，档案部门应深入系统使用单位和不同用户群体中进行调研、沟通，运用访谈、问卷调查、用户测试等方法收集和分析数据[4]，深入了解各类用户的操作习惯和心理模型，为设计提供指导；针对不同的信息化发展层次提出不同的系统界面要求，仅处于辅助档案管理的系统，与已开展原生电子档案移交接收的，或已达到数据管理、具备语义理解的系统显然是不同的要求，应分而治之，各有侧重，发展更具针对性的原则方法，起到更精准的规范作用。

4.3 积极开展档案系统界面设计研究，提升档案工作者参与系统设计的能力

与其他领域相比，档案信息系统的人机交互界面设计研究起步晚，受到的重视程度不够，应积极开展功能模块归类、名称标准化、照顾特殊用户人群等方向的研究；加强对档案工作者关于界面交互设计的方法训练，提升档案工作者对信息架构、页面流程、交互元素的认识和理解，有条件的可进一步了解设计原则和美学标准，掌握相应设计工具，开展排版布局、色彩搭配、图形设计等训练[5]，以利于更深度地参与包括界面设计在内的系统设计

过程，更广泛地参与到电子文档文化的构建中，创造出更符合用户期望的界面和简单、直观、易用的交互方式。

5 结语

随着技术的发展，文档管理系统的界面设计将更加智能化、个性化，更加突出档案管理与利用的特色。未来发展趋势必然包含人工智能的集成、移动设备的支持和云服务的融合，令人印象深刻、眼前一亮的档案系统界面将在管理难度加大的条件下帮助系统达到更好的管理效果，发挥档案电子化管理的优势与风采，使档案信息资源像流水一样流向最需要它的地方，发挥最大的效益。

注释及参考文献

[1] GB/T 39755.2-2021. 电子文件管理能力体系 第 2 部分：评估规范 [S].

[2] 钱毅 . 电子文件"单套制"管理相关概念的辨析与思考 [J]. 档案学通讯 ,2017(4): 8–13.

[3] 李欣 , 朱红喆 . 走向消弥的技术：人机交互界面的媒介考古 [J]. 新闻爱好者 , 2024(2):42–45.

[4] GB/T 31914–2015. 电子文件管理系统建设指南 [S].

[5] 刘亚明 . 人机交互嵌入式图形用户界面视觉增强方法研究 [J]. 现代电子技术 , 2024(3):67–70.

政务服务电子文件一体化归档和管理平台建设探究
——以上海市政务服务"一网通办"
电子文件归档与电子档案管理为例

胡明浩

上海市档案局科技信息化处

摘要：本文针对政务服务"一网通办"办理系统众多、业务办理流程不一、网络部署环境多样的情况，探索搭建政务服务"一网通办"一体化归档和管理平台的方法路径，改变传统的对接模式为更高效的"一体化归档"模式，推动政务服务"一网通办"电子文件和电子档案管理不同阶段的"一体化"管理，做到统一归档标准、规范归档流程、确保数据质量，对促进"一网通办"电子文件智能化归档、推动"一网通办"电子档案数据资源共享共用，进而为推动各类电子文件单套归档和电子档案单套管理提供借鉴作用。

关键词：政务服务；"一网通办"；一体化；归档

0 引言

随着全国一体化在线政务服务平台的发展和完善，各地区各部门平台规范化、标准化建设和互联互通[1]有效推进，极大提高了政府行政效率、办事效率、服务能力，极大方便了人民群众，真正实现了让"数据多跑路，群众少跑路"。2023年，为解决政务服务电子文件归档"最后一公里"问题，国务院办公厅印发了《政务服务电子文件归档和电子档案管理办法》，为开展政务服务电子文件归档和电子档案管理工作提供了重要的法制保障，但由于系统归档功能不完善、数据标准不统一、系统对接难度大等客观存在的问题，在技术路径和工作流程方面影响了此项工作开展。笔者以上海市政务服务"一网通办"电子文件（以下简称"一网通办"电子文件）归档和电子档案管理为例，探索建设全市"一网通办"电子文件一体化归档和管理平台的方法和路径，为高效开展"一网通办"电子文件归档和电子档案管理提供平台支撑和路径保障。

1 现状及存在主要问题

2018年，上海市首次提出并正式上线政务服务"一网通办"平台，截至2023年底，上海市"一网通办"共上线事项3700余个，共有45家市级政务服务单位的政务服务系统对接了上海市"一网通办"平台，累计办件量逾4亿件。自上海市"一网通办"平台上线伊始，上海市档案局便开展"一网通办"电子文件归档和电子档案管理工作，经过几年的努力，虽然取得了一定成效，但实际工作中仍然存在影响工作开展的一些问题。

1.1 系统归档功能不完善

部分政务服务系统建设时未考虑电子文件归档功能，要开展"一网通办"电子文件归档工作，只能通过系统升级改造、开发归档模块或建设数据中台的途径解决。

1.2 系统对接模式较为复杂

由于各政务服务单位的政务服务系统在系统架构、软件开发环境、数据库结构、流程定义工具、中间件等[2]方面差异性较大，造成了各政务服务系统与上海市"一网通办"平台对接模式较为复杂。目前，上海市政务服务系统与"一网通办"平台存在四种对接模式，一定程度上也给"一网通办"电子文件归档工作带来一定难度。

1.3 "四性"检测标准不统一

2019年，上海市档案局印发了《政务服务"一网通办"电子文件归档管理技术规范》（DB31/T 1152-2019），2023年印发了《政务服务"一网通办"电子档案"四性"检测指南》，但在执行过程中，由于技术人员对于"四性"检测的理解和元数据方案把握不一，导致"四性"检测策略存在较大差异，可能会现出"一网通办"电子文件在归档阶段能够通过检测，但在电子档案移交阶段"四性"检测通不过的情况。

1.4 电子档案资源共享不充分

一方面，由于上海市 16 个区的区级政务服务单位大多使用市级系统统一开发的政务服务系统，且"一网通办"平台的办件库仅向市级政务服务单位推送政务数据，区级政务服务单位很难共享电子档案数据资源；另一方面，由于区级政务服务单位缺少电子档案管理系统或数字档案室集中统一管理电子档案，因此，电子档案数据资源共享还存在系统壁垒。

2 一体化归档平台建设原则

突出一体化平台的整合性、开放性、互联互通性和安全性，通过建设统一规划、全程管理的全市一体化电子文件归档和管理平台，推动电子文件与电子档案数据全生命周期一体化管理，推动政务数据跨地区、跨部门、跨层级、跨系统、跨业务共享利用[3]。

2.1 集约建设 [4]

构建上海市级层面的"一网通办"一体化归档和管理平台，面向上海市45 家市级政务服务单位提供电子文件归档和电子档案管理一体化服务，实现"一网通办"电子文件到电子档案的全生命周期管理，既有助于突破制约"一网通办"电子文件归档和电子档案管理的机制瓶颈，也可以节约政务资源，避免各单位分头建设、独立开发。

2.2 统一标准

2.2.1 统一电子文件和元数据收集和检测标准

构建统一的电子文件与元数据收集模块，与"一网通办"办件库直接对接，有助于根据统一归档标准筛选比对出需要归档的电子文件和元数据，并按照规定做好收集工作。同时，设置统一的"四性"检测策略，根据《上海市政务服务"一网通办"电子档案"四性"检测指南》等标准规范，规范性开展电子文件和电子档案"四性"检测。

2.2.2 统一归档范围和保管期限

市、区统一办理的事项由市级政务服务单位统一制定归档范围和保管期限，并将归档范围和保管期限表前置嵌入一体化归档和管理平台的配置管理模块，避免出现相同办理事项市、区归档范围和保管期限不统一的情况。

2.2.3 统一电子归档格式标准

构建统一的格式转换模块，按照《电子文件归档和电子档案管理规范》等标准，对于不符合电子文件归档格式要求的电子文件进行格式转换，便于加强电子文件数据质量前端控制。同时，有利于电子文件归档和电子档案移交过程中形成规范的电子文件归档信息包和电子档案移交信息包。

2.3 一站对接

通过构建一体化归档和管理平台，改变原来市和区档案馆电子档案接收系统与多家政务服务单位逐一对接的模式，由一体化归档和管理平台直接对接"一网通办"平台办件库，既可实现"一网通办"电子文件即时、高效、规范归档，又减轻了政务服务单位和各级综合档案馆在系统对接及资源整合方面的工作压力。

2.4 优化工作流程

构建"政务服务办件库—电子文件一体化归档平台—数字档案室系统—数字档案馆"的工作流程，实现电子文件从形成、接收、归档到电子档案保存、利用、移交等环节的全流程一体化管理。

2.4.1 优化"一网通办"电子文件收集整理流程

一体化归档与管理平台与"一网通办"办件库直接对接，完成审批流程的事项经过智能筛选比对后，由办件库自动将电子文件及元数据推送到一体化归档与管理平台，在平台完成整理、组件、打包等程序后，根据平台内嵌的电子文件分类方案、归档范围及保管期限表开展整理和归档工作，并形成规范的"一网通办"电子文件归档信息包。

2.4.2 优化"一网通办"电子文件归档流程

在一体化归档与管理平台为各市级政务服务单位建设数字档案室系统，设置独立的存储空间，经"四性"检测合格的"一网通办"电子文件归档信息包向数字档案室归档，并通过数字档案室系统实现电子档案的分类、保管、检索、利用、鉴定、统计等功能。

2.4.3 优化"一网通办"电子档案移交流程

在一体化归档与管理平台中建设电子档案移交功能，与市档案馆电子档案移交和接收系统对接，将保管期限为永久的"一网通办"电子档案以电子档案移交信息包的形式向市档案馆移交。

2.5 促进数据共享

使一体化归档与管理平台成为"一网通办"电子文件和电子档案资源共享的枢纽，促进市、区两级政务服务机构共享"一网通办"电子文件数字资源，推动各业务条线政务数据跨部门、跨层级、跨系统共享利用。同时，通过数字档案室系统积极做好"一网通办"电子文件目录汇集工作，做到实时更新、同源发布，进一步提升电子档案的管理水平和共享服务能力。

2.6 实现技术赋能

2.6.1 实现归档过程智能化

探索推进智慧便捷的归档模式创新，从"一网通办"电子文件筛选比对、分类、收集到排序、整理、打包全归档过程实现智能化，提升"一网通办"电子文件归档和电子档案管理智慧便捷程度。

2.6.2 探索运用区块链技术

探索运用区块链技术创新"一网通办"电子文件全生命周期管理模式，对于电子文件归档过程中产生的过程信息以及电子文件归档信息包的流转信息等实时上链存证，形成完整的全过程可追溯的数据框架，实现链上链下数据协同，确保"一网通办"电子档案来源可靠、程序规范、要素合规。

2.6.3 打造档案数据治理场景

运用人工智能、知识图谱、云计算等技术，积极探索利用身份证、统一社会信用代码等标识自动关联各类电子档案专题数据库的方法和路径，促进档案数据科学化治理。同时，积极探索打造"移动＋共享""智能＋利用"等应用场景，推动档案数据治理工作向智能化、智慧化发展目标迈进。

3 一体化归档平台的设计架构

实现一体化归档与管理平台与政务服务"一网通办"系统的数据交换和共享[5]，统一技术架构、统一应用支撑、统一流程对接，确保一体化归档平台的可扩充性、稳定性和开放性。一体化归档平台总体架构分为基础设施层、系统接口层、数据资源层、系统应用层、用户访问层、标准规范体系、安全保障体系[6]，总体架构如图 1 所示。

3.1 基础设施层

基础设施层是实现支撑"一网通办"一体化归档与管理平台运行的基础设施运行环境的基础设施，主要包括政务外网、云存储资源、存储设备、安全设备、网络设备及其他支撑体系基础设施等运行设备。

3.2 系统接口层

系统接口层采用 API 接口设配器的方式实现各类系统的接口对接，确保系统间数据可以流畅交互，使"一网通办"一体化归档与管理平台具有良好的兼容性与开放性，包括与市级政务服务单位政务服务系统、16 个区统一归档平台以及其他已单独建设的电子档案管理系统的对接接口。

3.3 数据资源层

支撑"一网通办"一体化归档与管理平台运行的数据资源，主要包括电子文件预归档库、电子文件归档信息包库、配置信息库（归档范围和保管期限表）、电子档案移交信息包库、管理过程库（元数据）、电子档案接收库、电子档案管理库等。

3.4 系统应用层

支撑"一网通办"一体化归档与管理平台基础应用功能，包括统一用户管理与身份认证平台、归档范围和保管期限表配置管理、电子文件归档模块、日志管理模块、数字档案室等功能。

3.5 用户访问层

使用 PC 端及移动端访问和登录平台的功能，主要用户包括上海市档案馆、45 家市级政务服务单位业务部门及档案部门、市大数据中心等。

3.6 标准规范体系

制定《上海市"一网通办"一体化归档平台系统对接规范》《上海市"一网通办"一体化归档平台办件库及电子证照库调用规范》以及《上海市"一网通办"一体化归档平台电子文件归档信息包返还规范》等相关制度规范，形成权责清晰、流程科学、运行规范的一体化平台运行保障体系。

3.7 安全保障体系

建立物理级安全、网络级安全、系统级安全、应用级安全等多层次综合安全保障措施，探索运用数字摘要、电子印章等技术保障电子文件归档和电子档案管理移交的规范有效，健全平台安全管理制度，提升平台技术防护能力，确保平台安全稳定运行。

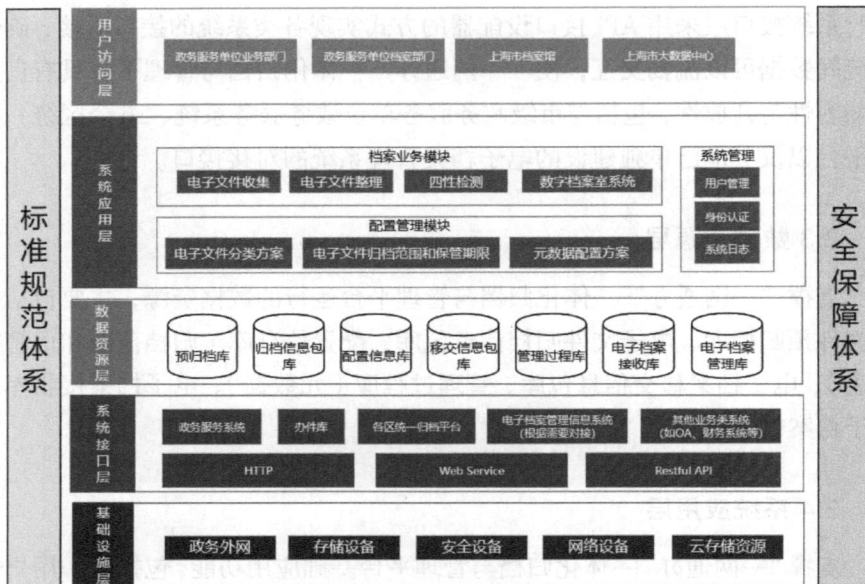

图 1 　上海市"一网通办"一体化归档平台架构

4 平台业务逻辑

4.1 与"一网通办"办件库的关系

与"一网通办"办件库采用接口调用的形式直接对接，通过智能化比对流程，办件库将审批完成的事项及其元数据以件为单位向一体化归档平台的电子文件预归档库中推送。

4.2 一体化归档平台业务逻辑

政务服务单位业务部门人员登录平台，并通过电子文件预归档库内嵌的分类方案、归档范围和保管期限表自动判定电子文件的归档范围和保管期限，将归档范围之内的电子文件及元数据整理后形成规范的电子文件归档信息包，并向本单位的数字档案室归档。同时，将属于各区的电子文件以规范的电子文件归档信息包形式返还各区统一归档平台（业务逻辑见图2）。政务服务单位档案工作人员登录平台，根据规定向上海市档案馆移交电子档案。

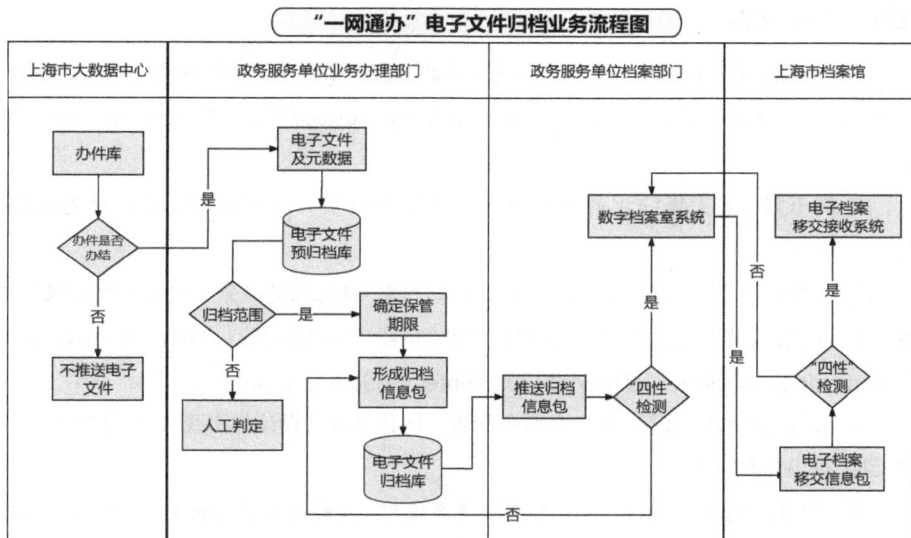

图2　上海市"一网通办"一体化归档与管理平台业务逻辑图

4.3 与已建成数字档案室系统的关系

对于已具备完善的归档功能的政务服务系统，以及已建成电子档案管理系统或数字档案室的政务服务单位，可通过一体化归档与平台作接口对接，直接与上海市档案馆的移交接收系统对接。

5 结语

建设集约化的"一网通办"电子文件一体化归档与管理平台，通过全市统一的基础应用支撑能力建设，以系统化思维解决"一网通办"电子文件归档与电子档案管理工作衔接，以及政务服务系统与电子档案管理系统对接等问题，既有利于突破部门界限、拆除政务藩篱、打通信息孤岛、优化服务流程、创新服务方式，也有利于节约行政资源、提升服务水平。同时，也为下一步推动一体化归档与管理平台对接上海市"一网协同""一网执法"等各类信息系统打好理论和实践的基础。

注释及参考文献

[1] 国务院 . 关于加快推进全国一体化在线政务服务平台建设的指导意见 (国发 [2018] 27 号)[EB/OL].(2018-07-31).https://www.gov.cn/zhengce/content/2018-07/31/content_5310797. htm.

[2] 周玉姣 . 基于集约化的政务服务一体化平台设计与实现 [J]. 装备制造技术，2021(7):86-87.

[3] 国务院办公厅 . 国务院办公厅关于依托全国一体化政务服务平台建立政务服务效能提升常态化工作机制的意见 (国办发 [2023]29 号)[EB/OL].(2023-09).https://www.gov.cn/gongbao/2023/issue_10706/202309/content_6904862.html.

[4] 王虎，张怡陵，张翔 . 长三角政务服务一体化平台的设计与实践 [J]. 电子技术与软件工程 ,2019(6):52-53.

[5] 彭海波，胡强，吴志春 . 自然资源业务系统与"互联网 + 政务服务"一体化平台整体对接方法研究与实现 [J]. 自然资源信息化 ,2024(1):16-18.

[6] 张煜 ."互联网 + 政务服务"一体化平台的应用 [J]. 物联网技术 ,2019(12):68-70.

一种基于数据字典和数据仓库的结构化档案数据质量审核方法

——以某中央级档案馆档案数据质量管理实践为例

娄健

中国第一历史档案馆

摘要：随着各地数字档案馆建设工作不断深入，各级档案馆在工作中逐渐累积起大量数字档案数据、档案目录数据以及档案管理过程数据（以下将档案目录数据以及档案管理过程数据简称为"档案相关数据"）。在开展档案数据管理工作过程中，数据质量管理是确保数据长期安全保管以及数据有效利用的重要工作环节。而有效开展数据质量审核工作，确保能从海量数据中高效筛选和定位问题数据是数据质量管理工作的重中之重。本文提出了一种基于数据字典和数据仓库技术的档案数据质量审核方法，旨在通过构建通用的档案数据质量描述框架，达到快速配置和执行数据质量审核策略的效果，实现提高数据审核效率、提升数据整体质量的目的。

关键词：数据字典；数据仓库；数据管理；数据治理；数据质量审核

0 引言

在档案数据管理工作中，纳管数据不仅包括数字档案数据，还包括对实体档案和数字档案开展管理活动而产生的各类档案相关数据。数字档案数据是指那些原生于电子格式或者已经从纸质等传统格式转换为电子格式的数据；档案相关数据则是指为了管理和使用实体档案和数字档案而衍生出来的各类信息，如数字档案在接收、备份、使用等工作中产生的过程性信息以及实体档案的存址信息和出入库信息等。

要想实现长期安全保管数据，就需要确保数据在保存、迁移、使用等过程中没有发生损坏或者灭失，这就需要在数据管理工作中采取有效措施确保能够及时发现和修正数据质量问题。关于数据质量的含义，有学者从使用数据的角度出发，通过用户满意度指标来衡量数据质量的好坏，即数据质量是数据适合使用的程度、是数据满足特定用户期望的程度等[1]。对于数字档案数据的质量管理，主要体现在对数字档案真实性、完整性、可用性、安全性的检测和相关问题处理上，这方面研究著述较多，本文不再赘述；而对于档案馆中大量的非数字档案的档案相关数据，则鲜有研究如何对其开展有效的质量管理。本文就是从档案相关数据的特点和管理重点入手，研究系统化、规范化、自动化开展档案相关数据质量管理的方法，提出了一种基于数据字典和数据仓库技术的结构化数据质量审核方法，并成功应用于某中央级档案馆日常数据管理工作实践，可以灵活高效审核各类数据的值域错误、逻辑关系错误、冗余性错误、缺失性错误等问题，配合后续有效的数据整改工作，可以有效提升数据整体质量。

1 总体设计

我们以某中央级档案馆（以下简称"A档案馆"）为例，通过对该档案馆数据管理工作中纳管的所有结构化档案相关数据进行分析，发现对其规范开展数据质量审核的难点主要有两点：

（1）在空间维度上，数据来源各异、分散存储，存储介质类型多样、难以集中批量开展数据质量审核，如表1所示。

表1　A档案馆档案相关数据来源一览表

数据类别	数据名称	数据来源
数字档案数据	档案数字化图像	档案信息化管理平台
	档案全文数据	档案利用管理系统
档案目录数据	档案整理目录	档案整理数据采集系统
	档案数字化图像目录	档案扫描数据采集系统
	档案著录目录	档案著录系统
	开放档案目录	档案利用管理系统
	划控档案目录	档案信息化管理平台

（续表）

数据类别	数据名称	数据来源
档案管理 过程数据	档案整理项目信息	手工台账
	档案图像数字化项目信息	手工台账
	档案著录项目信息	手工台账
	实体档案存址信息	手工台账
	实体档案出入库信息	手工台账
	数字档案接收台账	手工台账
	数字档案备份台账	手工台账
	数字档案迁移台账	手工台账

（2）在语义描述上，缺少对数据本身、数据质量审核策略、数据质量审核结果的规范化描述方法，进而导致难以开发通用的数据质量审核脚本或者数据质量审核软件。

因此，构建通用的非结构化档案相关数据质量管理框架，其核心就是解决数据集中统一存储问题和建立统一的数据质量描述规范上。

2 多源异构数据的集中存储管理

建设数据仓库或者数据中心是解决各类数据集中统一存储的常用方法。数据仓库和数据中心虽然都关注数据的集中存储和管理，但是侧重点又有所不同。数据仓库主要用于数据整合和分析，而数据中心则往往与业务系统软件、硬件设备和网络设备相整合。A 档案馆从数据整合的实际需求出发，选择构建轻量级数据仓库的方法解决多源异构数据的集中存储问题。

2.1 数据仓库业务元数据的设计与实现

若只是将数据进行简单的集中存储而不进行规范化整合，同样无法实现对数据的高效集中管理，而将数据进行整合的关键就是配套业务元数据方案的设计与实现。元数据是数据仓库中重要的描述性数据，数据的存储结构、扩展属性、依赖等都可以通过元数据进行描述管理[2]。

A 档案馆通过对自身数据管理工作所有涉及的业务实体和业务过程进行分析，以数据管理台账、数据管理表单、各业务系统数据库等为素材来源，从上千个字段信息中逐个筛选出与数据管理业务相关的业务元素信息 200 余个，并将类型相同、属性相似，可以用共性特征进行描述的业务实体进行归类泛化处理，从逻辑层面上能够更好地规范不同业务实体的共性特征，可以更好地发挥业务元数据的基础引导作用，也为后续构建数据仓库打下基础。

例如，在对磁带、蓝光光盘、存储阵列等不同类型数据存储介质实体进行归类整理时，将上述业务作用和业务属性相似的不同数据存储介质抽象泛化为"存储介质"实体，并提取多类数据存储介质的公共属性或者类似属性作为"存储介质"新实体的属性信息。这样就建立了标准统一的存储介质业务元数据定义。然后将原磁带台账、蓝光光盘台账、存储阵列台账中的数据信息按照"存储介质"实体的业务元数据标准进行转换和存储，实现对存储介质台账数据规范化、集中化管理。

2.2 构建数据仓库

数据仓库的成功构建是实现本文研究目的的重要一环。数据仓库核心是为解决数据的转换及规范化存储，它不是简单地将各个数据源中的数据汇总到一处进行管理，而是按照管理需求将抽取的数据转换为所需要的规格或者内容再进行存储。为了不对各数据源生产环境数据造成影响，可以在数据仓库中设计独立的"贴源层"，将生产环境数据原封不动抽取到贴源层数据库临时存储，再利用贴源层数据进行进一步的转换和加工。在数据仓库的数据源管理方面，使用 ETL 工具定义和接入各个业务系统数据库、文件系统等，并按照上节所述业务元数据规则将数据源中的数据按照既定策略自动抽取、转换和加载到数据仓库中。

在 A 档案馆工作实践中，因为部分结构化档案相关数据还以手工台账方式进行管理，因此在向数据仓库汇集数据时，采用系统实时自动同步和人工定时手工同步相结合的方式进行。对于存储于各系统数据库中的结构化数据，采用 ETL 工具以对源库压力较小的增量捕获方式（日志解析）捕获实时增量数据，并将变化数据同步到数据仓库中；对于手工管理的各类台账信息，则采用手工方式定时进行汇总同步。图 1 就是对 A 档案馆这一数据汇集机制的说明和展示。

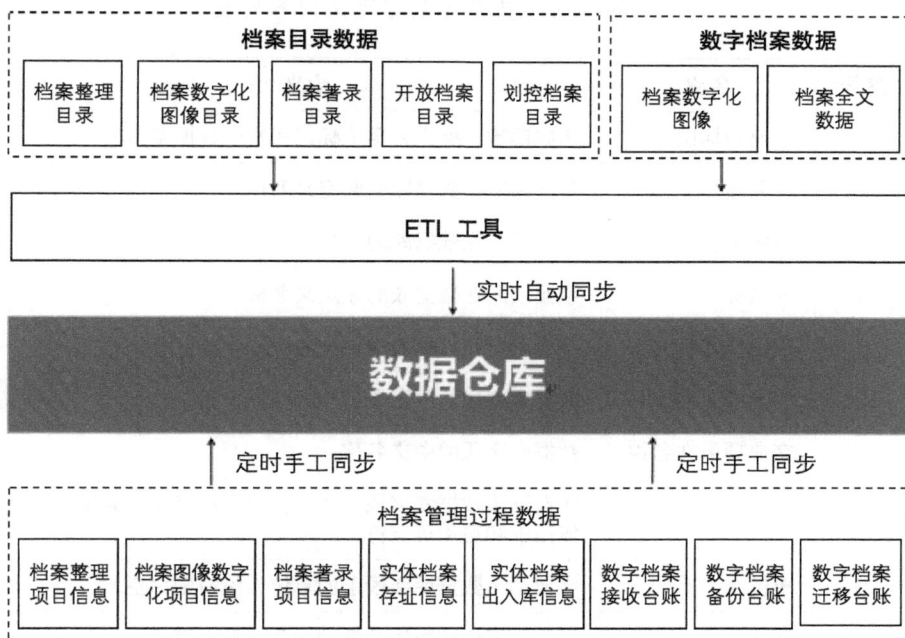

图 1　数据汇集机制示意图

3　数据质量审核策略的描述方法

3.1 数据仓库技术元数据（数据字典）的设计与实现

　　由于待审核数据是保存于数据仓库的数据库中，因此在描述数据质量审核策略时，需要将复杂的审核逻辑转化为数据库字段的逻辑条件组合。本文中数据字典的作用就是为构建数据质量审核策略涉及的所有数据库元素提供统一的定义标准，便于用户配置数据质量审核策略时能够更好地理解相关数据元素的含义，也便于开发数据质量审核程序时能够根据数据字典定义确定相关数据库元素的类型、值域范围、可用运算符及中文名称等。以 A 档案馆为例，经过筛选与整理，最终确定数据仓库技术元数据的定义项如表 2 所示：

表 2　数据仓库技术元数据定义内容列表

序号	名称	含义
1	字典项标识	字典项唯一标识，用于标记和索引数据字典项
2	库名称	字典项所在数据库的原定义名称
3	库中文名称	字典项所在数据库的中文名称
4	表名称	字典项所在数据表的原定义名称
5	表中文名称	字典项所在数据表的中文名称
6	字典项名称	数据库字段的原定义名称
7	字典项中文名称	数据库字段的中文名称
8	类型	字典项（数据库字段）类型，用于确定该字典项的值域范围和可用运算符
9	单位	字典项（数据库字段）的单位，没有则为空
10	备注	用于补充说明数据字典项的其他重要信息

3.2 数据质量审核策略的结构化描述

在已经定义数据字典的情况下，结合正则表达式，可以按如下步骤逐步构建一条完整的结构化数据质量审核策略：

（1）将以自然语言描述的数据质量审核策略转化为以数据字典元数据项的条件组合进行表达。以核查档案全宗目录台账中所有"已著录件数"取值范围错误的数据为例，转写上述审核策略可以描述为："已著录件数"必须为整数且不能为负数，并且"已著录件数"不多于"已整理件数"，并且"已著录件数"不多于"已数字化件数"。

（2）根据数据字典记录的相关元数据项类型，结合正则表达式将数据质量审核策略进一步转写为逻辑运算组合。转写结果为：（"已著录件数"like "^[1-9]\d*|0$"）并且（"已著录件数" <= "已整理件数"）并且（"已著录件数" <= "已数字化件数"）。注："^[1-9]\d*|0$"为非负整数的正则表达式形式，用于描述"已著录件数"必须为整数且不能为负数的条件。另外，严格来讲，上述表达式还需判断"已整理件数"和"已数字化件数"均必须为非负整数，本步骤仅为说明将表达式转写为逻辑运算组合的过程，因此不再严格验证。

（3）根据数据字典配置，将上一步得到的逻辑运算组合进一步转写为以数据库元素原定义名称表达的、符合数据仓库中数据库代码规范的逻辑表达式，并保存到数据质量审核策略库，供需要时选择执行。

需要说明的是，在配置数据质量审核策略过程中，操作者始终是以符合自然语言习惯的方式对以中文名称标识的数据库元素进行组合配置，逻辑运算组合转化过程和代码转写过程全部是由软件程序按照数据字典定义在后台自动执行，因此按这种方法构建数据质量审核策略无须过高的计算机知识门槛，非专业人士经简单培训即可完成全部配置过程。

3.3 数据质量审核结果的制式输出

考虑到数据质量问题种类繁多，无法预先穷举定义所有可能出现的情况，因此输出数据质量审核结果时输出格式和规范不能依赖于具体问题，否则无法批量化、自动化执行多个数据质量审核策略并统一输出审核结果，开展相关质量管理工作的效率就会大打折扣。

为了实现上述目的，A档案馆在实际工作中采用数据库存储过程封装数据质量审核过程中发现的各种质量问题，同样利用数据字典中定义的属性信息再次将数据质量问题转化为自然语言描述以便于理解，并将转化后的结果统一输出展示。这一处理过程如图2所示：

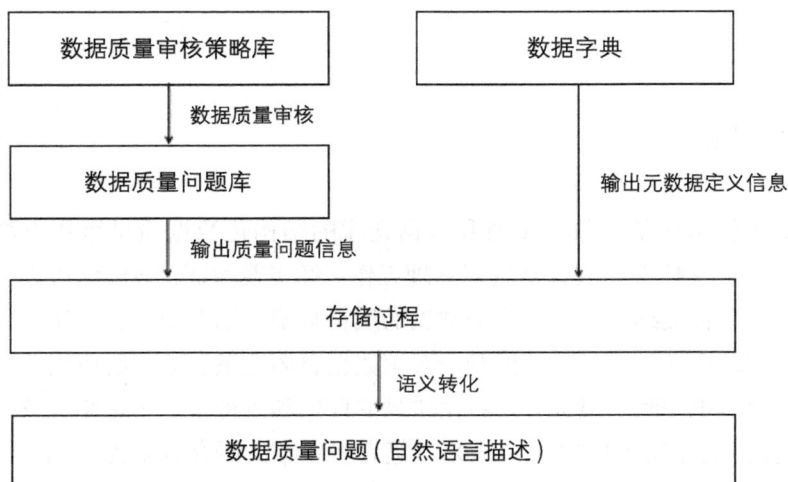

图 2　数据质量审核策略执行过程

数据库存储过程在这一处理过程中可以将复杂的数据处理细节封装为黑盒，使得数据管理员在分析数据质量问题过程中无须关注不必要的技术细节，能够迅速定位问题数据位置和产生问题的原因，专注于后续数据整改工作。图 3 展示了将上述过程编制为软件程序之后，批量校验并展示的数据质量问题。由图可见，校验结果完全以自然语言进行描述，并同时提供了详尽的错误数据位置信息。

	规则I	规则名称	校验结果描述
1	23	整理-复制卷数核查	【全宗】台账中【明朝档案】全宗的【整理卷数】（265）与【数字化卷数】（0）数量不符
2	23	整理-复制卷数核查	【全宗】台账中【内阁】全宗的【整理卷数】（93058）与【数字化卷数】（74111）数量不符
3	23	整理-复制卷数核查	【全宗】台账中【军机处】全宗的【整理卷数】（17273）与【数字化卷数】（15904）数量不符
4	23	整理-复制卷数核查	【全宗】台账中【宫中】全宗的【整理卷数】（27831）与【数字化卷数】（24544）数量不符
5	23	整理-复制卷数核查	【全宗】台账中【内务府】全宗的【整理卷数】（30122）与【数字化卷数】（21348）数量不符
6	23	整理-复制卷数核查	【全宗】台账中【宗人府】全宗的【整理卷数】（7282）与【数字化卷数】（5371）数量不符
7	23	整理-复制卷数核查	【全宗】台账中【国史馆档案】全宗的【整理卷数】（484）与【数字化卷数】（189）数量不符
8	23	整理-复制卷数核查	【全宗】台账中【户部-度支部档案】全宗的【整理卷数】（1636）与【数字化卷数】（0）数量不符

图 3　数据质量问题的自然语言描述形式

4 结语

本文提出的基于数据字典和数据仓库的结构化数据质量审核方法已经实际应用于 A 档案馆的日常数据管理工作。经实践验证，该方法可以快速有效地筛查出各类结构化档案相关数据的质量缺陷。结合规范化、制度化的数据质量改进活动，可以显著提升档案馆数据整体质量，数据的应用价值和决策辅助效能也得到明显提升。数据质量的评估和改进是一个逐步完善、循环迭代趋近质量需求的过程[3]。未来，笔者将以本文研究成果为基础，继续探究涵盖数字档案数据及其他所有档案相关数据的完整的档案数据质量管理机制，形成具有普适性和推广价值的综合性档案数据质量管理解决方案。

注释及参考文献

[1] 韩京宇, 徐立臻, 董逸生. 数据质量研究综述 [J]. 计算机科学, 2008(2):1.

[2] 房杰. 面向光伏行业的智能化数据平台构建方法研究 [J]. 信息技术与标准化, 2024(5): 66.

[3] 甘似禹, 车品觉, 杨天顺, 等. 大数据治理体系 [J]. 计算机应用与软件, 2018(6):5.

我国档案数字化转型的问题透视与政策逻辑

程佳琪　杨智勇

上海大学文化遗产与信息管理学院

摘要：大数据、区块链、互联网等信息技术在档案领域的广泛渗透，不仅重塑了档案资源的利用方式，更触发了档案事业的深刻变革，推动档案数字化转型。然而，在数字化转型的进程中，面临着"器重于文""价值未显""供需失调"等挑战。通过问题透视，本文对我国省市级档案数字化转型的政策文件进行细致梳理与综合解析，试图揭示政策背后的价值导向、战略目标、行动策略，以期推动档案数字化的深度转型与升级，更好地融入数字中国发展战略之中。

关键词：数字化转型；档案信息化；档案治理

0 引言

随着数字信息技术的持续进步和广泛应用，新业态在各领域持续涌现，有力推动了人类社会向数字化转型的迈进。[1] 近年来，我国高度重视数字化发展，将其作为推动经济社会发展的重要引擎。2021 年，《中华人民共和国国民经济和社会发展第十四个五年规划和 2035 年远景目标纲要》，明晰"加快数字化发展，建设数字中国"的目标。[2] 在 2023 年《数字中国建设整体布局规划》[3] 中，将"政务数字化智能化水平明显提升"作为到 2025 年数字中国建设的重要目标之一。

随着社会数字化进程的不断深入，档案事业转型亦彰显出与时俱进的活力与潜力。根据《"十四五"全国档案事业发展规划》中强调"主动融入数字经济、社会、政府建设大局，推动全面纳入国家大数据战略"[4]。在当下数字化浪潮席卷的背景下，如何系统性地推进档案事业的数字转型，已然成为档案学界亟待共同探讨的重要议题[5]。鉴于此，本文紧密本文围绕档案数字化转型现状，深入剖析其存在的问题，并通过对我国省级数字化转型政策文本的细致梳理，理清其内在的逻辑脉络，以期能够推动档案事业更好地融入政府、社会等各方主体的数字转型进程，更好地融入数字中国发展战略之中。

1 问题透视：我国档案数字化转型的痛点与难点分析

1.1 档案数字化转型被简化为"设备更新"

随着新一轮科技革命的浪潮涌动，数字化、网络化与智能化技术的崛起，档案的时空边界得到了前所未有的延展，档案资源的形态与内容展现出更为丰富的多样性，同时，档案的利用空间也在技术的助力下实现了无缝对接与广泛互联。从宏观层面来看，数字化转型不仅是设备更新，更是思想变革和业务模式重塑[6]。单纯依赖硬件设备的更新换代，虽然能在一定程度上提升档案管理的效率与便捷性，但终究无法触及数字化转型的核心本质。真正的数字化转型，象征着从传统的纸质档案管理方式向全面数字化与智能化档案管理范式的飞跃性变迁。这一转变不仅需要在技术层面实现革新，更重要的是，要在思维模式上完成从传统到现代的飞跃，将数字化思维深度融合到档案管理的每一个环节。从中观层面来看，档案内容管理在数字化转型中至关重要，充当着从传统档案载体管理向智能化档案管理过渡的桥梁角色[7]，不仅承载着衔接传统与现代、纸质与数字化的重要职责，更是实现存量与增量档案资源高效治理与利用的关键[8]。档案内容管理的意义远非单纯地将纸质档案转换为电子文档所能涵盖。它是一个集深度内容挖掘与精准管理于一体的复杂且系统的过程，既需关注档案外在形态的数字化转变，又需深入剖析档案内容的内在价值，并借助智能管理手段，充分挖掘档案资源的巨大潜力。然而，在追求技术更新与效率提升的同时，往往容易忽视对档案内容管理的重视与升级，可能导致档案资源的宝贵价值被忽视和埋没，从而影响到档案资源的有效利用与可持续发展。

1.2 档案数字化转型被困于"数据价值实现"

数字技术的集成应用推动了数字基础设施的发展，为信息传播与数据管理创新开启了新纪元。理论上，这应加速档案数字化转型，但实践中，信息孤岛与数据管控难题依旧，限制了数据潜力与信息效用的充分释放。一方面，数字化作为信息化向数字维度跃迁的重要成果，其实践与发展在一定程度上是建立在信息化发展的坚实基础之上的。然而，当前各地大数据机构对于档案数据的重要性认识不足，缺乏有效整合与利用档案这一宝贵数据资源的意识[9]，导致机构间功能脱节、信息无法共享、服务与流程衔接不畅，形成了信息孤岛。另一方面，数据管理面临两大挑战：一是数据共享难题，数据共享的关键在于数据能够在多个主体间实现有效交互，然而在传统的行政体系中，各地区、各层级、各部门长久以来形成的"信息壁垒"，由于数字化进程的不平衡、系统架构的多样性、标准规定的不一致等因素，极大削弱了数据的互操作性，导致跨部门、跨层级、跨地域的数据共享效率低下[10]，甚至在某些情况下难以达成。二是数据安全问题，互联网普及引发的安全威胁与频繁的数据泄露事件[11]，加剧了隐私保护的紧迫性，如何平衡数据安全与价值挖掘成为档案数字化转型的核心难题。

1.3 档案数字化转型被停留于"供需失调"

档案工作数字化转型在战略部署、技术革新与人力资源等核心要素上的供需失调，正成为牵制档案事业稳健前行的瓶颈。首要挑战在于战略引领的空缺。档案数字化转型是一项持久、连贯且系统化的工程，旨在构建全面覆盖的档案事业生态体系，触及档案工作的各个维度。然而，众多档案机构遭遇数字化转型战略的空白，表现为工作流程优化、规则体系重建、职能定位调整等制度配套滞后[12]，导致数字化探索缺乏整体性、系统性与方向感，战略构想与实践操作时常呈现"两张皮"的分裂状态，难以形成有效的合力。其次，技术应用滞后。档案工作在数字化转型中，对区块链、物联网、人工智能等先进科技的应用广度与深度相对有限。这些新兴技术原本可为档案管理注入高效率与智能化的活力，但档案工作在技术采纳方面显得后知后觉。这种状况不仅延缓了数字化转型的节奏，更束缚了档案工作在数字化时代下的创新空间与服务效能的提升。最后，人才储备不足。数字化转型要求从数据采集、业务流程、管理模式等底层设计的全面迭代，这需要档案机构拥有兼备数字技能与业务专长的跨界人才。然而，当前档案工作者的教育背景、实践经验和专业素质参差不齐[13]，难以符合数字化转型对复合型人才的高标准需求，导致档案机构在数字化征程中屡次遭遇人才缺口的危机，难以确保转型举措的顺利实施与长远发展。

2 逻辑关系：我国档案数字化转型的政策分析

针对档案数字化转型的政策指导与研究文献，为推进数字化转型制定了宏观蓝图，清晰界定了转型的方向与目标。为了深入剖析其背后的逻辑架构，提炼数字化转型的核心特征，本文运用了网络调查法和文献综述法，对我国省级层面有关档案数字化转型的政策文件进行了细致梳理。通过这一系列分析，将文件内容进行了分类总结、频度汇总，从价值导向、战略目标与行动策略三个维度，系统阐释了档案数字化转型的逻辑关联性（见图1）。

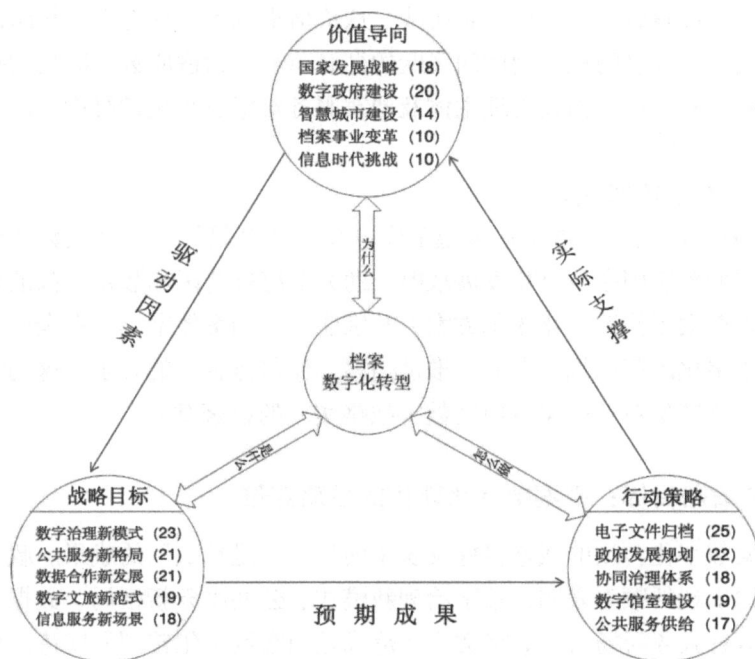

图1　档案数字化转型的政策逻辑

2.1 价值导向：数字化挑战下的档案工作驱动因素

档案数字化转型的价值导向实质上探讨了"为什么"的问题。政策文献中各主题出现的频率表明：数字政府建设、国家发展战略、智慧城市建设、档案事业变革和信息时代挑战是促使档案数字化转型的驱动因素。通过深化主题分类，发现焦点集中于响应社会需求、契合行业转型和顺应国家战略三方面。

2.1.1 响应社会需求

近年来，随着数字技术的飞速进步，全球知识更新与科技革新步伐显著加快，对社会经济体系和生产模式带来了深远的影响。由此催生出的新型社会生产模式和经济营销策略，进一步引发了档案数字化转型的迫切需求，推动了档案领域数字化改革与创新的发展。上海、湖南、青海等省市的政策文件均指明主动顺应经济社会数字化转型，利用数字化发展优势，加速档案数字化转型进程。

2.1.2 契合行业转型

着眼档案事业的前行路径，档案数字化转型是社会技术形态在档案界的必然演化，代表着一场从思维到实践、从价值重构到目标追求、从组织结构到运营模式、从量的积累到质的飞跃的彻底革命。为适应数字时代的挑战，档案领域正从档案、档案管理主体及档案服务对象三个关键维度，着力推动数字化转型[14]。

2.1.3 顺应国家战略

《上海市档案事业数字化转型工作方案》[15]开篇提出，档案数字化转型是深入贯彻落实国家数字化发展战略、助力上海打造国际数字之都的要求。《浙江省档案工作数字化改革方案》开宗明义，档案数字化旨在全面执行省委关于数字化改革的战略布局、推进档案工作整体智治的要求。这均强调了档案数字化转型对于国家或地区数字战略实施的显著意义。

2.2 战略目标：档案数字化转型的战略定位

档案数字化转型的战略目标反映了转型后"是什么"的成果。政策文献中各主题出现的频率表明：数字治理新模式、公共服务新格局、数据合作新发展、信息服务新场景及数字文旅新范式是档案数字化转型所期待达成的成果。通过深化主题分类，发现焦点集中于构建目标、服务目标和应用目标三方面。

2.2.1 构建目标：协同共治

在河南、湖南、浙江等省级及市级的政策文件中，强调梳理跨部门、跨领域的业务协同需求，倡导从传统的政府主导监管模式转向社会各方协同治理的新范式，构建协同治理体系，以此提升档案工作的整体智能化管理水平，促进各部门之间的高效联动与协作。在推动协同治理的过程中，各省市级政府应积极倡导以档政互联、档数互促、档社互助、档民互通为基态的协同共治机制[16]，通过档案工作的互联互通，实现政府、企业、社会组织以及民众之间的信息共享与协作，从而共同推动社会治理的创新与发展。

2.2.2 服务目标：数据融通

档案数字化转型向数据空间深化发展[17]，推动着档案管理领域的革新与发展。浙江、山西、陕西等省级行政区在强调将档案工作融入数字政府、数字社会、数字经济的整体布局，以及将信息化建设纳入本地区、本单位信息化规划的同时，特别指出，应促使档案全面对接大数据战略，构建以档案为基础的数据治理体系。

2.2.3 应用目标：创新发展

在当前数字化与智能化并进的时代背景下，档案工作已远超传统纸质档案的管理与保存范畴，而是与数字智能技术深度融合，探寻创新发展之路[18]。超过半数的省市级政策文件表明，致力于智慧档案馆的构建或数字档案馆（室）智能化水平的提升，通过系统的规划与技术的迭代升级，为档案数字化转型提供坚实的技术支撑与保障。重庆、广西等地区更是强调了新一代信息技术在档案馆应用场景中的深化应用，旨在推动档案馆建设的现代化改造与升级，促进科技创新与档案业务的深度融合，以实现档案管理与服务的质效双升。

2.3 行动策略：全方位加速档案数字化转型

档案数字化转型的行动策略反映的是"怎么做"的策略。政策文献中各主题出现的频率表明：政府发展规划、协同治理体系、电子文件归档、数字馆室建设和公共服务供给构成了档案数字化转型的实际支撑。通过深化主题分类，关注点集中于宏观规划、中观管理和微观执行三个维度。

2.3.1 宏观规划层面

制定明确且连贯的档案数字化转型战略规划，对于促进档案事业的高水平发展具有至关重要的导向作用。上海、浙江、青海、陕西等省市出台的政策文件，从宏观层面全方位地规划了档案数字化转型的蓝图，涉及总体要求、转型导向、转型重点、转型效益、转型实践以及保障机制等多个维度，确保了档案数字化转型的系统性与可行性，为档案事业的现代化进程铺设了坚实的道路。

2.3.2 中观管理层面

在档案数字化转型的进程中，组织与领导者于中观层面上依据档案事业发展所需，系统性地整合数字化资源，以此驱动档案领域的革新。为了确保宏观规划的有效执行，政策文件在工作机制与服务体系的构建上提供了具体的指导思路。例如,《海南省政府数字化转型总体方案（2022—2025）》"各市县和省级主要行业部门建立较为完善的数字化转型工作机制"[19],《河南省加强数字政府建设实施方案（2023—2025 年）》强调"集约建设统一身份认证、电子证照、电子档案等共性支撑系统"[20]。

2.3.3 微观执行层面

微观执行层面涉及的是具体的任务执行、操作细节以及协作配合等方面,是确保整个系统或项目能够顺利推进并实现预期目标的关键环节。《江西省数字政府建设总体方案》指明"加大数字档案馆和数字档案室建设力度,实现全省政务服务信息电子档案统一归档及管理"[21],《云南省数字经济发展三年行动方案（2022—2024 年）》"有序推进公共文化机构馆藏资源数字化,逐步实现全区域数字文献资源共享"[22]。

总体而言,在数字化转型的大潮中,数字化标志着发展的导向与潮流的走向,转型则被视为通往这一愿景的途径与方法。本文通过揭示我国档案数字化转型存在的问题,分析我国省市级档案数字化转型政策文件,探究档案数字化转型逻辑关系,以期能够推动档案事业更好地融入数字中国发展战略之中。本文还有不足:研究只集中于省市级的政策文件,有待后续扩大研究范围。

注释及参考文献

[1] 陈堂,陈光,陈鹏羽.中国数字化转型:发展历程、运行机制与展望 [J]. 中国科技论坛,2022(1):139-149.

[2] 中华人民共和国中央人民政府.中华人民共和国国民经济和社会发展第十四个五年规划和 2035 年远景目标纲要 [EB/OL].[2023-06-11].https://www.gov.cn/xinwen/2021-03/13/content5592681.htm.

[3] 新华社.中共中央国务院印发《数字中国建设整体布局规划》[EB/OL].[2023-10-25].https://www.gov.cn/xinwen/2023-02/27/content5743484.htm.

[4] 中共中央办公厅,国务院办公厅.《"十四五"全国档案事业发展规划》[EB/OL].[2021-10-11].https://www.saac.gov.cn/daj/yaow/202106/899650c1b1ec4c0e9ad3c2ca7310eca4.shtml.

[5] 档案那些事儿.数字中国战略背景下的档案数字化转型:学科使命和青年行动 [EB/OL].[2023-07-24].https://mp.weixin.qq.com/s/bUJy___Z1rPrw4BLPTdKew.

[6] 王忆群 . 检察业务数字化建设研究 [D]. 上海：华东师范大学 ,2023.

[7] 丁家友 , 李慧 . 面向数字人文的档案内容管理问题及对策分析 [J]. 山西档案 , 2020(6):62–68,51.

[8] 丁家友 , 方鸣 , 冯洁 . 论档案内容管理的理论体系与技术路径 [J]. 档案学研究 , 2020(1):19–24.

[9] 徐拥军 . 省级档案机构改革的特点、影响与展望 [J]. 求索 ,2019(2):74–80.

[10] 施颖莹 . 数字政府一体化建设背景下政府数据治理研究 [D]. 杭州 : 浙江大学 ,2023.

[11] 金波 , 杨鹏 . 大数据时代档案数据安全保障探究 [J]. 档案学通讯 ,2022(3):30–38.

[12] 马双双 , 谢童柱 . 数字中国建设背景下档案工作数字化转型：内涵、困境与进路 [J]. 档案学研究 ,2022(6):115–121.

[13] 马仁杰 , 邓齐凤 . 论人工智能技术在我国档案工作中的应用 [J]. 档案管理 , 2024(2):84–87.

[14] 代林序 , 陈怡 , 杨梓钒 , 等 . 数字转型背景下档案工作发展趋势与对策研究——基于澳、美、加、英的战略规划解析 [J]. 档案与建设 ,2019(5):38–42,29.

[15] 上海市档案局 . 上海市档案局关于印发《上海市档案事业数字化转型工作方案》的通知 [EB/OL].[2021–11–11].htps://www.archives.sh.cn/ggl/202108/t20210816 45277.html.

[16] 金波 , 添志鹏 , 杨鹏 . 大数据时代档案数据治理运行机制建构 [J]. 档案学研究 , 2023(4):65–73.

[17] 刘越男 , 周文泓 , 李雪彤 , 等 . 我国档案事业"十四五"发展图景展望——基于国家及省级地方档案事业"十四五"规划的文本分析 [J]. 图书情报知识 ,2023(2):71–79.

[18] 杨智勇 .ChatGPT 火爆背后的冷思考 [J]. 山西档案 ,2022(6):1.

[19] 海南省人民政府 . 海南省人民政府办公厅关于印发海南省政府数字化转型总体方案 (2022—2025) 的通知 [EB/OL].[2022–07–25].https://www.hainan.gov.cn/hainan/szfbgtwj/202207/bb8d7f404cc54e399b26763f1eacbc29.shtml.

[20] 河南省人民政府 . 河南省人民政府关于印发河南省加强数字政府建设实施方案 (2023—2025 年) 的通知 [EB/OL].[2023–05–09].https://www.henan.gov.cn/2023/05-09/2739949.html.

[21] 江西省人民政府 . 江西省人民政府关于印发江西省数字政府建设总体方案的通知 [EB/OL].[2023–07–20].https://www.jiangxi.gov.cn/art/2023/7/27/art_4975_4548160.html.

[22] 云南省人民政府 . 云南省人民政府关于印发云南省数字经济发展三年行动方案 (2022—2024 年) 的通知 [EB/OL].[2022–05–10].https://www.yn.gov.cn/zwgk/zfxxgkpt/fdzdgknr/zcwj/zfxxgkptzxwj/202205/t20220510_241902.html.

电子文件单套归档与电子档案的理论与实践

——以上海市规划资源业务
电子档案在线接收整理系统建设为例

郭煜

上海市城市建设档案馆

摘要：随着上海市规划资源业务全过程线上审批、电子签章技术的普及应用、上海市城市建设档案馆信息基础设施的完善，城建审批类电子文件在线单套制归档的条件日益成熟。市城建档案馆在研究国家和地方相关标准后，针对性地制定市规划资源领域的电子文件归档管理技术规范，并依据该规范建设了一套归档系统，该系统现已应用于实际生产。本文提炼了技术规范制定的过程、总结了归档系统建设的做法，以资借鉴。

关键词：电子文件归档；原生电子档案；单套制

1 背景意义

上海市规划和自然资源局（以下简称"市规划资源局"）大力推进数据融合整合和无纸化线上办公，按照全过程管理的思路建设"大项目""大规划""大土地"等一系列审批系统，并在各审批系统中推广使用电子签名、签章，实现各审批事项受理环节全部电子报件，审批、会签、发件等各环节实施数字化、无纸化办理。因此，区别于传统意义上的真正具有法律效力的电子文件归档的需求迫在眉睫，但同时电子文件归档也面临着真实性、完整性、有效性、安全性等多方面的挑战。

为此，在市规划资源局指导下，上海市城市建设档案馆从2020年至2023年之间分期建设"上海市规划资源业务电子档案在线接收整理系统"（以下简称"一键归档系统"），2023年12月通过验收。该系统与市规划资源局各个业务系统相衔接，对规划资源审批事项流转过程中的原生电子文件与元数据按照规定的程序进行收集、检测、整理、归档，对电子档案进行移交、接收，真正建立起一套符合《中华人民共和国档案法》要求的"来源可靠、程序规范、要素合规"的电子档案管理系统。

2 基本情况与主要举措

市规划资源局业务系统主要由"大规划""大土地""大项目"等多个系统构成，各审批系统独立开发。"一键归档系统"在梳理电子文件的收集范围基础上，对接不同的业务系统，实现的主要业务流程功能有：

2.1 电子文件收集

通过对市规划资源局各业务审批事项的调研，明确电子文件收集范围。在市规划资源局各业务系统中建立电子文件收集模块，通过定制的"资源树"自动收集市规划资源局业务活动中产生的电子文件。

2.2 电子文件接收

"一键归档系统"接收"大项目""大规划""大土地"等业务系统产生的电子文件和元数据（归档事项基本信息、办理流程信息、电子文件基本信息、业务信息[1]等），按照档案整理要求分门别类建立项目著录表，自动提取元数据表的相关内容填充到著录表中，并对各类事项的元数据分别建表、展示。经整理"大项目"系统涉及业务事项21项，"大规划"系统涉及业务事项8种16项，"大土地"系统涉及业务事项13种36项。

2.3 电子文件检测

市城建档案馆参照国家相关标准[2]研究制定《上海市城建档案馆"一键归档"系统四性检测方案》，并将检测方案规则内置于"一键归档系统"中，在电子文件的接收、归档、移交过程中，通过系统对电子文件与元数据的真实性、完整性、可用性、安全性进行检测。

从检测方式看，系统设定了程序自动检测和人工检测两种方式。自动检测由计算机程序控制，通过内置规则直接运算和判断。人工检测提供可视界面由档案整理人员自行观察判断，并给出反馈。未通过检测的案件均退回至相应的市规划资源局业务系统，并反馈退件理由，由局相应业务系统完善后，归档系统再次接收并检测。

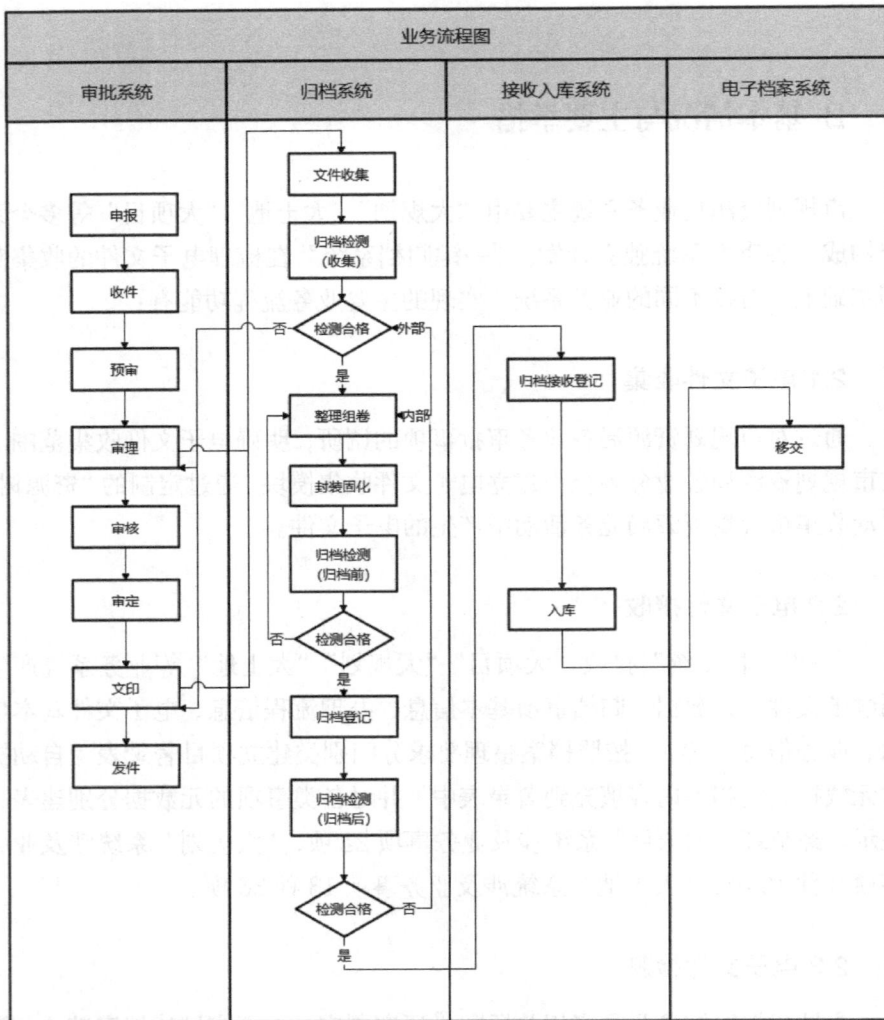

图 1　规划资源业务事项电子文件归档移交流程图

2.4 电子文件整理

"一键归档系统"对业务电子文件及其元数据进行分类、排序、组卷、命名、利用范围和权限确定及保管期限确定[3]。

为提高整理效率,档案整理模块提供了自动整理与人工整理的功能。自动整理即按照一定的内置方案将电子文件自动整理形成档案项目、案卷、文件三级目录以及对应的电子文件组织结构,尽可能减少人工干预工作量。人工整理组卷和调整作为辅助、优化的功能,提供对电子档案进行拆分、合并、排序、导出等一系列的手动组卷功能,更具灵活性。

电子档案移交登记表

交接档案（档号）	D/03▩▩▩		移交方式		在线
档案类别	建设▩▩▩				
项目名称	虹桥▩▩▩▩▩				
移交电子档案数量	35		移交数据量		29672768
数字摘要码	838▩▩▩▩				
检验内容					
	移交单位			接收单位	
真实性检验	合格			合格	
完整性检验	合格			合格	
可用性检验	合格			合格	
安全性检验	合格			合格	
载体外观检验	合格			合格	
填表人（签名）	▩ 2024 年 04 月 17 日			▩ 2024 年 4 月 18 日	
审核人（签名）	▩ 2024 年 04 月 17 日			▩ 2024 年 4 月 18 日	
单位（印章）	上海市规划和自然资源局 归档专用章 2024 年 04 月 17 日			2024 年 1 月 18 日	

图 2　电子档案移交登记表 [4]

2.5 电子文件封装固化

参照上海市《政务服务"一网通办"电子文件归档管理技术规范》（DB31/T 1152-2019）对归档信息包的内容与结构要求，"一键归档系统"对整理完毕归档案件的电子文件和元数据进行整体封装打包，形成归档信息包后使用数字摘要、数字签章等技术手段对信息包添加校验信息，使其固化。

2.6 电子文件移交

"一键归档系统"自动将归档信息包向市城建档案馆移交，并在线办理移交手续，市城建档案馆收到归档信息包后纳入城建档案管理系统。移交过程中，"一键归档系统"自动按照四性检测的要求对归档信息包进行真实性、完整性、可用性和安全性检测。系统自动清点、核实电子文件的保管期限、数量等信息，并将清点和检测结果登记于《电子档案移交登记表》[5]，经业务单位和档案机构加盖电子签章后一并移交。电子档案移交后，通过登记表电子签章可验证电子档案移交登记表的真实性，登记表所记录的摘要可验证整个信息包的真实性，从而可验证信息包所包含的全部文件的真实性。需要妥善保存信息包以便备查。

3 经验做法

3.1 研究细化"四性检测"方案

规划资源业务电子文件和文书类电子文件有一些相似性，可参考国家档案行业标准《文书类电子档案检测一般要求》（DA/T 70-2018）。但该标准提出的四性检测标准是原则性的，在具体落实中还需要深入研究，适当细化，如：

（1）"真实性检测"下的"元数据项数据长度检测""元数据项数据类型、格式检测"项目，这些检测项目要依据业务系统而定，要和业务系统对应字段类型、长度、是否必填、文件格式等保持一致。

（2）标准中对"真实性检测"下的"信息包一致性检测"没有提出具体的摘要算法，"一键归档系统"采取了位数较大的哈希值算法。

（3）标准中对"可用性检测"下的"内容数据的可读性检测"项目，检测方式是"人工打开文件进行检测"。目前，有部分格式文件可实现自动检测，"一键归档系统"提供了相应的工具进行自动检测，从而减少了人工检测的工作量。

（4）从检测方式看，"一键归档系统"划定了程序自动检测和人工检测的范围，对于自动检测不能覆盖到的，人工检测时予以重点关注。

表1　城建档案电子文件"四性检测"方案[6]

城建档案电子文件"四性检测"方案				
检测类别	检测项目	检测目的	检测对象	检测方式
真实性检测	内容数据的电子属性一致性检测	保证电子文件内容数据电子属性的一致性	归档电子文件内容数据	程序自动检测
	元数据是否关联内容数据检测	保证电子文件元数据与内容数据的关联	元数据关联的电子文件内容数据	程序自动检测
	信息包一致性检测	保证信息包在归档前后完全一致	归档信息包	程序自动检测
	档案元数据项数据类型、格式检测	检测档案元数据项数据类型、格式是否符合要求	归档电子文件元数据	程序自动检测
	档号规范性检测	检测归档电子文件编制的档号是否符合规范	档号	程序自动检测
	元数据项数据重复性检测	避免业务部门重复归档电子文件	用户自定义重复性检测元数据项，比如档号、文号等	程序自动检测
	信息包目录结构规范性检测	保证归档信息包信息组织结构和内容符合归档要求	归档信息包目录结构	程序自动检测

（续表）

城建档案电子文件"四性检测"方案				
检测类别	检测项目	检测目的	检测对象	检测方式
完整性检测	总件数相符性检测	保证归档电子文件数量和实际接收数量相符	电子文件总件数	程序自动检测
	总字节数相符性检测	保证归档电子文件字节数和实际接收字节数相符	电子文件总字节数	程序自动检测
	业务元数据、著录表、案卷目录、卷内目录必填著录项检测	保证电子文件业务元数据、著录表、案卷目录、卷内目录必填项的完整	业务元数据、著录表、案卷目录、卷内目录	程序自动检测
	连续性元数据项检测	保证电子文件元数据的连续性	具有连续编号性质的元数据项	程序自动检测
	过程信息完整性检测	保证电子文件过程信息的完整性	电子文件元数据中的处理过程信息	程序自动检测＋人工检测
可用性检测	信息包中元数据的可读性检测	保证电子文件元数据可正常读取	归档信息包中的元数据	程序自动检测
	电子文件内容可用性检测	保证电子文件可正常读取	电子文件	程序自动检测
	电子文件名称可读性检测	保证电子文件名称与电子文件的内容相符	电子文件	人工抽查检测
	目标数据库中的元数据可访问性	保证电子文件元数据可正常读取	数据库中的元数据	BS架构，不另行检测
	信息包中包含的内容数据格式合规性检测	确保归档信息包中的电子文件可读、可用	归档信息包中的电子文件内容数据	程序自动检测
安全性检测	系统环境中是否安装杀毒软件检测	检测系统环境是否安装杀毒软件	系统环境	人工定期检测
	载体中多余文件检测	检测载体中是否包含多余文件	归档载体	人工定期检测
	病毒感染检测	保证归档信息包没有感染病毒	归档信息包	人工定期检测

3.2 研究定制元数据方案

统一的元数据表无法兼顾不同规划资源业务系统的个性化需求，需要根据业务系统的特点相应地调整业务元数据表结构。因此，根据业务部门意见和需求调研，市城建档案馆参照《DB31/T 1152-2019 政务服务"一网通办"电子文件归档管理技术规范》，与市规划资源局业务处室共同研究、总结、提炼具有个性化的元数据作为档案元数据，由归档事项基本信息、办理流程基本信息、电子文件基本信息、审批业务元数据信息等多张表组成，形成了覆盖市规划资源局全部业务系统完整的归档电子档案元数据方案。

3.3 系统架构与数据交互

由于市规划资源局归档电子文件数量多、容量大，四性检测耗费计算机资源较多，易导致归档工作效率降低。在这种情况下，系统摒弃传统的单体应用架构，设计了微服务架构，依据需要拆分服务，本项目中拆分为整理服务（含文件接收）、四性检测服务（用于 7×24 小时四性检测电子文件及自动退回）。

4 取得成效

"一键归档系统"自建成后已在市、区规划资源部门得到全面应用，2023年全年接收各个业务系统项目约 40300 个，电子文件约 1600000 个。取得的成效有以下几个方面：

4.1 实现电子文件、电子档案全程全量管理

"一键归档系统"根据业务电子档案的特点和管理要求，对应归档业务电子文件的收集、接收、检测、整理、归档和电子档案移交实行全程全量管理。

4.2 实现归档电子文件实时收集

业务电子文件形成后，通过信息系统实时收集、整理，即时归档。充分发挥电子档案高效、便捷的优势，从源头上区分利用范围和权限，实现业务电子档案高效、分层次、分类别、按需求、按权限的利用。

4.3 确保归档电子文件安全

系统建设过程中，严格按照国家和本市有关法律法规的要求，采取有效的技术手段和管理措施，确保业务电子档案的真实性、可靠性、完整性、可用性和安全性。

注释及参考文献

[1] [4] [5] DB31/T 1152—2019. 政务服务"一网通办"电子文件归档管理技术规范 [S].

[2] [6] DA/T 70—2018. 文书类电子档案检测一般要求 [S].

[3] GB/T 18894—2016. 电子文件归档与电子档案管理规范 [S].

基于关联数据的档案馆数字化服务
创新模式探析与实践

——以辽宁省档案馆为例

何泽

辽宁大学信息资源管理学院

摘要：本文通过对关联数据技术及其对于档案管理中的价值的分析，论证了其应用于档案数字化服务创新模式构建的可行性，进而构建了基于关联数据的档案馆数字化服务创新模式的路径，并明确了该路径涉及的关键技术。为验证所提出模式的实际效果，本文以辽宁省档案馆为例，将该模式置于模拟环境中进行了实践验证。结果表明，该模式可以显著提升档案数据质量和语义化水平，这可以对档案馆的数字化服务模式的创新提供一定参考价值。

关键词：档案馆；关联数据；数字化服务；创新

0 引言

随着数字档案资源的数量迅速增长，且数字档案资源呈现出多源异构的特点，形成了诸多"资源孤岛"[1]。这给档案馆的数字化服务带来巨大挑战。与此同时，关联数据技术以其强大的语义化和智能化能力，为档案馆数字化服务转型提供了重要契机。基于关联数据构建档案馆数字化服务模式，对于档案馆提供高效的档案利用服务，实现"十四五"规划中的提升档案管理智能化水平的目标有重要意义[2]。关联数据技术通过语义标注和链接，能够实现档案信息的智能化检索和深度关联，从而提升档案资源的可发现性和可访问性。本文基于关联数据构建了一种档案馆数字化服务创新模式，旨在为档案馆服务的创新与发展提供一些新思路。

1 关联数据技术及其在档案管理中的适用性

1.1 关联数据技术概述

关联数据是一种描述数据和资源之间关系的新型数据管理与连接规范，通过 RDF（资源描述框架）将数据以及数据之间的关系表示为三元组。通过使用统一的 URI（统一资源标识符），关联数据可以定位和表示数据，使得数据可以被标准化地访问和引用，促进数据的共享和重用[3]。此外，关联数据还通过语义标注和链接，使得机器能够自动理解数据的含义以及数据之间关系。如果应用关联数据进行数字化服务创新的档案馆越来越多，其发布技术可以将异构资源整合到一个数据网络中，使分散在不同机构、不同系统的档案数据高效率地整合在一起[4]，组成更加庞大的数字化服务网络。总而言之，关联数据技术可以揭示事物之间的依赖性和关联性，为数据分析、数据挖掘和知识组织等领域提供有力的支持。

1.2 关联数据在档案管理中的应用价值

关联数据技术应用于档案馆数字化服务已经成为必然趋势，为传统的档案管理模式带来了革命性的变革。其应用价值主要体现在以下两个方面：

1.2.1 提升档案资源的可发现性和可访问性

传统的档案馆资源开放利用往往依赖于人工检索和分类，这种方式效率低下且难以适应大规模数据的处理需求。而关联数据技术通过 URI 对档案资源进行唯一标识，并通过 RDF 将档案资源及其关系进行语义化描述。RDF 作为关联模型的典型形式化表达方式[5]，极大地提升了档案资源的可发现性和可访问性，使用户能够更加直观、快捷地获取所需要的档案信息。

1.2.2 促进档案资源的语义化表达和知识关联

关联数据技术具有强大的语义描述能力。[6]通过语义标注和链接，将档案资源中的信息点进行语义化表达，并建立它们之间的关联关系。不仅使档案资源检索利用的信息更加准确、丰富，而且使机器能够自动理解档案资源的含义和关系，为后续的档案数据挖掘和知识发现提供了有力支持。此外，关联数据技术还可以将档案资源与图书馆学、情报学等领域的知识库进行关联，实现跨领域的知识融合和共享，进一步拓展档案资源的应用范围和价值。

2 档案馆数字化服务创新模式构建

我国大部分档案馆数字化服务往往只在官网简单地罗列档案的条目信息，提供的查阅方式往往也只有简单的翻页和检索。这种数字化服务模式存在不直观、效率低的问题。因此，亟须构建具有创新性的档案馆数字化服务模式。

2.1 档案馆数字化服务创新模式构建路径

档案馆数字化服务创新模式的构建路径旨在通过整合现代信息技术，实现档案资源的数字化、标准化、语义化和智能化，从而为用户提供更直观、高效的服务。如图1所示，该路径主要包括档案资源层、数据存储层、语义关联层和应用服务层四个层次，每个层次相互支撑，共同构成了一个完整的数字化服务创新体系。

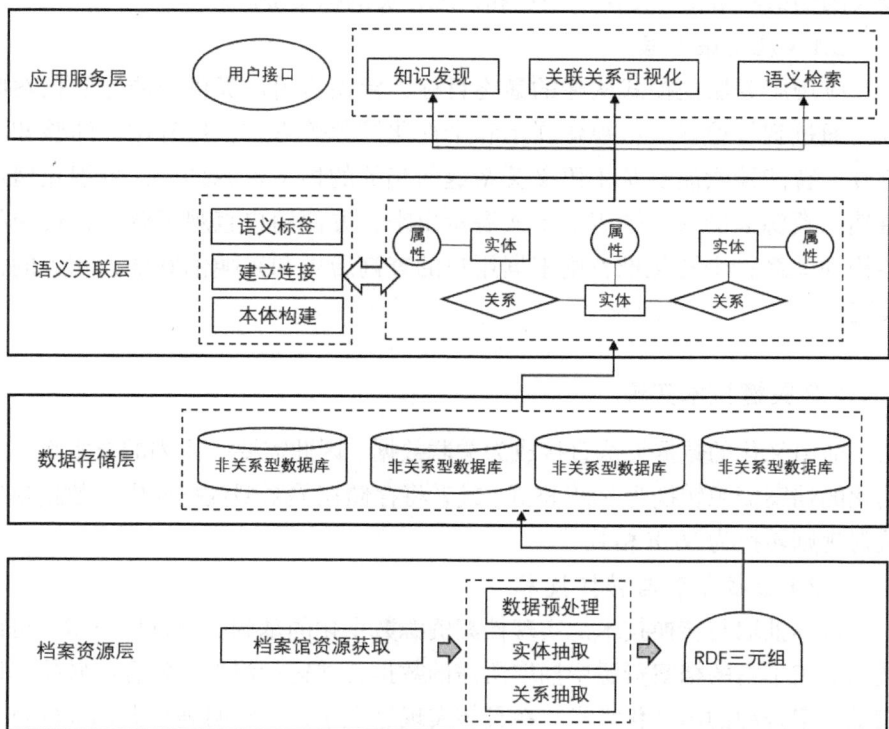

图 1 档案馆数字化服务创新模式路径

2.1.1 档案资源层

数据资源层是模式构建的基础，主要涉及档案资源的数字化和元数据标准的制定。通过档案数字化，将传统纸质档案、音视频档案等转化为数字格式，便于计算机处理和网络传输。同时，制定统一的元数据标准，确保档案资源的一致性和互操作性。

2.1.2 数据存储层

数据存储层负责档案数据的存储、备份、恢复以及安全管理。本层采用稳定、高效的数据存储技术，如数据库管理系统等、分布式存储系统，确保档案数据的安全性和可靠性。此外，数据存储层还提供数据访问接口，为各层提供数据支持。

2.1.3 语义关联层

在档案资源层和数据存储层的基础上，通过语义关联层对档案资源进行语义标注和链接。利用关联数据技术，对档案资源进行语义标注，揭示档案资源之间的语义关系。同时，通过建立档案资源之间的链接关系，形成一个庞大的知识网络，方便用户浏览和发现相关的档案资源。

2.1.4 应用服务层

应用服务层是模式构建的最终目标，旨在为用户提供智能化的档案服务。通过智能检索、可视化展示和个性化推荐等方式，提升用户体验和满意度。智能检索能够基于语义关系返回相关的档案资源列表；可视化展示将档案资源以图形、图表等形式展示出来，方便用户直观了解档案资源的结构和关系；个性化推荐则根据用户的查询历史和兴趣偏好推荐相关的档案资源。

2.2 关键技术实现

非语义化的数据无法直接成为关联数据。因此需要一系列的技术将非结构化的档案资源转换为 RDF 格式，或者将存储在关系型数据库中的数据根据映射规则转换为 RDF 格式[7]。

2.2.1 数据抽取与转换技术

数据抽取与转换技术是实现档案资源数字化的基础。通过该技术，可以从档案馆丰富的档案资源中抽取所需的数据，并进行清洗、整合和转换，以满足档案资源的语义化需求。在具体实现过程中，需要明确数据抽取的目标和范围，制定合理的数据清洗和整合策略，以确保数据的准确性和完整性。

2.2.2 语义标注与链接技术

语义标注与链接技术是实现档案资源语义化的关键。通过该技术可以对档案资源进行深入的语义分析，揭示其内在的语义关系，并建立相应的语义链接。这些语义链接不仅有助于用户更加方便地浏览和发现相关的档案资源，还可以实现档案资源的深度挖掘和知识发现。例如，通过识别并标注其中的实体（如人物、地点、时间等），并建立相应的语义链接，可以将档案资源连接成一个庞大的知识网络，为用户提供了更加丰富的查询和浏览体验。

2.2.3 关联数据发布与检索技术

关联数据发布与检索技术是实现档案资源智能化的重要手段[8]。该技术可以将经过语义标注和链接的档案资源以关联数据的形式发布到网络上，以便其他用户或系统可以访问和使用。同时，还可以利用 SPARQL 等查询语言对关联数据进行查询和检索[9]，以满足用户的个性化需求。此外，还可以根据用户的查询历史和兴趣偏好，为其推荐相关的档案资源，提高用户的使用体验和满意度。

3 关联数据模式在档案馆数字化服务中的实践探索

辽宁省档案馆作为省级综合性档案馆，拥有丰富的档案资源。为了更好地服务于社会公众和学术研究，辽宁省档案馆官网提供了部分开放档案数据的在线查询和浏览服务。然而，直接修改官网数据进行实践是不现实的，因此笔者采用模拟环境进行实践，使用 python 爬取官网开放利用的档案数据，并随机选取部分档案数据作为实验对象，通过 python 对数据进行预处理后导入 neo4j 图数据库，并采用 cypher 语言实现档案的查询利用。

3.1 创新模式模拟实践流程

3.1.1 数据准备阶段

在模拟实践开始阶段，随机选取辽宁省档案馆官网的 2000 条开放档案数据作为实验对象。为了确保后续处理的高效性和准确性，首先对这些数据进行预处理，包括数据清洗、格式转换以及元数据标准化，确保元数据信息的规范性和一致性。这些步骤的实施为后续的语义标注和链接打下了坚实的基础。

3.1.2 语义标注与链接阶段

在数据准备完成后，进入语义标注与链接阶段。通过运用自然语言处理和实体识别技术，对档案数据中的关键实体（如人物、地点、时间等）进行了准确的识别，并为它们添加了相应的语义标签。同时，利用这些语义标签，建立数据之间的语义链接，构建包含丰富语义关系的知识网络，如图 2 是实验对象中的收发文关系图谱，该图谱清晰地展现了各机构与个人之间的关联关系。诸如此类，可以形成多种知识网络，这不仅提高了档案数据的可理解性，还为后续的关联数据发布和应用提供了强大的支持。

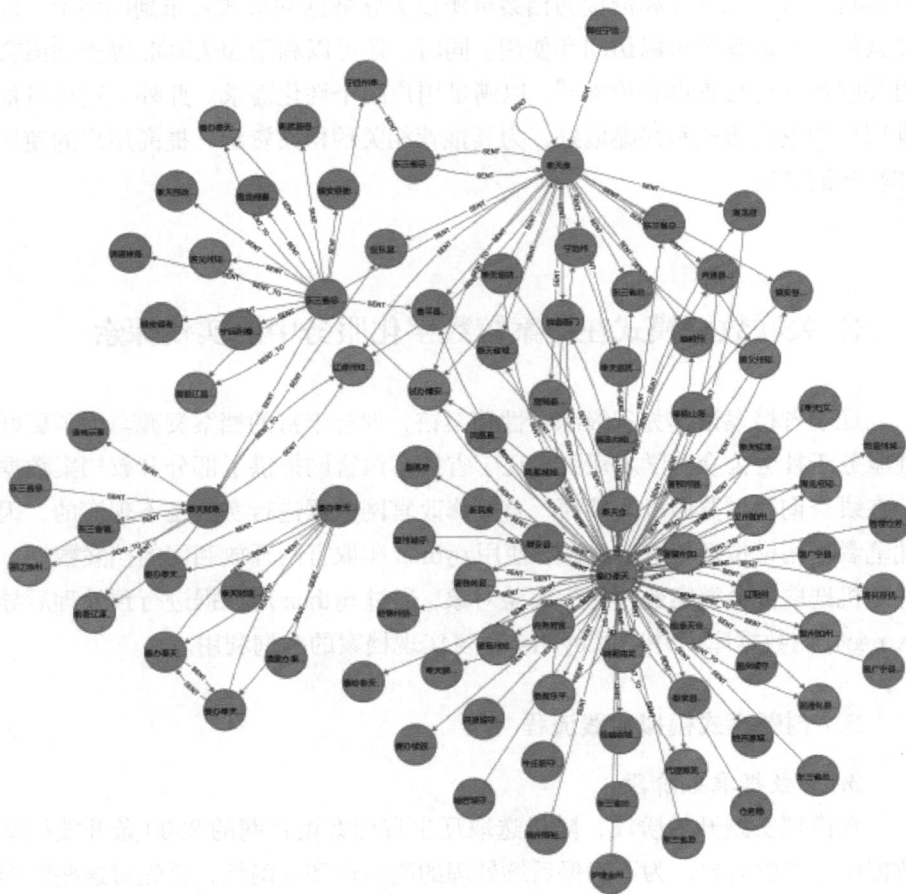

图 2 机构、个人收发文关系图谱（部分）

3.1.3 关联数据发布阶段

在完成了语义标注和链接后，进入关联数据发布阶段。将处理好的档案数据以关联数据的形式进行发布，使其能够被更多的人所利用。为每条档案数据分配了唯一的 URI，实现了档案数据的唯一标识和可访问性。这不仅为档案数据的共享和利用提供了便利，也展示了基于关联数据的档案数字化服务创新模式的优势和潜力。

3.2 模拟实践利用效果分析

虽然本次实验并未直接修改官网数据或进行用户体验测试，但通过构建关联数据网络验证了基于关联数据的档案数字化服务创新模式的可行性和有效性。关联数据网络为档案数据的组织、管理和利用提供了新的视角和方法，使得档案数据更加易于被机器理解和处理。表1为对奉天财政总局的所有发文情况的查询，共查询到71条发文记录。查询结果清晰地反映出了所有收文者\机构、发文时间以及附件。通过模拟用户查询和检索操作，也验证了关联数据网络在提高检索效率和准确性方面的优势。

表1 奉天财政总局全部发文查询结果

序号	发文机构	收文者\机构	时间	附件
1	奉天财政总局	奉天省城木税局	光绪三十三年正月初七	办理奉天省城木税局的呈；发给六品官樊麟祥成造雕翎鹿肉木箱各项木植数目清折
2	奉天财政总局	洮南府	光绪三十三年四月二十一日	无
3	奉天财政总局	署临江县代行典史陈嘉玉	光绪三十三年九月初九	署临江县代行典史陈嘉玉的呈；正印领3纸
…	…	…	…	…
71	奉天财政总局	洮南府知府孙葆瑨	光绪三十三年二月初三	洮南府知府孙葆瑨的呈；副领；捕盗营弁兵薪饷数目清折

3.2.1 数据质量提升

在模拟实验环境中，笔者随机选取了辽宁省档案馆官网的 2000 条开放档案数据，并通过数据准备和预处理步骤显著提升了这些数据的质量。通过数据清洗、格式转换和元数据标准化等处理，确保了实验数据的准确性和一致性，为后续的语义标注和链接打下了坚实的基础。

3.2.2 语义化水平提高

应用语义标注和链接技术，笔者对随机选取的 2000 条档案数据进行了深入的语义化处理。通过自然语言处理和实体识别技术，档案数据中的关键实体被准确识别并标注，同时建立了丰富的语义链接关系。这些链接关系形成了一个庞大的知识网络，有助于更加深入地理解档案数据的内容和背景，进而提高了档案资源的利用价值。

4 结语

关联数据为档案馆的现代化转型提供了新路径，在提升档案资源的数据质量和实现数义化方面有显著优势。此外，关联数据还可打破"信息孤岛"将多源异构的档案资源构成庞大的知识网络。这一模式不仅极大地丰富了档案资源的内涵和外延，更为档案馆未来的服务创新提供了有力的技术支撑和理念借鉴。档案馆也应持续在技术上寻求突破与创新，不断完善数字化服务流程，以提供更加精准、高效、个性化的服务，满足用户日益多样化的需求。

注释及参考文献

[1] 王志宇,熊华兰.语义网环境下数字档案资源关联与共享模式研究[J].档案学研究,2019(5):114-119.

[2] 国家档案局.中办国办印发《"十四五"全国档案事业发展规划》[EB/OL].[2022-03-26].https://www.saac.gov.cn/daj/toutiao/202106/ecca2de5bce44a0eb55c890762868683.shtml.

[3] 郭学敏,Ryan Shaw.基于关联数据的档案语义转换实践分析[J].档案学通讯,2019(5):50-57.

[4] 贾君枝.基于关联数据的 LAM 馆藏资源整合[J].晋图学刊,2022(3):28-33.

[5] 钱毅,潘洁敏.基于模型视角的档案对象连续空间演化路径[J].档案学通讯,2024(2):4-12.

[6] [美]卫·伍德,[美]玛莎·扎伊德曼,[美]卢克·鲁恩,等.关联数据万维网上的结构化数据[M].蒋楠,译.北京:人民邮电出版社,2018：16.

[7] 刘爱琴，郭舒淇．基于关联数据的社交媒体档案信息的挖掘与揭示 [J]. 山西档案，2023(1):51-62.

[8] 马寅源．关联数据应用于档案知识服务的 SWOT 分析及策略 [J]. 档案与建设，2017(2):17-20，12.

[9] 程结晶，王心雨．基于关联数据的敦煌遗书图像知识组织模式的构建 [J]. 档案学研究 ,2021(5):52-59.

基于开发区背景下全域性电子公文
单套制归档管理研究与实践

——以中新天津生态城为例

李德昆[1]　齐丽娜[2]　颜丙东[2]　李国兵[2]

1 天津市档案局

2 中新天津生态城图书档案馆

摘要：为进一步提升电子档案单套制管理工作质量，中新天津生态城立足开发区区域优势，依托生态城档案馆全国示范数字档案馆系统，积极开展电子公文单套制归档管理实践，探索全域性电子公文单套归档管理模式。文章以中新天津生态城为例，从电子公文单套制归档管理机制、制度体系和系统平台多个方面进行创新，并取得了良好的实践效果，为开发区全域性电子公文单套归档管理工作提供了参考。

关键词：开发区；全域性；电子公文；单套制

0 引言

我国对电子文件单套制归档管理的重视程度逐年提升，国家档案局在《"十四五"全国档案事业发展规划》中强调"切实推动来源可靠、程序规范、要素合规的电子文件以电子形式单套制归档"。[1]王绍忠同志在 2024 年全国档案工作暨表彰先进会议上的报告中强调"引导和规范党政机关电子公文、电子证照和其他电子文件单套制归档管理工作"，同时强调要"加强经开区、高新区、自贸试验区、保税区等各类开发区的档案工作，立足开发区功能定位加快档案工作创新发展，有效支持科技创新、制度创新和现代化产业体系建设"。[2]对开发区档案工作及电子公文单套制归档管理工作作出了部署，指明了方向。

1 研究背景

中新天津生态城 2008 年正式开工建设，是中国、新加坡两国政府间重大合作项目，世界上首个国家间合作开发的生态城市，也是天津市滨海新区五大开发区之一。生态城档案馆是隶属于生态城管委会的全额拨款事业单位，场馆总面积 6.7 万平方米，是集图书馆、档案馆一体化管理和服务的复合型多功能智慧场馆。档案馆现有馆藏档案 25 万余件（卷、张），包含文书档案、科技档案、城建档案等 10 余个门类。2014 年，依托生态城档案馆，生态城在天津市率先建设实施"馆室通"系统，实现区域内全部立档单位电子文件从生成办理到归档移交的全过程网络化管理。2023 年，生态城档案馆建成全国示范数字档案馆，硬件环境与软件功能均达到较高水平。同年，与天津市档案局共同承担的国家档案局科技项目《基于安全可控环境下电子文件"单套制"管理模式与应用研究》通过专家验收，研究成果在生态城全域内得到推广应用。2024 年，生态城作为天津市档案局电子公文单套制归档管理试点，深入开展电子公文单套归档以及电子档案单套管理体系的建设，在生态城全域试行电子公文单套制归档管理，取得了良好的实践效果，为下一步正式实行奠定了坚实基础。

2 电子公文单套制归档管理的必要性

2.1 降低档案管理成本

单套制档案管理模式能够压缩档案存储空间，简化管理流程，节省人力资源，有效降低档案管理的运营成本。在该模式下，不同类型的档案信息转换为统一格式，以代码的形式保存在计算机载体上，档案以电子的形式进行收、管、存、用全生命周期管理，节约了传统档案在打印耗材和库房能耗等方面的支出，减少了存储空间，同时缩短了档案整理时间，减少了文件在物理空间传达过程中的烦琐环节和时间浪费。[3]

2.2 提升档案管理工作效率

单套制档案管理模式改变了档案管理部门和归档单位之间的信息传递方式，并将传统业务步骤进行了简化，或由系统自动完成，大幅提高了档案管理效率，大大减轻了档案管理人员的工作量。[4]档案管理工作人员可借助计算机软件实现不同档案的归档、存储、查找、更新和使用，操作更加简单，管理更加高效。

2.3 提高档案利用效率

在传统档案管理模式下，查档人员需到现场办理查档手续，由工作人员查询档案入库记录，再根据记录到库房调阅档案资料信息，整个过程烦琐且耗费时间。单套制档案管理模式将档案利用工作转移到线上进行，借助信息化技术手段，通过关键词、标签、分类等方式，快速定位到所需的电子档案，在线完成审批，快速获取借阅权限，整个借阅流程简洁、高效。

3 全域性电子公文单套制归档管理实践

3.1 管理机制

生态城档案馆负责统筹生态城区域档案管理工作，统一布局区域档案服务体系，按照"三个一"的原则，即统一开发、统一部署、统一管理，搭建了连通区域全部立档单位的馆室一体化档案管理平台，并与管委会 OA 系统无缝衔接，实现了电子公文档案全生命周期管理。按照"馆室一体化"业务机制，区域内各立档单位不设置专职档案员，不配备专业库房，并将档案移交期限缩短至一年，大幅减少了档案业务在人财物方面的投入，有效保障了档案的完整性和时效性。

生态城档案馆为切实推动电子公文单套制管理有效运行，在制度体系、系统平台等方面进行了创新。要求区域内全部现行立档单位加强电子公文流转，非必要不在管委会 OA 系统外行文，OA 系统形成的电子公文均按照规范要求进行在线归档管理，其中保管期限为 10 年、30 年的文书类电子档案按照要求第二年向档案馆实施单套移交，档案馆不再接收此部分的纸质档案，此范围之外的档案按照原要求管理。档案馆对已移交电子档案实施严格、规范的单套管理。

3.2 制度体系

制度体系建设是实施电子公文单套管理的基础，为实现电子档案规范化管理，生态城档案馆修订或专项制定了一系列制度规范。其中《中新天津生态城电子公文归档与电子档案管理办法（试行）》明确了电子档案效力、管理体制以及各部门职责分工，是生态城电子公文单套归档以及电子档案单套管理的纲领性文件。《中新天津生态城电子档案分类方案、电子文件归档范围和电子档案保管期限表》制定了档案分类方案，明确了档案门类、各门类档案分类方法和档号编制要求，确定了电子文件材料的归档范围，划分了档案保管期限。《中新天津生态城电子文件归档办法》《中新天津生态城电子档案移交接收办法》规范了电子公文的单套归档、移交接收业务流程和工作要求。针对电子档案的借阅利用、解密和开放鉴定以及统计等档案管理业务制定了相应的管理办法。同时，还专项制定了电子档案安全管理、涉密档案借阅利用等多项制度，强化了档案安全管理。

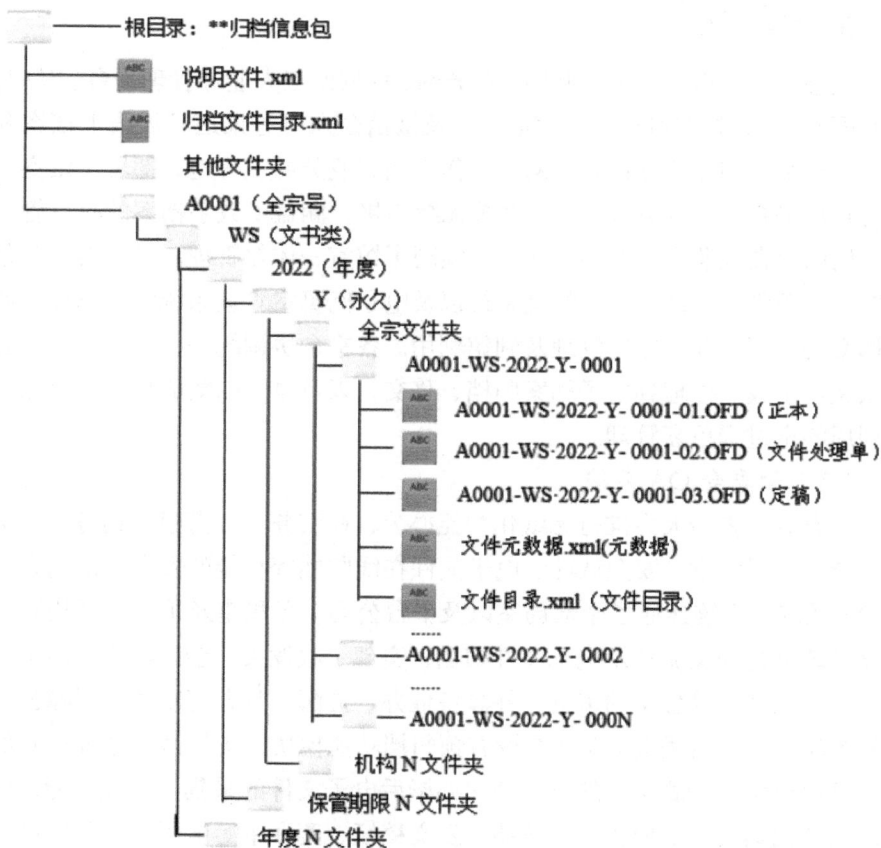

图 1　信息包存储结构

生态城档案馆制定了 9 项技术和工作规范，以保证生态城管委会 OA 系统和数字档案馆系统相互衔接并实现预定功能，为电子档案安全、稳定、可靠运行管理提供保障。[5]《文书类电子档案数据规范》规定了信息包存储结构和数据格式，制定了元数据基本集元素表，明确了四性检测和数据存储、备份相关要求。《电子档案管理系统接口规范》规范了电子档案管理系统与 OA 业务系统等对接方式、规则等内容。《档案数据存储备份及恢复方案》明确了存储和备份的规则、设备要求，建立了存储备份规划。《电子档案迁移与转换规范》制定了电子档案数据转换与迁移策略，确保了档案的完整性和可用性。另外，针对信息系统、机房在遭网络攻击、火灾事故、断电事故、服务器感染计算机病毒等突发事件制定了详细的应急预案，为系统安全、持续、可靠运行提供制度保障。

3.3 系统平台

生态城档案馆搭建了互联网、政务网、局域网三大业务管理平台。其中，互联网平台通过门户网站、手机 APP 及微信公众号等渠道开展线上档案利用、展览及咨询等业务；政务网平台作为档案业务的主阵地，部署了馆室一体化管理平台，并与管委会 OA 系统无缝衔接，涵盖了数字档案的收、管、存、用以及在线监督、指导等功能，实现了馆室一体化管理；局域网平台包括馆藏资源管理系统、库房管理系统以及电子阅览室管理系统等，侧重于数字档案的长期保存、库房管理及到馆利用。各平台协调统一，实现了电子公文从文件生成、办理到电子档案归档、移交，以及电子档案的长期安全保管和利用的全过程单套管理。

3.3.1 管委会 OA 系统

生态城管委会大力推行无纸化智能办公，在政务网上搭建了具备电子文件流转、电子签章、安全认证、电子文件在线归档等功能的安全可信的管委会 OA 系统。系统连通了全部局室以及平台公司，各局室及平台公司均利用此套系统进行公文流转及电子文件归档，实现了收发文、会议纪要、请示报告、工作联系单等公文的审批，并具备催办、提醒、督办等功能，保障公文能够流转畅通。管委会 OA 系统设有预归档功能模块，支持区域全部行政部门、事业单位及所属企业的电子公文办毕后电子文件的采集、整理功能，可按照电子档案要求形成正文、草稿、发文稿纸、阅办单等电子文件及组件，自动采集档案要求的元数据信息，并可在整理著录环节对保管期限、分类排序进行自动推荐。系统在预归档环节支持电子签名图形化转化，并生成包含

OFD 格式电子文件及其元数据的存档信息包，通过安全通信接口方式直接向数字档案馆系统归档，经 MD5 技术实现安全可信验证。

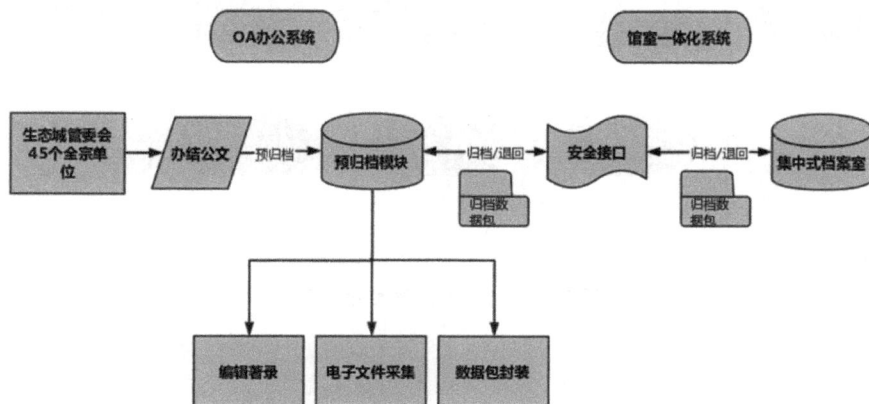

图 2　管委会 OA 系统归档流程

3.3.2 馆室一体化档案管理平台

此平台搭建在政务网上，部署了集中式档案室管理系统、档案移交接收系统以及馆藏档案管理系统，与管委会 OA 系统无缝衔接。管委会 OA 系统预归档的电子公文进入集中式档案室管理系统由各立档单位兼职档案员完成四性检测、归档交接、整理入库等流程。第二年按照要求通过档案移交接收系统在线向档案馆移交，移交档案进入馆藏档案管理系统进行入库管理，并开展档案鉴定、编研以及利用等业务。系统支持全流程在线利用管理，利用人借阅本单位电子档案，需经本单位及档案馆在线审批，利用其他单位档案，除需经本单位及档案馆在线审批外，还需经归档单位审批，从而实现电子档案跨馆室、跨立档单位，一站式在线利用。系统为开展联合开放鉴定提供了可能，档案馆与立档单位可按照规范要求每年在线开展档案开放鉴定工作。系统支持电子文件及数字化成果同步归档，可自动识别不同档案类型，在归档、移交、入库等多个流程按照不同方案开展四性检测。系统嵌入了国产电子签章系统，可在关键环节开展流程审批、进行电子签名认证。入库档案均采用电子水印技术进行有效保护，下载及打印电子档案需加盖电子归档章，以有效验证电子档案的真实性。

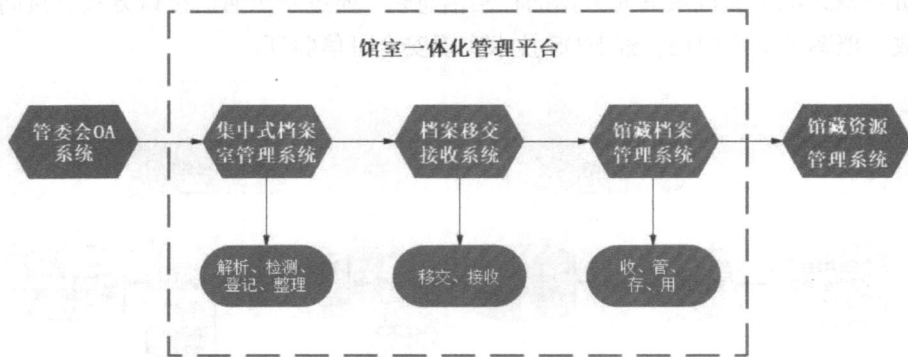

图 3　馆室一体化档案管理平台

4　全域性电子公文单套制归档管理实践效果

4.1 创新管理模式，提升了管理效率

生态城档案馆打破了传统档案管理模式，打通了馆与室、室与室之间的线上通道，打破了"数据壁垒"，有效保障了档案的完整性、归档的时效性。电子公文单套制管理的实施为馆藏档案在线利用、联合开放鉴定等馆室互动业务提供了可能，打通了在线档案业务的"最后一公里"。通过全流程信息化管理，进一步优化了管理流程，提高了管理效率，将档案管理推向新的发展阶段。

4.2 优化业务机制，降低了管理成本

生态城实施馆室一体化管理模式，在全域开展电子公文单套制管理，各立档单位不设置专职档案员，不配备专业库房，并将档案移交期限缩短至一年，进一步缓解了立档单位的档案管理压力。简便的在线利用服务进一步提升了档案的利用价值，节省了立档单位往返档案馆进行档案查询利用的时间。

4.3 规范业务流程，完善了安全体系

系统全面应用电子签名、数字水印、在线存储备份等技术，创新实现了电子档案与数字化档案同步管理，自动选择不同的四性检测方案，保障了档

案的真实性、完整性、可用性和安全性。通过加强网络安全防范、系统安全管理、存储备份实施，为业务运行提供了安全可控的基础环境。实践成果覆盖档案业务全流程，通过完善管理体制机制、升级改造系统平台以及修订完善规则制度，进一步规范了档案业务流程，堵住了管理漏洞，健全了档案管理体系。

4.4 探索全域性管理，积累了实践经验

生态城档案馆电子公文单套制归档管理的实施对象，不再是一个个点状的独立机关、企事业单位，而是整个区域全部立档单位，是国内鲜有的全域性单套制实践。生态城电子公文单套制管理范围不仅涵盖了立档单位的电子公文归档管理全流程，也包含了档案馆的电子档案管理全过程，是对电子档案全生命周期的成功实践。

5 结语

通过跟踪研究生态城落地实施全区域电子公文单套制归档管理，旨在形成一套可复制推广的实践经验和工作模板，从而更好地发挥开发区先行先试作用，为国内各类开发区乃至新加坡国内同类场景下的档案工作提供借鉴与参考。

注释及参考文献

[1] 中共中央办公厅，国务院办公厅. "十四五" 全国档案事业发展规划 [EB/OL].(2021–06–09).https://www.saac.gov.cn/daj/toutiao/202106/ecca2de5bce44a0eb55c890762868683.shtml.

[2] 王绍忠. 全面提高档案工作质量和服务水平 为推进强国建设民族复兴伟业贡献力量——在全国档案工作暨表彰先进会议上的报告 [N]. 中国档案报，2024-2-22(1).

[3] 孟杰. 数字经济背景下行政审批档案单套制管理路径研究 [J]. 兰台内外 ,2024(7):16-18.

[4] 杨振力. 浅析电子档案的 "单套制" 管理 [J]. 机电兵船档案 ,2022(6):75-77.

[5] DA/T 92—202. 电子档案单套管理一般要求 [S].

区域民生档案共享服务的实践与思考

——以宿迁市为例

李长凯　苏艳利

宿迁市档案馆

摘要： 随着信息技术的飞速发展和网络空间的无限延伸，档案信息资源共建共享逐渐成为当下档案工作的重要内容之一，在智慧城市建设背景下，如何建立起完整可靠的档案资源体系和高效便捷的档案利用体系，已成为各地档案部门不可回避的课题。本文以宿迁市域民生档案共享服务实践为例，探讨基于区块链技术护航和多部门（单位）合作联动的档案远程共享利用模式，以期把档案利用服务高效安全地送到人民群众"家门口"和"手心里"。

关键词： 民生档案；共享服务；区块链；可信存证

0 引言

民生服务无小事，一枝一叶总关情。民生档案在化解社会矛盾、保障和改善民生、维护人民群众合法权益等方面发挥着重要作用。《"十四五"全国档案事业发展规划》要求"切实提升各级国家档案馆公共服务能力，持续优化档案利用环境，简化档案利用程序，满足人民群众的档案信息和档案文化需求""加快推进档案信息化建设，推动国家、地区档案信息资源共享平台一体化发展，促进档案信息资源共享规模、质量和服务水平同步提升"。《江苏省"十四五"档案事业发展规划》提出要"深化全省档案共享平台建设，省内各级综合档案馆达到100%互联互通，推动共享平台向机关单位、乡镇（街道）延伸，实现档案信息资源跨层级、跨部门共享利用"。如何利用新一代信息技术，在保障档案信息安全和凭证属性的情况下，将服务模式从单一、缓慢、封闭向协同、快速、共享转变，开启民生档案共享服务新篇章，是新时代档案管理工作者需要思考研究的新课题。本文以宿迁市域民生档案共享服务具体实践为研究对象，探讨基于区块链技术护航和多部门（单位）合作联动的档案远程共享利用模式，以期把档案利用服务高效安全地送到人民群众"家门口"和"手心里"。

1 基础先行，夯实民生档案共享服务市域布局

1.1 建设硬件平台

2019 年，宿迁市档案馆依托市电子政务外网，建设宿迁市数字档案馆室建设云平台，运用云技术等新兴技术，采用核心设备全冗余的网络架构，主要包括云存储资源池建设、云计算资源池建设、备份系统建设、网络建设、安全建设等内容，总投资近 500 万元。其中，云存储资源池采用分布式存储系统，可用存储空间 300TB 以上，向市级各进馆单位统一提供集中式的电子文件和数字档案室存储空间。

1.2 部署软件系统

2020 年，宿迁市档案馆开发宿迁市档案共建共享平台（应用系统），并在云平台上部署，在应用层面上为各进馆单位提供虚拟独立的档案管理服务系统，通过同办公自动化系统、政务服务系统等对接，各立档单位的档案管理员不仅可以方便地完成文书、照片、音像等档案的数据录入，还可以检索利用本单位和其他单位产生的档案信息，各档案室数据库彼此隔离、分别管理，档案馆可以对各立档单位进行在线指导、信息交流、在线接收数字档案等，实现馆室一体化建设。

1.3 构建远程查档体系

2021 年，宿迁市档案馆整合各县（区）档案馆原远程查询接口，开发宿迁市民生档案共享服务平台统一登录查询界面，初步构建了以市档案馆为核心、5 个县（区）档案馆相互联动、N 个镇街和村居查询点就近服务的市域"1＋5＋N"远程查档体系，实现馆际档案查询利用互联互通。为保障档案传输和利用过程中的信息安全，宿迁市档案馆对档案共建共享平台开展网络安全三级等保测评。同时，以引入区块链技术为核心的《区域档案信息资源可信存证与共享模式研究》课题获批江苏省档案科技项目。

1.4 打造数字档案馆集群

宿迁市档案系统以"率先打造市域'国家高水平'数字档案馆集群，探索建设全国档案信息化建设先行示范区"的发展思路为引领，构建"局馆协作横向聚力、市县联动纵向发力、县区互助区域合力"的工作模式，努力实现全市数字档案馆建设集群式发展、一体化推进。截至 2023 年底，市域全部 6 家国家综合档案馆中，宿迁市档案馆、沭阳县档案馆已成功创建"全国示范数字档案馆"，泗阳县、泗洪县、宿城区档案馆已成功创建"国家级数字档案馆"，设区市域"国家高水平"数字档案馆覆盖率全国领先，国家档案局将宿迁市列为全国数字档案馆建设典型案例。

2 技术驱动，保障民生档案共享服务安全可靠

2022 年，宿迁市档案馆在前三年工作成效的基础上，规范实施江苏省档案科技项目，探索区域档案信息资源可信存证与共享模式，通过建设可信区域档案信息资源共享利用体系，以区块链等技术为支撑，依托档案大数据智慧检索系统，突破档案属地化利用限制，研发基于区块链联盟的区域档案信息资源共享利用系统，安全有效整合区域档案资源，保障档案在共享利用过程中的安全性、不可篡改性，为实现在"家门口"就近查档、就地出证的服务模式提供了技术保障。

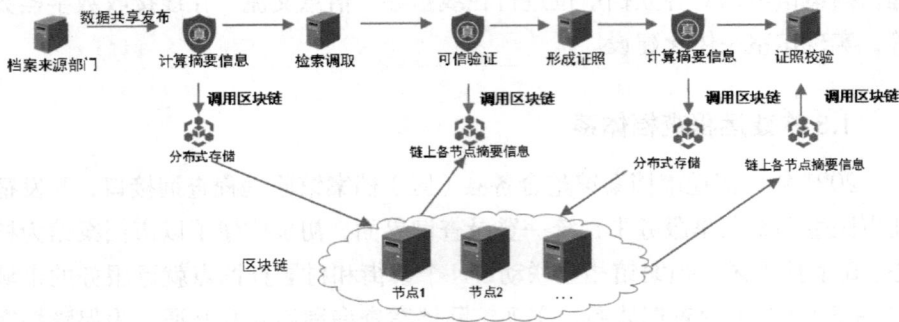

图 1　民生档案跨馆出证业务流程

2.1 档案资源摘要信息上链保存

档案部门将档案数据发布到共建共享平台，随后系统自动为这些档案资源生成摘要信息。这些摘要信息经过加密处理后，被分布式存储在区块链上，确保数据不可篡改。当档案共建共享平台中的档案附件摘要信息成功上链后，信息被推送至电子文件保真系统。该系统接收到附件，计算其摘要信息的 hash 值，并与区块链上的 eid 进行对比。如果 hash 值与 eid 一致，附件则被视为未被篡改，保真系统随即完成入库操作。若出现不一致情况，系统会执行追溯操作，重新上传附件并计算新的 hash 值，再次与区块链上的记录进行匹配，以确保档案的真实性和完整性。

2.2 档案出证

查档者前往就近的某乡（镇）便民服务中心综合窗口提交查档申请，经窗口工作人员审核相关证件后，通过宿迁速办平台进行办件并备案，受理完成后将相关信息推送至档案共建共享平台。档案共建共享平台自动接收办件，受理档案馆工作人员查询并上传电子证照，该证照包含包含了电子原文、证明文件和调阅记录等信息。此外，为了确保电子证照的安全性和真实性，系统会对证照计算摘要信息并存储在区块链上，实现不可篡改的存证。

2.3 电子证照验证

在共建共享平台和电子文件保真系统上，受理人员能够核实电子证照中的业务号、查档者的姓名和身份证号、出证时间、出证档案馆以及档案原文的摘要信息。平台还支持对查询流转记录的真伪进行验证，确保了查询过程的完整性和合规性。通过档案共享利用平台，授权机构能够方便地访问和利用民生档案资源，同时保证了资源的安全性和共享的透明度，实现了档案资源的高效管理和利用。公众和监管机构可以通过区块链上的存证信息来验证档案资源的真实性和完整性，从而增强了对档案管理过程的信任。

3 路径创新，构建民生档案共享服务共赢模式

2023 年，宿迁市档案部门推动民生档案共享服务工程纳入市政府民生实事项目，探索市域民生档案共享服务进一步扩面、提质、增效的解决方案，

推进档案利用服务融入全市一体化在线政务服务，深化市域"1+5+N"远程查档体系，实现全市各乡镇（街道）便民服务中心全科窗口向各级综合档案馆远程查档全覆盖。

3.1 建立协作机制

市档案局、馆联合对全市乡镇（街道）终端配置、人员配置、业务范畴、业务流程等情况开展调研。市档案馆加强与市数据局协作，出台《宿迁市可信区域档案信息资源共享利用平台信息维护管理办法》《宿迁市民生档案远程协同服务机制要求》和《宿迁市档案馆档案电子出证规范》等，市数据局将档案利用服务纳入全市一体化在线政务服务业务事项，利用乡镇（街道）便民服务中心综合窗口实现档案利用服务受理窗口下沉，健全基层工作网络；市档案馆组织实施"宿迁市档案共建共享平台"与"宿迁速办"平台对接项目，完成系统功能模块搭建，负责全市民生档案共享服务业务培训和系统测试；全市乡镇（街道）便民服务中心综合窗口工作人员加强远程查档业务学习和系统使用，承担接待群众远程查档业务的重任。以上协作机制建立后，解决了区域远程查档工作中人、财、物及系统安全运维等问题，理顺了档案馆、数据局和基层窗口的责、权、利关系，实现全市范围内民生档案查询利用"一网查档、一窗办理、异地出证"。

3.2 优化查档流程

利用者到全市各乡镇（街道）便民服务中心窗口提出远程查档需求，经身份验证后，窗口工作人员通过宿迁速办平台受理办件登记，向市域范围内任一国家综合档案馆发起查档申请。受理登记完成后，该办件信息将推送到档案共建共享平台，并通过平台系统消息、短信告知、电话联系等方式通知目标档案馆工作人员。目标档案馆工作人员通过档案共建共享平台受理查档申请，承诺 1 个工作日内办结，办理结果信息即时反馈宿迁速办平台，并以短信形式通知利用者，利用者到原受理窗口取件或选择邮寄服务后，宿迁速办平台办理结果信息再即时反馈宿迁市档案共建共享平台。通过以上流程，各部门（单位）在不改变原有信息系统使用习惯的情况下，分工协作完成远程查档业务。考虑到受时间、空间限制，不方便到现场查档的部分市民远程利用需求，宿迁市档案馆探索搭建移动端用户查档应用场景——"档案指尖云"。"档案指尖云"通过将档案共建共享平台与"苏服办"APP 和"宿心办"APP 对接，提供档案馆信息查询、身份认证、档案申报、办件查询等功能，支持纸质档案邮寄，节约了市民到现场查询的时间和经济成本，高效满足了利用者足不出户、动动手指即可完成档案利用的需求。

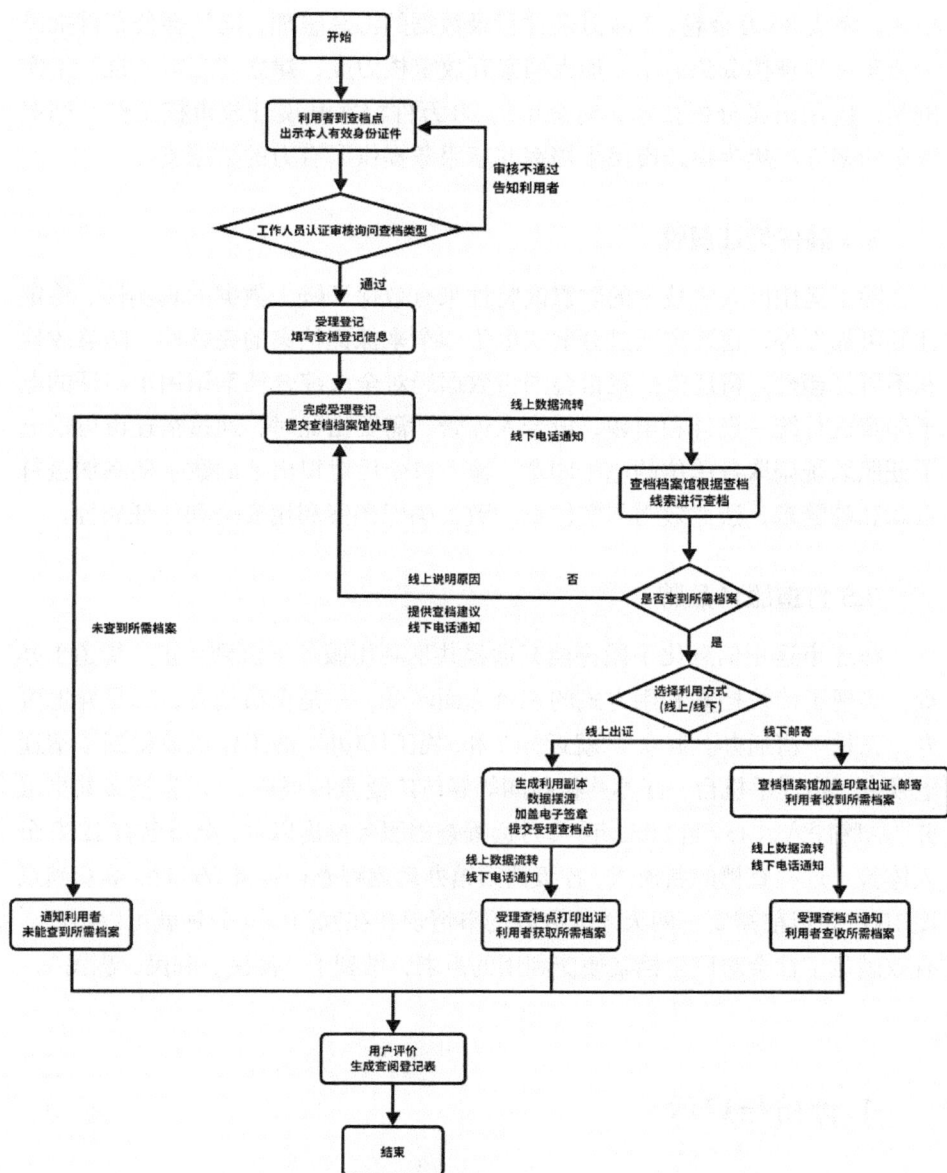

图 2　宿迁市域"1+5+N"远程查档流程

3.3 强化资源建设

建立全市民生档案目录数据库，调研全市各县（区）国家综合档案馆馆藏民生档案资源和目录数据结构，对群众利用频繁且各馆都有的馆藏婚姻档案、退伍军人档案、出生医学证明档案等民生档案目录进行字段统计、统一格式，完成 86 万余卷、144 万余件目录数据的汇总整理，向社会公布首批民生档案远程查档资源清单。加大档案开放审核力度，建立"三审一批"工作机制，应用语义分析技术，对全市约 20 万件档案开展开放审核工作，档案资源的多方汇集为宿迁市民生档案共享服务提供了有力的数据支撑。

3.4 确保凭证属性

除了运用区块链技术的防篡改特性来有效保证链上数据的真实性、稳定性和可靠性外，宿迁市通过分散式电子印章来保证档案的完整性、防篡改性和不可抵赖性。宿迁市档案馆会同市数据局对全市综合档案馆用于出证的电子印章进行统一设计和申领，设专人保管，需要出证时，通过宿迁市可信电子证照系统调取各单位的电子印章，输入口令后对拟出证的数字档案加盖首页章和骑缝章，法律效力与实体章一致，确保档案利用安全和凭证属性。

3.5 打造服务品牌

宿迁市运用信息化手段将档案远程共享利用服务下沉到乡镇（街道）办理，实现了传统档案利用方式的三个方面转变，一是全市通办，二是异地可办，三是一窗通办。群众"就近办"和"家门口办"的工作成效得到了宿迁电视台、宿迁手机台、江苏荔枝新闻等媒体广泛宣传报道，"民生档案共享服务"品牌深入人心。自 2023 年 12 月远程查档服务推出以来，全市已有 1200 余人体验了远程查档的新模式，各级档案馆办理远程查档业务 563 件，群众满意度 100%。以前需要一两天才能办好的事情现在在家门口几分钟就可以出证，有效满足了社会对民生档案便捷利用的需求，做到了"便民、利民、惠民"。

4 评价与启示

打破档案数据壁垒、实现信息资源共享，是档案部门践行"数据多跑路、群众少跑腿"改革的最佳切入点和主要途径。本文探讨了宿迁市各级档案部门深化档案利用改革，建设基于联盟区块链的区域档案信息资源共享利用平台，构建市域"1+5+N"远程查档体系，将档案共建共享平台与宿迁速办平台对接，推动档案利用服务纳入全市依申请办理的公共服务事项清单，实现全市各乡镇（街道）向各级综合档案馆远程查档全覆盖的"民生档案共享服务"案例，以期能为其他地区开展远程查档利用服务提供一些启示和区块链技术在区域档案信息资源共享中的应用提供相关参考。但区块链技术也并非万无一失，值得注意的是，随着量子计算概念的横空出世，特别是"量子霸权"的出现，区块链技术依托各种密码学算法构筑的安保机制都将可能被量子计算机轻松实现"降维打击"。因此，档案工作者要密切关注量子信息技术的发展趋势，并结合档案信息化建设的发展需要和各地现实条件，持续推进应用区块链技术的档案信息系统安保功能的提档升级，提前谋划布局，以应对未来量子信息技术等对应用区块链技术的档案信息系统产生的潜在安全威胁，切实筑牢档案安全底线。

医院门诊电子医学证明文书档案
数据安全与隐私保护应用实践

郦义德

临沂市中心医院

摘要：随着信息技术的快速发展和现代医疗改革的进行，门诊电子医学证明文书档案因快捷便利、经济可靠等优点被越来越多的医院采用，使用越来越普遍。与此同时，电子医疗文书档案数据安全问题和隐私泄露风险也日益突出，需要引起人们的高度重视，但社会上对门诊普通电子医疗文书档案管理和利用上关注不多，这方面的研究甚至是空白。因此，探索究竟是哪些因素影响了医疗证明文书档案数据安全，如何保护患者隐私不被泄露是本文所研究和解决的问题。本文通过简要概述某医院普通医学文书档案的发展演化，从系统加密、权限管理、电子签名、制度建设、培训教育等方面讲述了提高门诊电子医学证明档案的数据安全控制方案，归纳了一条积极有益的实践经验。

关键词：电子医学证明文书档案；数据安全；隐私保护

0 引言

在医疗行业，医疗档案数据资源为医疗服务的参与提供了极大的便利，大大提高了医疗服务的效率，医疗档案迎来信息化数据化迅猛发展的时代，随之医疗档案信息数据安全和隐私保护面临着严峻挑战。因此本文从医院管理角度出发，以临沂市中心医院为例，通过医院医学文书档案的发展演化实践，从 IIH 系统加密、权限管理、电子签名、制度建设、培训教育等方面讲述了提高门诊电子医学证明档案的数据安全控制方案，归纳了一条积极有益的实践经验，在一定程度上填补了该领域空白，希望对医疗机构电子病历档案数据安全与隐私保护提供参考。

1 医学证明文件类医疗文书档案管理的社会背景

1.1 门诊电子医学文书档案有很强的社会利用需求

"门诊医疗证明文书"是指由门诊医师根据亲自诊查、调查，向有需求的患者出具的诊断书、病假条、化验单、病理报告、仪器检查报告等，具有证明医学专业事实的作用[1]。常用的医学文书档案主要包含疾病诊断证明、出生医学证明、死亡医学证明、病假证明等，其中出生医学证明书、居民死亡医学证明（推断）书、职业病诊断证明书等医疗文书档案国家已有明确的法律规定。

1.2 医疗数据安全和隐私信息存在被泄露的风险

医疗行业电子医学证明类档案因其专业性、隐私性、时效性、敏感性等特点，社会对其提出了更多更高的要求，在其被医疗机构以及政府其他机构有效利用的同时，不可避免地会面临着医疗数据安全和隐私信息被泄露的风险。比如医院内部各科室的共享、行政部门医疗信息统计都涉及医疗信息安全，电子医疗文书档案一般包括患者的姓名、性别、年龄、身份证号、联系方式等，信息一旦泄露将会对患者的日常生活和心理健康造成很大的困扰，医院也将承担巨大的法律后果，社会危害性较大。

1.3 社会亟须门诊电子医疗文书档案数据安全和隐私保护研究

国家卫生健康委在2024年1月17日发布了《关于进一步加强医学证明文件类医疗文书管理工作的通知》（国卫办医政函〔2024〕8号），要求完善医疗文书管理制度，统一医疗文书开具内容，规范医疗文书开具行为，加强医疗文书核查管理，压实医疗文书开具责任，鼓励有条件的医疗机构对医疗文书实行信息化管理，通过信息化手段加强医疗文书开具全流程追踪和管理。2022年2月国家卫健委答复《关于推进电子病历数据共享的建议》指出，要"严格执行信息安全和健康医疗数据保密规定，加强关键信息基础设施、数据应用服务的信息防护"，确保信息安全。国家顶层设计要求我们医疗行业档案工作者强化医疗文书档案的管理，保障医疗信息档案安全。

2 电子医学证明文书档案数据安全与隐私保护在医院的应用实践

临沂市中心医院 2023 年 6 月开始全面对原 HIS 系统进行整体升级，对电子病历系统进行迭代，除了各种医疗文书在系统自动归档后形成了电子医疗文书档案，还在数据安全和隐私保护方面能力进行了补强，堵塞了医疗文书开具和泄露的风险漏洞。

2.1 采用 XAP 云平台技术，强化数据安全保护，确保形成的证明文书档案真实、可追溯

电子病历是门诊医疗证明类文书档案的主要信息来源和组成部分，而原始记录性是档案的本质属性。我院对门诊电子病历设定了严格的修改程序，电子病历一旦归档，任何人不得修改。技术上采用 XAP，保障系统稳定、可靠、连续，加强对门诊电子病历数据的安全保护，防止数据篡改或丢失。我们采取权限管理和数据加密等技术手段，确保只有授权人员能够修改和访问相关数据，并保存历次操作痕迹、标记准确的操作时间和操作人信息，同时，为患者电子病历赋予唯一患者身份标识，以确保患者基本信息安全及其医疗记录的真实性、一致性、连续性、完整性。

2.2 数据备份确保门诊电子医疗文书档案数据安全存储

依托 IIH 平台，数据备份是一种很有效的保障措施，将医疗文书档案数据信息备份，一旦出现问题，备份数据将会恢复到正常情况下的状态，从而保证了数据的正常运行和访问。因电子病历是门诊医疗证明类文书档案的主要信息来源和组成部分，所以我院医学文书档案在存储硬件环境、存储时间、抗抵赖性、存储空间等安全要求上与电子病历实现了一致。

2.3 严格控制访问权限，规范使用电子签名，确保安全访问电子病历档案系统

在电子医学证明文书档案形成过程中，医生签名是不可缺少的一个环节，而电子病历的安全访问控制就是要设置这一个环节。根据《电子病历应用管理规范（试行）》，可靠的电子签名与手写签名具有同等的法律效力，而可靠的电子签名是电子签名人所专有的。我院通过规范医生用户名及密码

设置，并配合使用密钥的方法，确保了电子病历及证明文书档案的真实可靠性与合法性。同时，对管理人员及不同科室医生根据工作需求分别设置了访问权限，对不同人员可以访问哪种等级的医疗数据都进行了严格的控制。

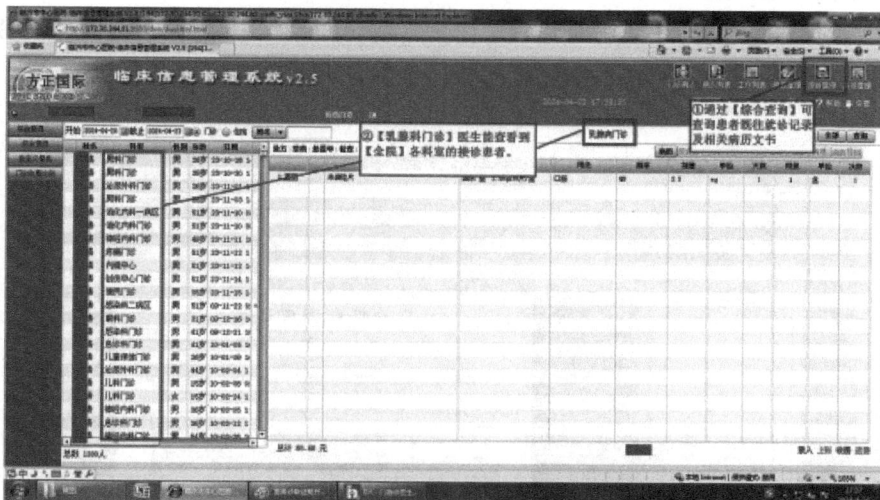

图 1 原 HIS 全院医疗档案查阅无限制

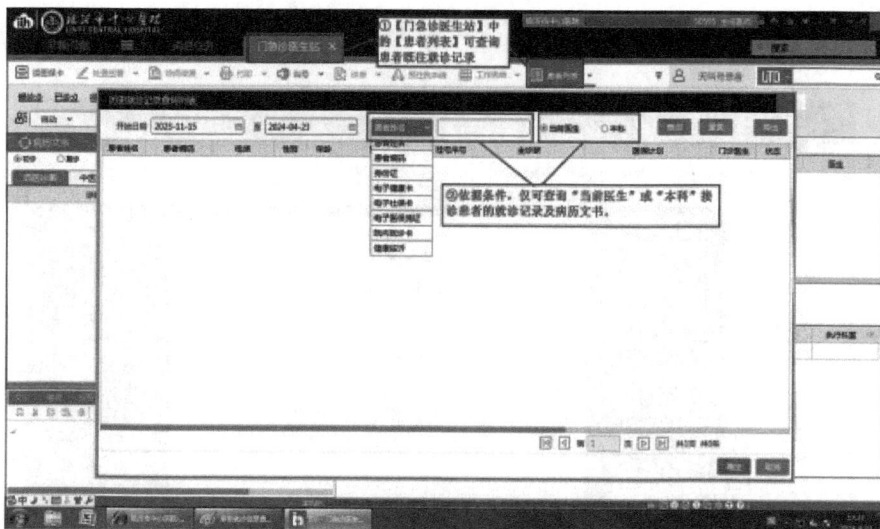

图 2 升级后 IIH 查阅功能限制为本科室

2.4 以实际就诊记录为依据，自动生成门诊医学证明档案

我们通过在门诊病历档案系统中增加门诊电子诊断证明、电子病假单的模块，就诊的患者信息自动提取到相关证明中，无真实就诊记录或诊断不符的患者，相关医疗证明将无法开具，系统也自动设置了不同职称医生病假条天数的不同限制，并使用时间戳，记录创建时间，此举从源头上保障了医疗证明文书档案的真实性，堵住了部分医生随意开具医疗证明的行为。

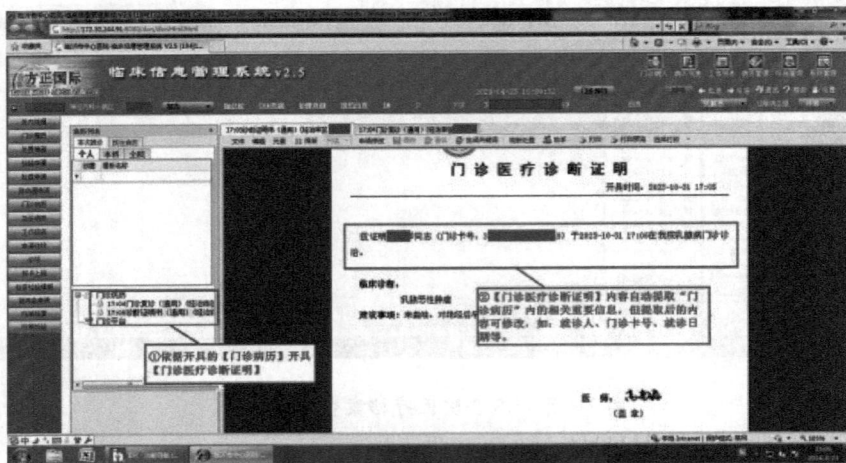

图 3　原 HIS 自由开具医疗证明

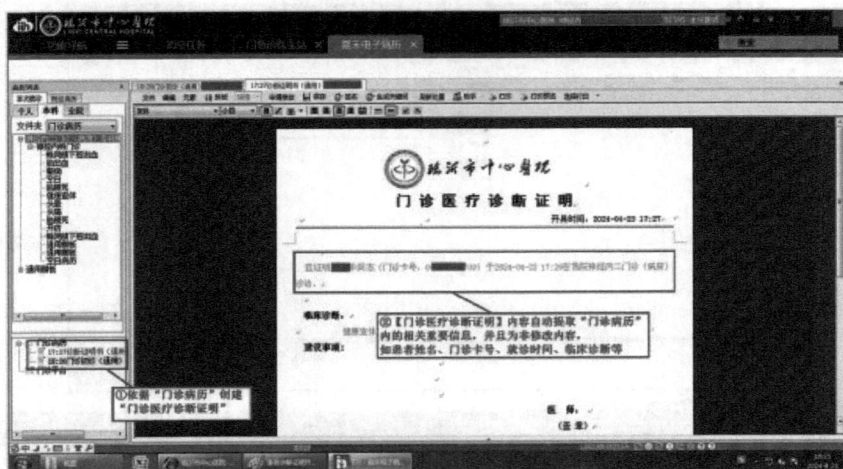

图 4　新 HIH 根据病历自动生成医学证明

2.5 加强数据安全和隐私保护教育宣传，保障门诊电子医学文书档案利用和安全

当前，尽管我国出台了部分医疗信息安全的法律法规，但是在涉及众多隐私信息的医疗证明类文书档案安全与隐私保护方面缺乏系统性，仅仅是在相关人员管理规定、医院信息化管理规定等法规政策中提到若干内容，缺少严格、明确、规范、系统的管理条例和出现问题时的法律依据[2]。鉴于此，我院自上而下开展了患者隐私保护专项行动，利用医院点评会、全院科主任会等形式进行宣传、引导，并对存在的风险情况、落实不到位的情况进行分析点评，展示反面教材，在制度上制定了追责处罚措施，真正使能接触到患者就诊档案信息的人员得到切身的教育，使之形成保护患者隐私的行动自觉。

3 实施效果

3.1 实现了电子病历系统稳定运行，确保了医学证明文书档案信息数据安全

医院是24小时运营的公共场所，需要连续、稳定的信息系统提供运营支撑。IIH系统的XAP统一技术云平台，集合HIT界成熟的设计模型、模板、开发工具、应用开发框架、中间件、基础技术类库及研发模式，实现了云开发平台、云测试平台、云实施平台、云运维平台、云计算平台和云运营平台六大平台一站式装配服务，对系统故障解决等问题实现快速响应，保证医院业务的稳定、可靠运营，保障了医院医疗档案信息数据安全。

3.2 根本上扭转了随意查询患者医疗档案的乱象，大幅减少了医疗信息泄露，营造了隐私保护良好生态环境

以往，医务人员查阅病人医疗档案信息比较随意，一般使用临床医务人员用户名登录系统即可查阅全院门诊病人的就诊档案，医院工作人员也可查阅同事的就诊档案，尤其是单位集体健康查体后，是医疗隐私泄露的高发期。升级后的IIH系统一方面在功能上限制了医生对非本科室就诊患者查阅权限，另一方面通过完善的制度措施，明确的严厉处罚规定，使内部人员泄露医疗信息的可能性大幅下降，并且逐步形成了人人关注隐私保护的良好生态。

3.3 杜绝了虚假医学证明文书开具顽疾，保障了医学证明文书档案的真实性

门诊病人就诊档案以门诊病历为主体，同时还有门诊诊断证明及病假条等医疗文书档案。在实际工作中，病人因保险报销及单位请假等原因对该类档案需求较大，以临沂市中心医院为例，日均达 30—50 人次。然而，医院也时常接到部分单位甚至是军队单位要求协查相关证明真实性的案例，在本案例实施之前，这类医学证明核对难度大，需要投入较多的人力，甚至也曾发生部分医生开具虚假人情证明的情况，严重影响了医院声誉。"以实际就诊记录为依据，自动生成门诊医学证明档案"功能，实现了从源头上保障医疗证明文书档案的真实性，堵住了部分医生随意开具医疗证明的行为，净化了行业风气，赢得了周边单位对医院的认可。

3.4 减少了医疗纠纷和投诉，改善了医患关系

目前，一般将门诊病历档案作为患者的就诊证明使用，我们优化了患者参与门诊电子病历管理的机制，通过配备手写板，在问诊过程中，医生跟患者的交流、问答以及知情同意可以通过手写板将患者或其代理人的亲手签字记录到病案中，这样可以增强患者对自身健康管理的主动性，对于特殊病历，可以在一份病历档案中记录医患双方的签名，大大规范了诊疗行为，减少了因为信息不完整而引发的纠纷，进一步保障了电子医学文书档案的准确性和完整性。以临沂市中心医院为例，在 2024 年一季度共收到门诊 12345 工单 35 起，其中，投诉类工单 27 起，在门诊量同比增长 8% 的情况下，每万就诊人次投诉量由 2023 年 1.02 降至 0.95；在医疗纠纷处置中，门诊电子医学证明文书档案也起到了至关重要的作用。

3.5 有效提高了查询和利用门诊医学证明文书档案效率

门诊电子医学证明文书档案有效解决了纸质档案容易丢失的问题，系统保存 15 年以上，病人可根据实际需求随时查阅自己的病历档案，提高了自身健康档案的利用效率。经授权的工作人员通过系统查询方式为患者提供服务，工作效率也获得较大提高，经统计，临沂市中心医院门诊医学证明文书档案日均查询或打印 30 人次以上；对于医生来说，安全可靠的门诊电子医学证明文书档案，其数字化记录为医学科研和大数据分析提供了基础数据，通过对大规模医疗数据的挖掘和分析，可以发现新的临床规律、预测患者风险、优化治疗方案等，推动医学科学进步。

4 结论

随着门诊电子医学证明文书不断发展并且日益普及，通过临沂市中心医院的实践说明，只有确保了医疗数据信息的安全性，社会和患者对医院信任度才会增加，才能促进医患关系的良好发展，增强社会的稳定性，也才能真正实现医院的医疗信息化改革，使医院的管理更加便捷和高效。将来，我们还将面对医疗信息共享的考验，需要在数据安全和隐私保护方面进行更多的研究、探索和创新，相信门诊电子医疗证明文书档案的发展也将迎来一片更广阔的天地。

注释及参考文献

[1] 陈庭明 . 门诊医学证明文书管理中存在问题的原因及对策探讨 [J]. 医学与法学 ,2015(2):64-66.

[2] 李冰华 . 区域医疗信息共享中健康档案安全与隐私保护的领域分析 [D]. 长沙 : 中南大学 ,2014.

以"热用、活用"需求为牵引的 航天档案数据体系建设思考

苏红

北京特种机械研究所

摘要：本文以档案资源"热用、活用"需求为牵引，查摆当前档案利用中存在的不足，分析其中的缘由，并从动态完善更新档案应归尽归范围，充分识别档案利用需求，在档案系统和业务系统中标注并提炼重点利用信息点和数据点，主动整合资源建立档案专题库，细化档案利用颗粒度等多方面对航天档案数据体系建设提出改进意见或建议。

关键词：航天档案；数据体系；建设

0 引言

《"十四五"全国档案事业发展规划》中明确提出要深入推进档案利用体系建设，提升档案利用服务能力，积极探索档案信息深层加工和利用，及时精准地为决策提供参考。航天档案工作以信息化、智慧化、现代化管理为发展目标，以数字档案（馆）室建设试点为载体和抓手大力推进档案数字化转型，不断丰富馆（室）藏档案资源，探索和实践档案"智能"利用，以积极扎实的行动为数字航天战略的实施夯实档案基础。然而从现状来看，当下档案收集管理、信息著录和检索利用等的模式和效果距企业高质量发展下对档案信息资源"热用、活用"的需求和要求还有较大差距，也成为影响和制约档案工作管理提升的焦点，必须引起足够重视。为此，特结合理论学习和工作实践对当前存在的不足进行分析并提出改进意见或建议。

1 对照"热用、活用"需求查摆当前档案利用方面存在的问题

1.1 档案数据资源整体利用"有冷无热"

所谓的"冷"是指传统的档案资源价值利用系统，以载体的独立分散利用为主，数据信息多处于寂静与休眠状态；所谓"热"是指电子档案管理模式下，档案数据价值的新创造新展现，即集成于档案管理信息系统的数据档案可全天候提供灵活利用，档案活起来，数据热起来[1]。现有航天档案中的存量档案多数以纸质形式存在，该部分档案通过数字化加工后以非结构化版式文件在电子档案管理系统中存储目录信息；增量新产生的电子文件参照纸质载体管理，通过在线接收归档，或档案资源外部特征著录、电子文件以附件形式上传的 "粗粒度"电子档案。以上造成目前的档案价值利用依旧是以载体利用为主的"冷"系统，导致库藏大量纸介质档案利用率过低或利用效果不佳，尤其是部分档案利用时还需要通过拍照、扫描等手段影像化，而且无发布不共享，不同业务口重复操作，容易造成人力物力的重复投入和浪费，事倍功半。

1.2 阶段专题任务档案利用"散且慢"

新时代新征程企业高质量发展目标下，不论是新企业管理制度的有效落实，还是企业治理机制、风险管控机制、各类管理体系的完善和有效运行，都需要主动开展或接受监管方就某一任务或专题的阶段性或结果性检查或审查；此外，企业产品创新也会带来资质资格的审核认定。此类任务往往对档案的利用提出更高的要求。单以航天产品研制生产任务审查审计时所需要的档案为例，一般涉及文书档案、经营档案、会计档案、航天产品档案、质量档案等多个门类，多种载体、多样形式，时间紧任务重，需要快速检索、整理并整合信息提供专家组使用。然而在实际应用中因为存在档案资源关联度方式单一、融合度低和检索利用效率低等问题，造成对于航天档案资源的开发利用能力不足，无法满足智能档案服务需要，难以为此类专项任务提供快速有效的信息支撑。相关业务部门每次配合专项任务都要重复完成从大量的档案目录中查找相关载体，经借阅、甄别、整理等环节再提供使用。工作过程中，经常存在提供档案"散且慢"的情况，对企业的经营管理带来不利影响。

1.3 档案日常利用"有大无小"

档案日常利用中存在大量的数据化、信息化的细颗粒度的利用，这些同类或同质信息往往分散在同一门类或不同门类的档案载体中，很多时候只是某一个时间、属性、阶段结果等信息点的单次或汇总利用，但是因为相应的数据和信息在档案著录，包括纸质载体的卷内目录编制和档案管理系统内建立机读目录时未有效提取并著录，导致具体利用时只有以单册份的档案载体利用的单一形式，不能提供快速准确的数据信息类的"小"利用，给档案利用人员带来过多的时间和精力耗费。究其缘由，主要是因为档案系统建设论证和实施时考虑较多的是档案人员管理的便利，而忽视了"管以致用"的工作宗旨前提下对利用的快捷便利欠缺顶层和前端的统筹考虑。

2 以"热用、活用"需求为牵引完善航天档案数据体系建设

针对当下档案信息资源利用中的突出问题，"以问题为导向"，结合档案数字化转型工作的深入推进，积极应对新技术应用带来的服务挑战，以档案利用案例启示和"前瞻性服务"为着力点，在充分识别利用需求的基础上，对现有的档案数据体系进行改进和完善，使得室藏档案"热起来、活起来"，更好地发挥档案的资产资源价值，准确高效地为全体利用者提供档案数据资源，为企业的高质量发展贡献档案力量。

2.1 动态更新，应归尽归再完善

前期在国家档案局的统一部署下，集团公司完成了全层级单位《文件材料归档范围和档案保管期限表》的编制和评审，为档案资源建设的完整性奠定了坚实的基础。鉴于企业经营管理的新要求新情况，归档范围也应与时俱进。因此，应以前期评审发布的《文件材料归档范围和档案保管期限表》为档案完整性管理基线，对照利用需求开展修订和完善。具体的完善可自下而上开展，三四级单位每 1 年开展内部完善，二级单位每 5 年组织集中修订，集团公司建立相应的管理机制，可以每 10 年组织集团级的审定，如此层层夯实，使得文件资料归档范围紧密结合企业管理业务工作的进展和各方利用需求，落实落细。动态完善的过程本着"优化室藏、管以致用"的工作原则，充分发挥预立卷部门的主观能动性和档案利用人员的全员参与性。具体到每

一次的动态调整可以由档案部门管理人员结合管理现状和需求调研梳理完成各门类档案归档范围和保管期限表，然后与预立卷部门兼职档案员共同研究确定，并在各类利用人员中进行意见征集，动态完善，提交所级管理层最终审定并以所发文的形式下发以指导后续档案资料的收集整理和归档，以确保有保存利用价值的文件资料和信息数据及时准确收集归档，为各项任务的档案利用打好基础。

2.2 管以致用，利用需求再识别

在动态完善《文件材料归档范围和档案保管期限表》以确定档案资源整体性需求的基础上，还需要针对具体门类或档案数据信息的利用定期开展利用需求调研。此类调研可以是日常利用效果的反馈，也可以通过调查问卷或直接调研的方式，对企业内档案利用人员的利用情况进行收集、汇总和分析，识别新的利用需求，为企业档案数据体系建设找准着力点。档案部门可以将现有档案收集整理归档管理信息著录时的数据要素形成表格，从技术人员、管理人员、技能人员等多层次多角度调研其对各门类档案以及具体档案具体信息的利用需求；或结合当前档案利用中出现的不足，比如型号任务某阶段某批次、合同项目、质量问题归零、重大活动等需要应用到的档案门类和数据信息，找到不同门类档案利用的相关性和差异性，及其所体现的重点热点难点，作为企业档案数据体系建设改进的输入。

2.3 立整立改，关键数据再标注

在调研反馈、日常收集利用需求以及修订完善《文件材料归档范围和档案保管期限表》基础上，针对各门类档案具体归档文件数据信息利用频次、内容或信息点的基础上，从数据关联角度进行档案数据资源规则提炼、场景描述，对收集到的档案数据进行有效的组织与分析，以使各类用户能够根据需求快速定位到相关模型及其关联数据、文档为目的，将相应的关键利用信息点进行补充著录至数字档案系统中。同时，以用户需求为中心、以问题解决为导向，依托大数据和人工智能等信息技术，深入挖掘潜藏在海量航天产品档案数据中的信息，为业务部门提供满足实际业务需求的、多样化的、个性化的信息服务。比如，可结合各方开展的型号产品专项审查审计任务以签订的合同为数据集合唯一性标识，将其贯穿于合同任务研制生产全过程并在各门类档案归档时著录相应信息，作为检索、整理、利用档案的"纲"，提纲挈领、纲举目张，实现档案利用时的快捷、完整、高效。同时，针对"存

量"和"增量"采取不同措施推进，其中存量由档案管理人员利用数字档案管理系统进行补充完善，增量由档案部门进行指导，将归档范围、采集要求和检验要求前置在数据形成阶段，由业务系统管理部门和门类档案预立卷部门进行前端管控，通过系统实现并进行电子文件在线归档。

2.4 前置管理，业务系统全落实

结合企业数字化转型工作的全面推进，数字档案室建设试点任务的全面展开，以助力企业全业务全方面高质量发展为出发点，关注档案利用的全员全要素，实现全业务系统电子文件在线归档，关键利用属性全过程标注。同时，优化业务流程，提升电子档案管理系统自动归档集成能力，以解决档案资源关联度方式单一、融合度低和检索利用效率不够等问题。作为档案职能归口管理部门，融入企业管理中心工作，将档案数字化转型纳入企业数字化工作的整体中推进，关注各类业务系统的论证和建设，对于有归档需求的，要以预防为主、源头控制的管理理念，将前期确认的需要采集的文件资料利用信息点的结构化部署落实到业务系统建设之初并跟踪结果，实现规范性档案数据资源的正向管理，而不是将大量的时间和精力耗费在逆流程的整改工作中。

2.5 主动整合，知识服务专题库

在以"册"为单位提供档案利用的基础上，档案人员应该拓展档案编研思路和手段，主动挖掘并整合室藏档案资源，建立档案专题库，提供更系统更便捷的知识服务。可以通过应用验证、案例分析等研究方法进行专题库主题确定并立足室藏档案资源开展专题库建设，从档案管理向知识管理迈进。知识服务专题库结合档案编研工作开展，年初结合工作计划的制定调研需求、确定名称、成立编研课题组，课题的确立不仅关注成功的经验，更要关注失败的教训；同时，从企业经营管理的全方位收集知识。比如，从大安全管理角度汇总各层级安全保密检查中出现的问题及其整改落实巩固提高方面的知识；从质量管理角度，收集各方检查审核中不符合项和问题项整改闭环持续改进方面的知识；从人员快速成长方面，收集各类具有指导借鉴性的文件模板、成功案例等方面的知识；从合规经营大角度，收集各方审计检查中出现的问题以及得到的启示来规范后续的管理。此外，还可以结合临时突发的需求随时建立相应的档案专题库。专题库可以是开口式的，根据阶段任务完成情况和档案归档情况适时补充新产生的内容，为此可以实现档案知识服务的实时更新，更好地发挥档案利用价值。

2.6 落细落小，细化利用颗粒度

关注日常大量档案利用时信息点数据点的"精细度"，细化档案利用颗粒度，使档案资源利用更快捷。要基于档案数据体系建设基础和治理成果，优化现有电子档案管理系统智能检索功能，基于文本语义关联、语义推理等技术实现档案内容细粒度、智能化检索，改变原有的不分需求层次单一载体利用模式，提供结构化数据的点线利用，同时打破不同业务不同门类档案之间的割裂，以"需求点"牵引"小碎散"利用模式的网络实现；还可以基于用户行为记录，开展用户行为分析计算，探索实现档案个性化筛选和推送。[2]

3 结束语

综上所述，"要把蕴含党的初心使命的红色档案保管好、利用好，把新时代党领导人民推进实现中华民族伟大复兴的奋斗历史记录好、留存好，更好地服务党和国家工作大局，服务人民群众"，就必须直面解决当前档案利用中存在的不足，突破档案资源开发利用瓶颈，让档案利用"热起来、活起来"，实现从"载体开发"到"内容开发"的转变，从"载体管理"到"知识管理"的转变，进而推动档案管理和服务模式的创新，为企业高质量发展提供更有力的信息支撑和知识服务。

注释及参考文献

[1] 丁海斌.谈档案信息化革命质变的原因与内涵 [J].档案管理,2022(3):12–13.

[2] 谢国强,黄新荣,马云,等.基于档案数据观的企业档案治理创新 [J].档案建设,2020(8):49–52.

金沙江白鹤滩水电站工程施工管理 APP 系统电子文件单套归档与电子档案单套管理研究

孙浩

中国三峡建工（集团）有限公司

摘要：金沙江白鹤滩水电站工程基于施工管理 APP 系统的电子文件"单套制"归档是三峡集团在国家档案局指导下的一次有益探索，有效解决了建设项目质量验评电子文件"单套制"归档问题。通过电子签名、人像拍照、人员定位、时间戳等技术实现"特定人员、指定地点、规定时间"完成验评签字的"三位一体"管理体系，运用多环节应用四性检测方案以及电子文件长期可读等技术，确保了施工现场验评电子文件真实、有效、合法，实现了单元工程现场完工、质量验评、工程计量、资料归档"四同时"管理，助力提升工程管理效率和水平，探索了工程档案管理的新模式，具有较好的行业推广价值。

关键词：白鹤滩水电站施工管理 APP 系统；质量验评电子文件；单套制

0 引言

当前，信息技术已经广泛、深入应用到重大项目建设管理过程中，各业务信息系统在提高工作效率、提升管理水平的同时，形成了大量原生电子文件，并已作为业务工作开展的依据。金沙江白鹤滩水电站是目前世界上在建规模第一大水电站，在项目建设过程中，开发应用了基于各类标准表格和管理流程设计开发、纳入施工现场环境信息的施工管理 APP 系统，已在白鹤滩水电站大坝工程、地下厂房等多个主体标段全面应用，与纸质文件相比，电子文件归档省钱、省时、省力、高效、便于保存，电子文件"单套制"归档已成为一种必然趋势。为了解决"单套制"归档问题，金沙江白鹤滩水电站申报了国家档案局电子文件归档试点项目，2018 年 6 月，国家档案局印发

《国家档案局办公室关于确定建设项目电子文件归档和电子档案管理试点项目的通知》，明确了金沙江白鹤滩水电站为首批 5 个建设项目电子文件归档试点项目之一。

2023 年 12 月 7 日，国家档案局组织验收专家组，对白鹤滩水电站建设项目电子文件归档和电子档案管理试点进行了验收，认为该项目实现了单元工程现场完工、质量验评、工程计量、资料归档"四同时"管理，助力提升工程管理效率和水平，探索了工程档案管理的新模式。

1 系统概况

施工管理 APP 系统是以质量验评文件为基础，研发的支持多专业的工程质量验收评定系统。具体实现方式是在现场质检工作的同时，通过移动端（手机、PAD）完成验收表单的发起与审签流程，实现特定人员在指定位置、规定时间内完成工序及单元评定和验收数据的采集、质量管控等目标。

系统将移动应用技术、物联网技术与水利水电工程建设质量管理深度融合，以水利水电工程质量管理规范为基础，结合现场工程数据设计并开发，实现了施工质量的动态跟踪、实时反馈、及时预警，提升了施工质量过程的数字化管理。

2 首创"三位一体"管理体系

针对建设项目质量验评文件对于时间、地点以及人员的要求，建立了综合运用电子签名、人像拍照、人员定位、时间戳等技术实现"特定人员、指定地点、规定时间"完成验评签字的"三位一体"管理体系，确保了施工现场验评电子文件真实、有效、合法，规避了补签、代签等问题。

2.1 电子签名

结合工程现场实际情况，本方案采用事件型数字证书。事件型数字证书包含当事人身份信息（姓名、身份证号等）、现场行为证据（拍照、手写等 Hash 值）以及发生时间的个人数字证书。使用事件型证书完成一次签名后，私钥即刻被销毁，以保证所产生的签名结果，能唯一标识与当时签名事件相关的信息，无法伪造及抵赖。整个签章包含数字证书，数字签名，时间戳和加密后的电子数据组成。

图 1 "三位一体"管理体系

图 2 系统现场应用流程

施工管理 APP 系统在系统流程运行前，将施工现场业务数据导出至电子文件中，在工作流程节点中，每个流程步骤的审批都通过第三方电子认证平台的电子签名接口对电子文件进行电子签名。每个业务数据的更新与修改都在电子文件中保留痕迹，并在下次流程审批后通过电子签名，将业务数据的变化固定在电子文件中。第三方电子认证平台通过权威认证机构颁发的数字证书对电子文件内数据进行电子签名，从而进一步确保电子文件的完整性与不可篡改性[1]。

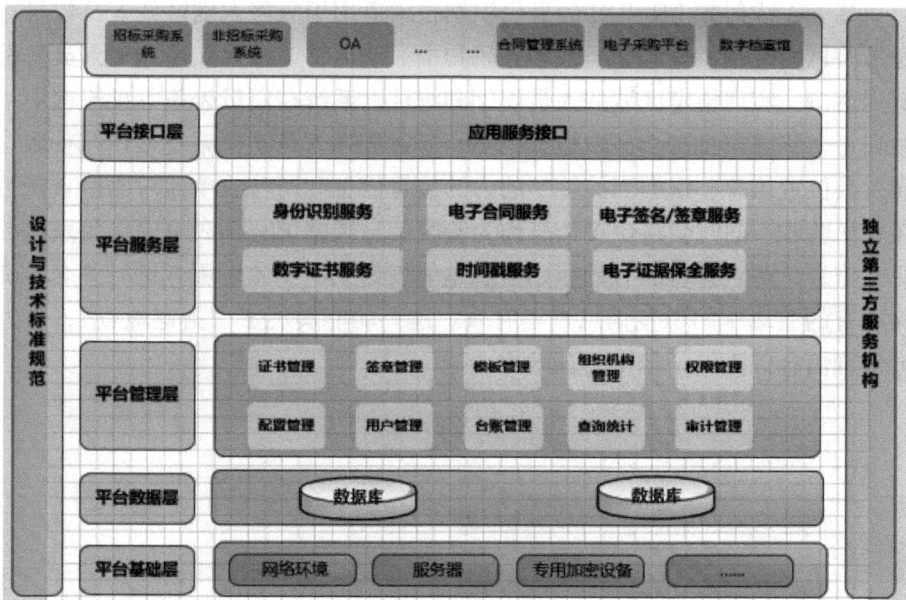

图 3　电子签名平台总体技术架构

2.2 人像拍照

为实现"特定人员"这一目标，系统除具备一套权限管控体系外，还提供自动拍照功能，在质量验评表单录入和审核人员在数据完成录入或审核的同时拍照记录操作人员，以备检查。通过将电子签名与人像拍照相结合，有效达到了"特定人员"这一目标，从人员角度保障电子档案凭证效力。

2.3 人员定位

白鹤滩水电站人员定位系统是白鹤滩水电站对现场人员加强合规化、精细化管理以及提高现场安全、质量管理要求的主要支撑系统。该系统归集施工区人员的基础信息，通过物联网终端自动采集位置等信息，实现人员的定位、轨迹跟踪及数据分析。系统主要采用北斗和 GPS 多星高精度卫星定位技术、基于 ZigBee 的地下洞室定位技术和基于无线射频（RFID）的身份识别技术实现人员和设备的室内室外全区域定位。室外人员卫星定位主要用于质量安全管理人员室外作业定位，由人员佩戴小型化的室外人员定位终端，利用终端内置天线接收卫星信号并通过运营商 3G/4G 网络的 VPDN（定向流量）通道将数据发送到数据解算平台，分析人员位置。

基于无线射频（RFID）的身份识别技术适用于只需识别区域人员数量和身份信息的应用，其原理类似于条码扫描。项目将该技术应用施工人员身份识别道口，实现指定区域的人员识别和统计。系统在质量表单审批流程中，做到每个步骤审批都会获取位置信息。通过调用人员定位系统接口，获取当前人员位置信息，根据当前签字的人的位置信息和所验收单元对比检查是否在现场验收。同时会将位置信息作为验收信息数据填写到表单中作为表单的原始信息，并且会将所有的原始信息整体发送到电子签章服务进行签名，确保所有的签章中的位置信息真实有效。这一功能实现了"指定地点"，从人员位置信息保障电子档案凭证效力。

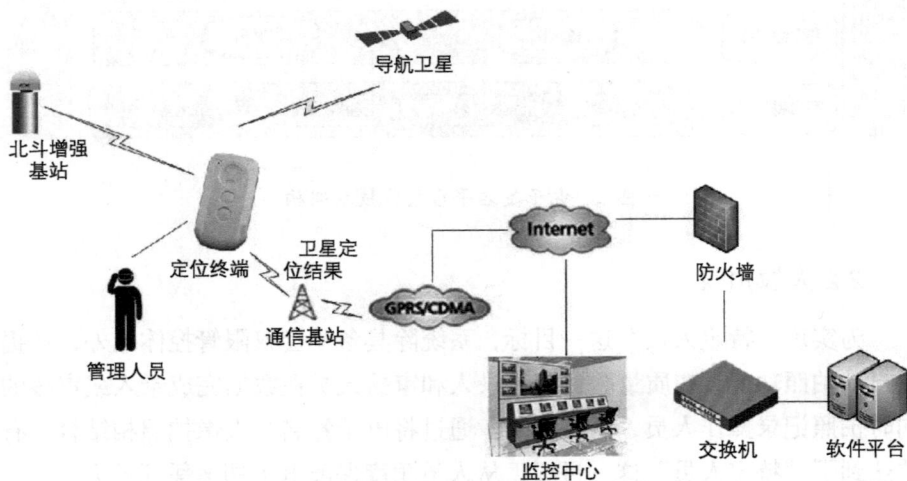

图 4　人员卫星定位实现方式

2.4 时间戳

常见的系统时间读取往往是取自本地时间或服务器时间，但无法有效保证电子文件的凭证价值。时间戳，即国家授时时间，提供电子签名的第三方电子认证平台在给电子文件进行电子签名时，电子签名内容中包含了时间戳信息，从而保证时间的真实性。提供电子签名的第三方电子认证平台在给电子文件进行电子签名时，电子签名内容中包含时间戳的签名信息，采用权威机构颁发的时间戳服务器证书，对电子文件的电子签名时间进行签名，确保每次签名时间的准确性。

3 多环节应用四性检测方案

参考《文书类电子档案检测一般要求》(DA/T 70-2018)，结合施工管理系统电子文件归档实际业务需求，制定施工管理系统电子文件归档四性检测规范，对归档到数字档案馆系统的电子文件封装包进行检测，以确保电子文件接口接收及后续整理归档和电子档案归档入库、长期保存过程中的真实、完整、可用和安全[2]。

为保障施工管理 APP 系统归档质量验评电子文件"真实、完整、可用、安全"，在接口接收、整理归档、归档入库、长期保存四个环节开展四性检测。

3.1 接口接收

施工管理 APP 系统向数字档案馆系统推送电子文件，数字档案馆系统接收电子文件前开展四性检测，检测项 22 项。

表 1　接口接收阶段四性检测项

序号	四性	检测内容
1	真实性	固化信息有效性检测
		内容数据的电子属性一致性检测
		设定值域的元数据项值域符合度检测
		说明文件和目录文件规范性检测
		信息包目录结构规范性检测
		信息包一致性检测
		元数据是否关联内容数据检测
		元数据项长度检测
		元数据项数据包含特殊字符检测
		元数据项数据类型、格式检测
		元数据项数据值合理性检测
2	完整性	信息包内容数据完整性检测
		元数据必填著录项目检测
		元数据项完整性检测
		总件数相符性检测
		总字节数相符性检测
3	可用性	目标数据库中元数据可访问性检测
		内容数据格式检测
		信息包中包含的内容数据格式合规性检测
		信息包中元数据的可读性检测
4	安全性	操作过程安全性检测
		载体中多余文件检测

3.2 整理归档

兼职档案员在数字档案馆系统中对待归档质量验评文件进行整理并发起归档流程前，数字档案馆系统会再次对待归档电子文件开展四性检测，检测项 14 项。

表 2　整理归档阶段四性检测项

序号	四性	检测内容
1	真实性	内容数据的电子属性一致性检测
		设定值域的元数据项值域符合度检测
		元数据是否关联内容数据检测
		元数据项长度检测
		元数据项数据包含特殊字符检测
		元数据项数据类型、格式检测
		元数据项数据值合理性检测
2	完整性	连续性元数据项检测
		元数据必填著录项目检测
		总件数相符性检测
		总字节数相符性检测
3	可用性	目标数据库中元数据可访问性检测
		内容数据格式检测
4	安全性	载体中多余文件检测

3.3 归档入库

专职档案员在数字档案馆系统中对已归档质量验评文件进行二次整理并发起入库流程前，数字档案馆系统会再次对待入库电子文件开展四性检测，检测项 16 项。

表 3　归档入库阶段四性检测项

序号	四性	检测内容
1	真实性	档号规范性检测
		内容数据的电子属性一致性检测
		设定值域的元数据项值域符合度检测
		元数据是否关联内容数据检测
		元数据项长度检测
		元数据项数据包含特殊字符检测
		元数据项数据类型、格式检测
		元数据项数据值合理性检测
		元数据项数据重复检测
2	完整性	连续性元数据项检测
		元数据必填著录项目检测
		总件数相符性检测
		总字节数相符性检测
3	可用性	目标数据库中元数据可访问性检测
		内容数据格式检测
4	安全性	载体中多余文件检测

3.4 长期保存

在电子文件长期保存过程中，数字档案馆系统会定期（一年）自动对在档案保管库的电子文件开展四性检测，检测项 24 项。

表 4   长期保存阶段四性检测项

序号	四性	检测内容
1	真实性	档号规范性检测
		电子档案封装包电子签名有效性检测
		电子档案封装包规范性检测
		固化信息有效性检测
		内容数据的电子属性一致性检测
		设定值域的元数据项值域符合度检测
		信息包一致性检测
		元数据是否关联内容数据检测
		元数据项长度检测
		元数据项数据包含特殊字符检测
		元数据项数据类型、格式检测
		元数据项数据值合理性检测
		元数据项数据重复检测
2	完整性	连续性元数据项检测
		信息包内容数据完整性检测
		信息包元数据完整性检测
		元数据必填著录项目检测
		总件数相符性检测
		总字节数相符性检测
3	可用性	目标数据库中元数据可访问性检测
		内容数据长期可用性检测
		内容数据格式检测
		信息包中元数据的可读性检测
4	安全性	载体中多余文件检测

4 电子文件长期可读

施工现场形成电子文件一般为普通 PDF 格式，这种普通 PDF 格式存在显示乱码、链接打不开等问题，从而影响电子文件的长期可读。同时，在应用电子签名之后，因为单个电子文件需初检、复检、终检、监理等多方确认签字，而传统的电子签名模式存在后续流程人员签字确认会破坏前序流程已签人员的电子签名的情况，为保障所有人员电子签名的有效性，往往需要保存多个版本的 PDF 文件，以记录每个签署人员的签署版本，此方式极大占用存储空间，而且造成利用不便。

4.1 选取 PDF/A 格式作为版式电子文件长期保存格式

PDF/A 格式是 PDF 格式的一个子集，是一种专为电子文件长期保存而设计的标准格式。PDF/A 格式将字体、格式、链接等信息嵌入文件自身，支持跨平台、跨系统阅读，在档案长期保管、利用过程中，可保证文件完整、显示准确。

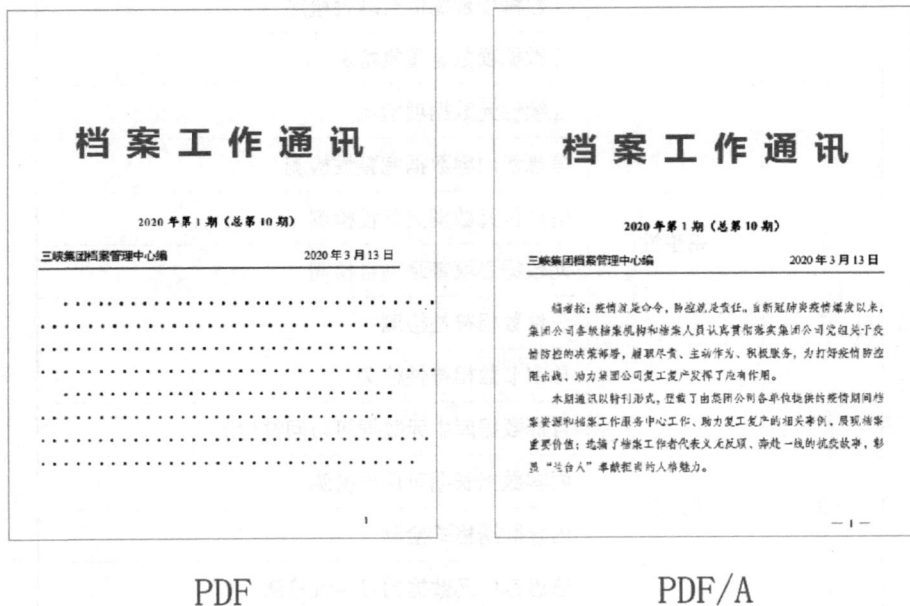

图 5　PDF 与 PDF/A 对比图

4.2 应用多版本电子签名与 PDF/A 格式相结合技术

通过设定签名域方式，将质量验评电子表单进行拆分，分为验评填报区域及各相关人员签署区域，各方签署人员电子签名保障范围为验评填报区域及本人签署区域，其他人员签署区域发生变化不会破坏本人的电子签名。同时，通过相关技术手段，将不同人员签署的版本合并在同一个 PDF/A 文件中，该文件默认显示最终的签署结果，但也可以查到过程中的版本信息，实现了多版本电子签名在一个 PDF/A 文件上签署、展示。

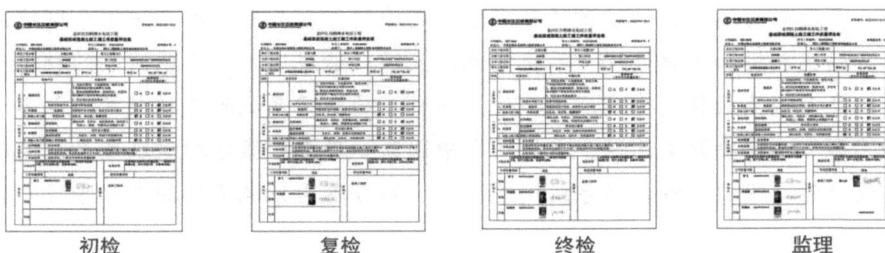

初检　　　　　　　　复检　　　　　　　　终检　　　　　　　　监理

图 6　多版本电子签名展示效果

5 结语

金沙江白鹤滩水电站工程基于施工管理 APP 系统的电子文件"单套制"试点是三峡集团在国家档案局指导下的一次有益探索，有效解决了建设项目质量验评电子文件"单套制"归档问题，通过综合运用电子签名、人像拍照、人员定位、时间戳等技术实现"特定人员、指定地点、规定时间"完成验评签字的"三位一体"管理体系，确保了施工现场验评电子文件真实、有效、合法，实现了单元工程现场完工、质量验评、工程计量、资料归档"四同时"管理，助力提升工程管理效率和水平，探索了工程档案管理的新模式。

注释及参考文献

[1] 全国人大常委会 . 中华人民共和国电子签名法 [Z].2019.

[2] DA/T 70-2018. 文书类电子档案检测一般要求 [S].

跨网络查档服务一体化机制研究与实现

孙毅辉

中国第一历史档案馆

摘要：目前我国多数档案馆的核心档案查询系统都是在馆内局域网部署，在互联网端开放的档案资源有限。局域网系统与互联网系统由于网络隔离，档案数据和用户数据在系统间无法互通，造成用户在互联网端的档案查询记录无法高效传输到局域网系统、用户在局域网系统的查档成果获取不便等问题。为解决此类问题，本文结合中国第一历史档案馆档案服务系统集群建设经验，提出一种打通系统网络壁垒、融合不同系统优势的查档服务一体化机制。

关键词：档案信息化建设；跨网络查档服务一体化；光盘数据摆渡机

0 引言

2024 年发布实施的《中华人民共和国档案法实施条例》中明确要求"创新档案利用形式，推进档案查询利用服务线上线下融合"；《"十四五"全国档案事业发展规划》中也指出，要"持续优化档案利用环境，简化档案利用程序"。

目前我国档案馆根据各馆实际情况，在互联网端开放的电子档案资源有限，用户需要实地到馆才能查询更全面的档案信息。随着我国档案数字化转型加速，新时代档案工作在环境、对象、管理流程和治理方式等方面均发生显著变化。打破内外网物理隔离壁垒，为用户提供预约查档到查档成果获取的一体化自助查档服务，是促进档案公共服务提质增效、优化档案利用环境的关键所在[1][2]。基于档案利用现状，本文设计了打通系统网络壁垒、融合不同系统优势的查档服务一体化机制，并在中国第一历史档案馆（以下简称"一史馆"）的档案利用信息化系统集群建设中应用。

1 国内外现状

随着数字政府建设的推进，目前我国国家级和省级档案馆在馆内局域网环境内已建设功能健全、资源丰富的档案查询系统，并面向社会提供服务，但受限于网络安全管理制度等因素，绝大多数档案馆在互联网端提供的查档服务较为有限，与局域网端的档案查询系统服务相互独立，查档用户在两端系统的个人信息、查档数据无法进行互通[3]。查档服务的主要形式为互联网查询档案目录，到馆查阅原文或档案图像，少数档案馆还提供部分档案原文供互联网系统检索利用。用户获取馆内查档数据的主要方式为个人摘抄、数字化图像打印、刻录光盘等。如中国第二历史档案馆、北京市档案馆、上海市档案馆为读者提供一定数量的纸质打印件或数字图像副本。浙江省档案馆等少数档案馆提供"电子邮件发送"服务。查档用户在互联网和局域网两端的查档连贯程度不高，用户获取馆内查档成果不便利。

2 跨网络查档服务一体化机制

跨网络查档服务一体化机制是打通互联网网站（以下简称"网站"）和馆内局域网档案查询系统（以下简称"档案查询系统"）之间的网络壁垒，实现系统跨网络数据互通，融合网站便捷访问和档案查询系统资源丰富的不同优势，整合系统间查档服务，提升用户查档体验，为用户提供从网站预约到馆内查档成果获取的全程自助服务。

查档服务一体化设计主要包含两部分，一是打破网络壁垒，实现网站与档案查询系统数据高时效同步；二是简化查档流程、提升查档体验，实现用户从网站到档案查询系统全流程自助查档。

2.1 网站与档案查询系统数据同步

实现跨网络查档服务一体化的技术前提是打通网络隔离壁垒，实现网站和档案查询系统数据同步。

2.1.1 系统数据同步内容规划

目前大部分档案馆网站可为用户提供部分档案资源的查阅并提供到馆查档预约功能。基于此现状，为实现查档服务一体化目标，网站需要向档案查询系统同步的数据（以下简称"网站数据"）包括用户基本信息、预约到馆信息、查档收藏信息。其中用户的基本信息包括用户的姓名、联系方式、证件信息等；预约到馆信息包括用户在网站预约的到馆日期和查档时间段；网站的查档收藏信息也需要同步到档案查询系统，以便用户在档案查询系统可以接续网站操作，节省查档时间，开展更深入的档案利用。

档案查询系统需要向网站同步的数据（以下简称"查档数据"）包括用户在档案查询系统的档案摘抄、档案图像下载等信息，将档案查询系统的查档数据同步到网站可以极大便利用户查档成果获取。

2.1.2 数据同步功能设计

网站和档案查询系统的数据同步可设计为手动同步或自动同步方式。

手动数据同步的主要流程为：开馆前，管理员登录网站管理后台，下载网站在前一天产生的网站数据，通过移动存储介质（例如 U 盘等）将此数据上传到档案查询系统，使档案查询系统获取当天到馆查档人员信息。闭馆后，管理员从档案查询系统下载查档数据（包括档案摘抄和档案图像等），并通过移动存储介质将查档数据包上传至网站。用户登录到网站，可以查看、下载在馆内档案查询系统提交的档案摘抄和档案图像等内容。

自动数据同步可免去管理员手动摆渡系统间数据包的工作，实现网站和查档系统间数据自动同步。此方案的核心是引入了数据摆渡机设备。目前市场上已经有较为成熟的数据摆渡机设备，可以实现跨网络的数据摆渡。通过使用数据摆渡机，在网站和档案查询系统分别设置定时任务，开馆前网站执行定时导出任务将前一天产生的网站数据自动导出到数据摆渡机指定的存储位置，馆内档案查询系统执行定时导入任务从数据摆渡机读取网站数据包，实现网站用户预约、查档收藏等信息同步至档案查询系统的目标。闭馆后，档案查询系统执行定时导出任务，将用户在馆内的查档数据导出至数据摆渡机指定的存储位置，同时网站启动数据定时导入任务，将馆内此数据导入网站，用户登录网站后可查看、下载馆内查档资料。

2.2 跨网络全流程查档自助服务

在打通网站和档案查询系统数据通路的基础上，可实现用户从网站预约到馆内查档成果获取的全流程自助服务。用户访问网站、预约到馆、验证入馆、签到、登录档案查询系统、馆内查询资料获取全流程自助操作，可全程脱离管理员协助。

用户在网站注册并预约查档后，网站数据会自动同步至档案查询系统。

用户到馆后无须再次进行相关信息登记，通过使用核验有效证件入馆、签到（一史馆使用一体机设备辅助完成用户签到等功能，将在章节 3.1 详细说明）即可登录档案查询系统。用户在馆内查档结束后，在档案查询系统的申请下载的查档数据自动同步到网站，用户无须在馆内等待审批，离馆后可在网站下载。实现用户从网站预约到馆内查档成果获取全程自助查档，无须管理员协助。

3 一史馆档案查询服务一体化实现

3.1 一史馆档案利用服务系统集群架构

一史馆用于用户档案查询和下载的数据为非秘数据，在现阶段的信息化建设工作中通过整合多个档案利用服务相关系统已基本实现查档服务一体化功能，涉及的主要系统和关键设备包括互联网网站、入馆闸机系统、数据摆渡系统、利用自助服务一体机（以下简称"一体机"）、局域网档案查询系统。整体架构如图 1 所示：

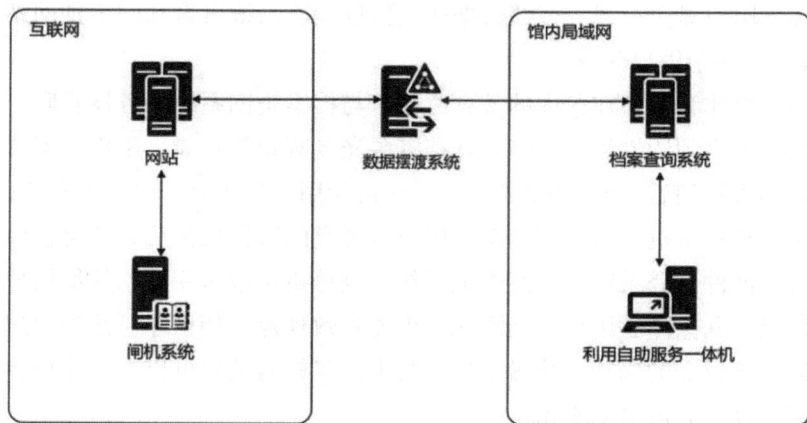

图 1　一史馆档案利用服务系统集群架构

网站部署在互联网云环境，主要功能包括档案目录数据查阅和馆内查档预约。此外，网站中包含与馆内档案查询系统之间的数据交互模块，实现用户网站数据和馆内查档数据在系统间同步。用户在馆内档案查询系统申请下载档案图像和档案摘抄可以在网站的"个人中心"模块下载。

闸机系统部署在一史馆入口，用于核验用户到馆预约记录。闸机系统通过互联网连接到网站服务器，可通过手持 PDA 和安检闸机两种方式读取用户有效证件（身份证、护照等），并与网站预约信息进行比对。

数据摆渡系统可以采用手动或自动数据同步方式实现，一史馆已实现手动存储介质数据摆渡，目前正在进行自动数据摆渡的建设，预采用光盘数据摆渡机实现网站和档案查询系统跨网络数据自动同步。互联网网站和局域网档案查询系统通过访问光盘数据摆渡机，可实现两系统间的数据互通。开馆前，网站执行定时任务将网站在前一天产生网站数据写入光盘数据摆渡机分配的光盘位，光盘摆渡机自动执行将此数据拷贝到档案查询系统能够读写的光盘位，档案查询系统定时将此数据读取到局域网系统内。闭馆后，以同样方式，可实现自动将档案查询系统的查档数据摆渡到网站中。

档案查询系统部署在一史馆局域网环境内。系统提供档案目录数据、档案图片、档案全文等资源的查阅服务。系统设计了快捷的档案摘抄和档案图片下载申请功能，用户可以便利地在系统摘抄档案信息或在线提交档案图片下载申请。与网站进行数据同步后，档案查询系统中保存有用户在网站端的查档收藏信息，用户可便利地读取此收藏信息，在局域网系统内继续进行查档研究。用户提交下载的查档数据通过数据摆渡系统可自动同步到网站"个人中心"，便于用户获取。

一体机作为用户在馆内的签到终端，与档案查询系统服务器互联。一体机为用户提供预约签到、选座、查档资源光盘刻录等功能。用户使用有效证件在一体机签到后，选择查档机位。一体机为用户展示查档机位分布平面图，并实时更新查档机位的占用情况。用户选择空闲查档机位后，即可在该机位输入有效证件号登录馆内档案查询系统。查档机位被占用后，其他用户无法随意登录，既保障了用户查档隐私，也能有效规范查档秩序。此外用户在档案查询系统提交的摘抄、档案图片下载申请审核通过后可以在一体机将数据刻录到光盘，并可带离本馆。

3.2 一史馆档案查询服务一体化服务流程

在使用光盘数据摆渡机完成网站和档案查询系统之间用户预约数据、用户查档数据自动同步的基础上，一史馆融合了网站、档案查询系统的服务能力，实现了用户全流程自助查档。

　　用户登录一史馆网站进行档案条目查询，如需查阅档案原图，可以在网站预约到馆查档。预约日，用户携带有效证件（网站注册使用证件包括身份证、护照等）到馆使用一史馆闸机系统核验入馆。入馆后，用户在查档室一体机进行签到和查档机位选择，随后在该机位可输入证件号登录档案查询系统。用户在档案查询系统可以查阅丰富的档案资源，进行档案资源摘抄、申请下载档案图像。申请内容待管理员审核通过后，系统会发出消息提醒。用户可以在馆内一体机刻录到光盘，也可以离馆后登录网站自行下载。查档服务流程如图2所示。

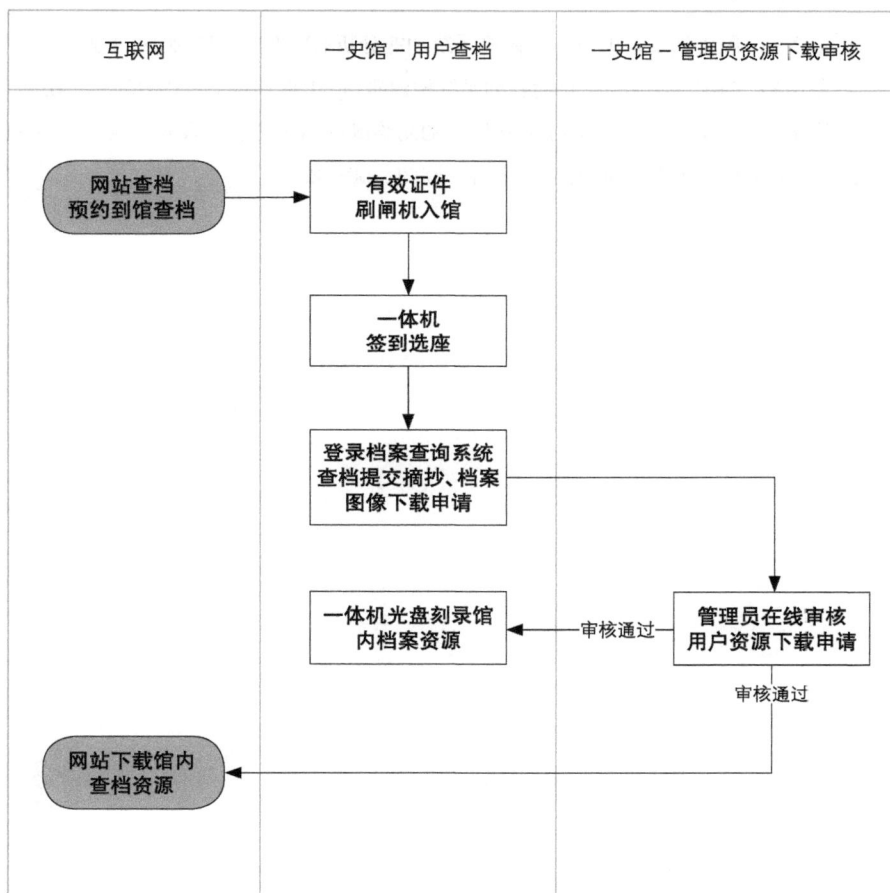

图2　一史馆查档服务一体化流程

4 结论

本文提出的打通网络壁垒、构建跨网络查档服务一体化机制，可在当前档案资源暂未在互联网完全开放的环境下，有效改善用户查档体验、提升查档效率。一史馆已将该机制应用在档案服务信息化建设中，取得了良好的社会效益。

注释及参考文献

[1] 李洪湖 . 民生档案自助查询一体机系统功能分析 [J]. 浙江档案 ,2019(3):59.

[2] 蒙艳姿 , 陈彤 . 城建档案自助查询系统构建研讨 [J]. 四川档案 ,2022(6):35-36.

[3] 许呈辰 , 吴厚清 , 唐伟 . 基于异构网络的测绘成果档案管理与服务实践探索——以浙江省测绘成果档案工作为例 [J]. 浙江档案 ,2023(1):50-52.

智慧数据驱动下海洋历史档案知识聚合与服务

华林　冯安仪　宋晓婷　梁泷予

云南大学历史与档案学院

摘要：我国各个历史时期形成了大量的海洋历史档案，这些档案蕴含有丰富的国人海洋历史活动痕迹与领海主权的证据性史料。本研究立足档案工作数智转型背景，提出基于智慧数据的海洋历史档案知识聚合与服务，在设定 URI 标识、RDF 元数据的基础上，进行海洋历史档案本体构建，并基于明代抗倭档案进行实证检验、可视化展示与知识服务探索，以为海洋历史档案知识服务研究提供新视角。在智慧数据驱动下开展海洋历史档案知识聚合研究，可实现其数字化、知识化、关联化整合与服务，为开展海洋治理，维护领海主权提供档案文化助力。

关键词：智慧数据；海洋历史档案；知识聚合；档案知识服务

1 海洋历史档案知识聚合问题提出

2022 年 5 月，中共中央办公厅、国务院办公厅印发《关于推进实施国家文化数字化战略的意见》，提到关联形成中文文化数据库、搭建文化数据服务平台和文化数字化治理体系。[1] 智慧数据是在数智时代大数据语境背景下产生的，具有富语义性、可计算性、可推理性、可追溯性、标签多维性等性质的高级数据组织形态，支持多种互操作，可应用于档案领域知识组织研究的新方向。首先，智慧数据富有较强的语义表示及关联能力，在档案数据的语义表示、内容解构、知识关联及知识图谱构建等步骤中均能起到关键作用。其次，智慧数据的可解释性、可推理性和可追溯性使其能够满足档案资源知识聚合中支撑计算、关联推理与循证溯源的需要，辅助解决当前数据质量参差、关联度较低等情况。最后，智慧数据备有高质量的数据要素，结合其标签多维性可赋能档案资源数据的各式分析、利用和服务视角，基于此面向细粒度知识开展用户服务。

本研究基于智慧数据，以海洋历史档案为研究对象，构建海洋历史档案本体模型，并借助 Protégé 工具实现了档案文本中人物、事件、时间、地点间的知识关联聚合，其研究创新在于：切实推动海洋历史档案挖掘与整合走向深化，实现档案知识交叉关联和可视化展示；有利于满足用户的多维需求，赋能用户导向的海洋历史档案知识服务；推动其知识序化与知识聚合，融入数字人文环境与对接档案开发需求，达到多维度知识语义表达的效果；广泛聚合共享历史档案数字资源，为开展海洋治理，维护国家海洋权益提供档案信息支持。

2 海洋历史档案知识聚合价值目标

我国海洋历史档案是指 1949 年以前，各个历史时期的中央政府、地方机构和个人等在海洋经略、海疆保卫、维护权益、捕捞生产、航海贸易、文化建设、宗教信仰、生态保护等活动中直接形成的文字、图表、音像与实物等不同形式的历史记录。我国现存海洋历史档案极其丰富，对研究海洋历史、构建海洋记忆、维护海洋权益等方面有重要参考凭证价值。

结合海洋历史档案自身特征，设计其核心类与属性，构建实体间关联关系，借助本体构建工具和知识图谱等手段进一步挖掘档案内人物、时间、地点与事件之间的交叉互联关系，实现海洋历史档案深度聚合，为用户提供易理解、易操作、易拓展、易明晰的海洋历史档案知识服务，研究价值在于：其一，抽取并分析海洋历史档案领域的核心概念和术语，构建本体模型和相互关联的交叉知识网络，根据档案内容将涉及相同事件、相同主题或人物的档案进行知识关联；其二，建立知识单元之间的多维度关联关系，推动海洋历史档案隐性知识显性化，拓展其知识服务广度和知识挖掘深度，实现红色档案的知识交叉关联和知识单元可视化展示，为用户提供更加细致的多维知识需求；其三，立足数智时代用户需求，对海洋历史档案知识单元进行聚合，而不仅局限于档案内部元数据信息，构建关联型、聚合型、智能型的档案知识集合，向用户提供一站式知识服务，以实现海洋历史档案的增值与创新利用。

3 海洋历史档案知识聚合研究模式

本文提出智慧数据驱动下的海洋历史档案知识聚合与服务，研究模式如下：其一，数据采集。鉴于海洋历史档案种类繁多，数量丰富，本文参照海洋历史档案已有研究基础，在梳理海洋历史文献概念界定、类型构成与档案特点，明确档案内涵外延、属类关系、价值特色的基础之上，从历史文书、涉海方志、海洋著述、地理舆图、遗址遗物、音像材料和口述资料等类型构建海洋历史档案资源体系，并以此为依据开展档案数据采集工作。其二，元数据描述，依据海洋信息数字标准，参考图书馆、博物馆、档案馆等数字化建设规范，构建以智慧数据治理为导向的通用元数据，即利用元数据统一对数据的结构及特征进行描述，实现对海量数据的高效率管理，为大数据向智慧数据转变提供相应的工具与基础。其三，本体构建。选用 OWL 作为语义描述语言，斯坦福七步法作为构建方法，Protégé 软件作为本体构建工具。参考复用 FOAF 本体和 CIDOC-CRM 模型为主要标准，通过核心元数据设置、对象数据属性添加、本体模型构建设计与实例添加，搭建实体间关系模型。其四，数据关联。引入关联数据的 URI（统一资源标识符）复用原则、RDF（资源描述框架）链接机制和 LOD（多细节层次）发布规范等，创建与发布海洋历史档案资源关联数据，以语义关联等连接、聚合与共享数字资源，深度揭示档案资源间隐含的关联关系，实现数据间 RDF 链接访问，发挥资源聚合的最大价值。其五，智慧应用。增强数据间关联和智慧程度，提高检索词与资源数据关键词间的匹配度，为用户提供愈加准确与全面的检索结果，从知识检索查询、知识推理发现和知识一站式服务三个方面提供海洋历史档案知识服务。具体研究模式如图 1 所示。

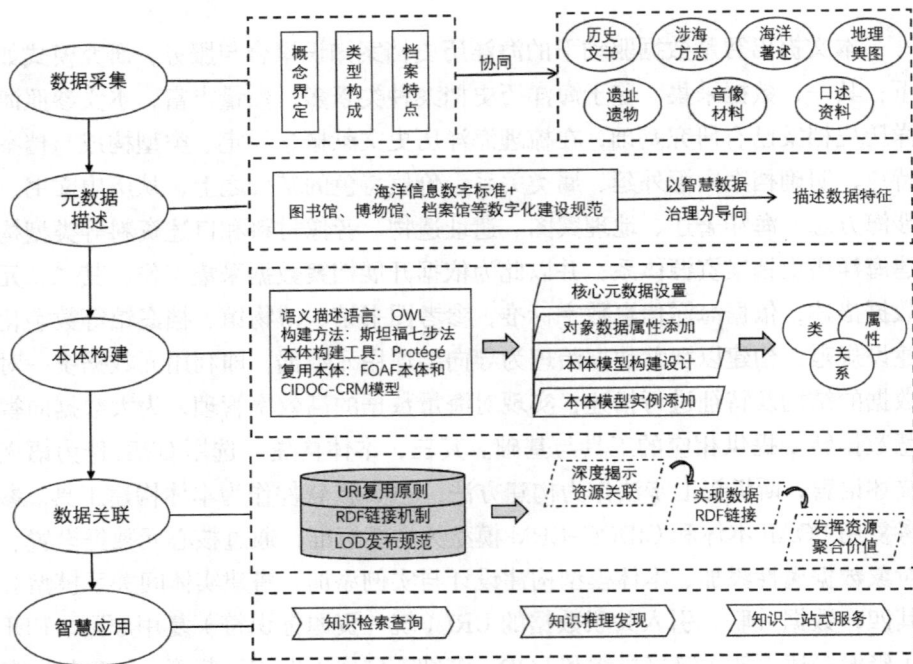

图 1　海洋历史档案知识聚合研究模式

4 海洋历史档案知识聚合实例研究

本文以明清海防档案为例，对上述所构海洋历史档案关联数据模型进行实例分析研究，以期为海洋历史档案知识聚合与服务提供参考。

4.1 数据采集与统合

以明清海防档案为研究对象，通过古代边疆研究信息服务平台，检索统计《靖海纪略》《海防纂要》《筹海重编》《条陈防海事宜议》《海防图论》《备倭图记》《倭情考源》《皇明驭倭录》《使琉球录》《琉球实录》等明清海防文献数据，以其为基础开展实证研究。

4.2 资源元数据描述

4.2.1 设定 URI 标识

首先利用统一资源标识符（URI）对资源数据进行标识，根据关联数据原则，需采取 HTTP URI 模式（http:// 的形式）为采集的数据源提供标识。[2] 而 URI 的基本结构为基地址＋实体类型名称＋实体编号。本文设定 http://hylsda.com 为海洋历史档案资源管理网址，即 URI 的基地址；实体类型名称则为历史文书（Historical documents）、涉海方志（Coastal chronicles）、海洋著述（Marine works）、地理舆图（Geographical maps）、音像材料（Audio-visual materials）、口述资料（Oral materials）等。则历史文书下设经略文书数据 1 对应的 URI 标识就应为 http://hylsda.com/Strategic documents/000000000001。[3]

4.2.2 构建 RDF 元数据

利用 RDF 描述工具进行资源元素描述，并构建 RDF 元数据图。明代海防文献多将倭寇视为主要关注对象，其文献主题包括"备倭""筹海""海防"等。鉴于明清海防文献数量众多，本文选取具有代表性的海防事件——明隆庆至万历年间抗倭事件相关记载数据为研究对象，参考《海防纂要》《筹海图编》《海防类考》《两浙海防类考续编》《明史》《中国海防史》《明经世文编》等文献记录，结合上文设计的海洋历史档案元数据标准进行 RDF 元数据图构建，构建时选择了该系列事件的战役名称、战役时间、作战人物、船只数量、倭寇数量、作战过程、战役结果等情况进行描述，参见图 2。

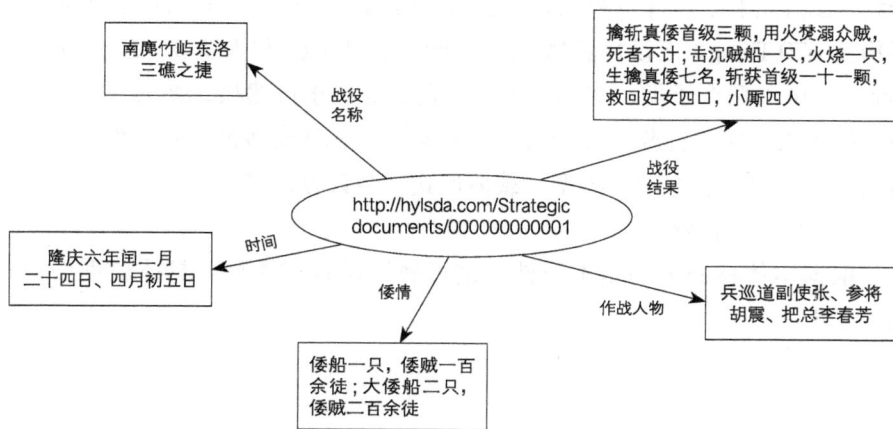

图 2　明隆庆至万历年间抗倭档案元数据 RDF 图

4.3 本体设计与构建

本文采用斯坦福大学的"七步法"进行明抗倭档案数据本体构建，并基于其实际特点进行实体对象构建与属性添加。

4.3.1 核心元数据本体设置

本文根据收集到的明抗倭档案数据，结合 VRA Core、DC、FOAF 及其他通用本体标准，将明抗倭事件相关核心概念进行梳理分类，并依据其实际情况设置明抗倭档案核心元数据本体，具体设置主题、主体、时间、地点、事件、类型、事物、资源等概念作为本体核心类：

主题（Subject），"抗倭"是明代海防的重要主题，明抗倭档案的主题主要聚焦于"备倭""筹海""海防""练兵"等，内容涉及抗倭战役、武器军火、战术阵法、练兵选将等方面，其军事特征较为明显；主体（Agent），主体类包括人物个体与单位、家庭、军队等群体，参考复用 FOAF 本体，将涉及主体划分为个体（foaf:person）和群体（foaf:group）两类；时间（Temporal Entity），以"年、月、日、时"对档案中所涉时间数据进行标记，复用 CIDOC CRM 模型中的时间类 E2 Temporal Entity，并参考 time 词表将其分为时间点（time:time instant）与时间段（time:time interval）两个子类；地点（Place），复用 CIDOC CRM 模型中的地点类 E53 Place，从"省、市、县（区）"具体至岛屿、礁石和江海河流；事件（Event），复用 CIDOC CRM 模型中的事件类 E5 Event，对具体抗倭事件涉及的人物、时间、地点、起因、经过、结果进行描述；类型（Type），指明抗倭档案的呈现形式，将其划分为文本资料、口述资料、图片资料、声像资料四种；事物（Thing），参考复用 CIDOC CRM 中的事物类 E70 Thing，下设自然物（E18 Physical Thing）与人造物（E71 Human-Made Thing）两个子类，花草、树木、石头等属于自然物，弹药、火器、船只等属于人造物；资源（Resource），用于描述档案资源的名称、作者、发表时间、归档时间、主题、类型、载体形式、装订方式等。

4.3.2 属性添加

根据本体核心类的基本属性，进行属性设置与添加。具体属性设置参见表 1。

表 1 明抗倭档案部分属性

核心类	扩展类	数据属性	对象属性
主题 (Subject)	备倭 (attack the Japanese pirates)、筹海 (prepare naval battles)、海防 (coastal defense)、练兵 (train soldiers)	战役名称 (campaign name)、战役涉及人物 (characters involved in the campaign)、战役时间 (campaign time)、战役地点 (campaign location)、战役结果 (campaign result)	指挥了 (ccmmand)、发动了 (initiate)、发布了 (release)、筹备了 (prepare)
主体 (Agent)	个体 (person)	姓名 (name)、年龄 (age)、性别 (gender)、籍贯 (ancestral place)、职务 (post)、出生年 (birthday)、卒年 (death day)、	出生于 (born in)、死亡于 (die in)、就职于 (work as)、某人的战友 / 上下级 (comrade/ superior of/subordinate of)、参加了 (take part in)
	群体 (group)：家庭 (family)、单位 (unit)、小组 (group)、军队 (military)	名称 (name)、负责人 (person in charge)、成立人 (founder)、成立时间 (establishment time)、成立地点 (establishment location)、群体人数 (number of group members)、部队番号 (unit number)	发起了 (launch)、成立于 (established in)、成员有 (has members)、位置在 (location is)
时间 (Temporal Entity)	时间点 (time instant)	年 (time:year)、月 (time:month)、日 (time:day)、时 (hour)	在 …… 时间点之前 (before……time instant)
	时间段 (time interval)	持续时间段 (duration period)	在 …… 时间段之前 (before……time period)
地点 (Place)	省 (province)、市 (city)、县 / 区 (county)、镇 (town)、村 (village)	名称 (name)、岛屿名称 (island name)、岛屿位置 (island location)、礁石位置 (reef location)、河流名称 (river name)	–

（续表）

核心类	扩展类	数据属性	对象属性
事件 (Event)	/	事件名称 (event name)、类型 (event type)、发生地 (located at)、起因 (cause)、结果 (result)、起始时间 (started at time)、结束时间 (ended at time)、相关人物 (related person)、相关地点 (related place)、相关事件 (related event)	发生于 (occurred on)、源起于 (originate from)、名称是 (name is)、结果是 (result is)、影响是 (impact is)
类型 (Type)	文本资料 (text materials)、口述资料(oral materials)、图片资料 (image materials)、声像资料 (audio-visual materials)	文本页数 (text pages)、图片长度 (image length)、图片宽度 (image width)、音视频时长 (audio and video duration)、音视频大小 (audio and video size)、格式 (format)	—
事物 (Thing)	自然物 (physical Thing)、人造物 (human-made thing)	名称(name)、大小(size)、用途 (value)、归属人 (owner)	属于 (belong to)、被转送 (forwarded)
资源 (Resource)	命令 (orders)、指示 (instructions)、书信 (letters)、手稿 (manuscripts)、日记 (diaries)	名称 (name)、作者 (author)、发表时间 (publication time)、归档时间 (filing time)、主题 (theme)、载体形式 (carrier)、装订方式 (binding method)、类别 (category)、版本 (edition)	发表于 (published in)、归档于 (archived in)、收藏于 (held by)

4.3.3 本体构建

首先，选用 OWL 作为语义描述语言，斯坦福七步法作为构建方法，Protégé 软件作为本体构建工具。参考复用 FOAF 本体和 CIDOC-CRM 模型为主要标准，提炼"事件""人物""地点""时间""物品""类型"等核心概念集作为明抗倭档案本体的顶层概念，为后续的细化描述与实例化奠定基础；其次，以系统化方式描述"类""属性""关系"，搭建实体间关系模型，并将文献资源中主体、事件、时间、地点及其他数据及其属性添加至Protégé工具中，转化成以三元组形式呈现的逻辑关联数据；再次，对整理后的数据进行实体消歧、共指消解操作，减少数据表述歧义、冗余及同物异指等问题，并从中抽取实体关联关系，将转化后的RDF元数据进行关联；最后进行实例添加，将"长白港之捷""裘村朱家店戴鼊湖陈之捷""剑山海洋之捷""南漩绿鹰之捷""五瓜湖之捷""南麂竹屿东洛三礁之捷"等事件和其发生时间、地点、参战将领与结果进行添加（详见图3），以此形式向用户展示关联关系，以揭示不同文献描述中明抗倭捷战间的隐含关联。

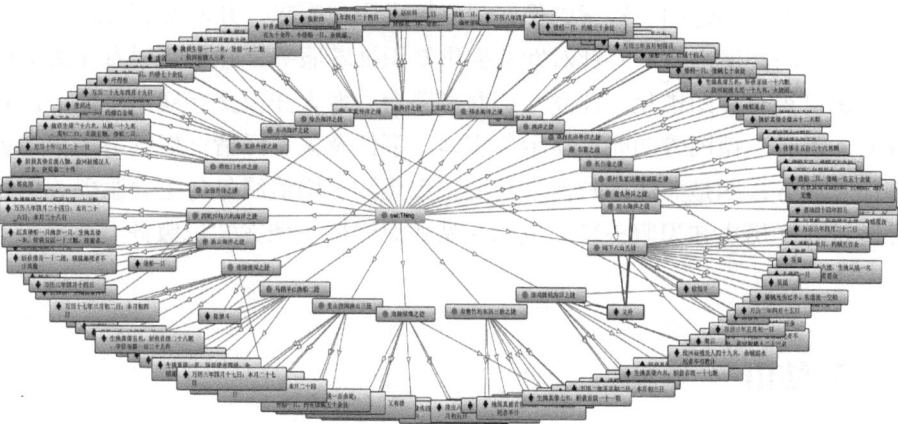

图3　明代抗倭事件关联图

4.4 知识应用服务

首先是知识检索查询。一方面，可利用Protégé工具调用编辑语句，通过OntoGraf窗口实现关联知识检索，如检索"艾升"，可关联至事件"长白港之捷""裘村朱家店戴鼊湖陈之捷""剑山海洋之捷""浪冈陈钱海洋之捷"，也可关联至人物"王尚文""徐锦星""马自道"，且每个实例都有彩色箭头相连，不同颜色的线条表示不同的关系，例如艾升–长白港之捷之间为参与关系，艾升–徐锦星为战友关系；另一方面是扩展查询，将"冈下八山五战"相关实例全部展开可发现客寅、樊云、徐景星、陈仕贤、吴昆的战友关系，也可由"时间：万历三年五月初一日"关联至同天发生的事件"徐公海洋之捷"，以此也可推理得出相应的战友关系、上下级关系或亲缘关系，由此拓展进行海洋历史档案的知识推理与扩展查询。

其次是知识推理。可利用 Protégé 中的 Hermi T 推理机功能，参照 SWRL（Semantic Web Rule Language）规则语言，在 SWRLTab 页面新建规则，如人物 (?x1) ∧ 年龄 (?x1,?x2) ∧ swrlb:lessThan(?x2,35) ∧ swrlb:gresterThan (?x2,14)->年龄段 (?x1,"青年")，该语句表示年龄大于 14 且小于 35 的人物，其年龄段记为青年，以此推理功能可高效筛选出"青年"的人物。

最后是知识一站式服务。基于海洋历史档案知识服务的目的，在知识提取、关联和聚合的基础上，提供知识一站式服务。一是根据用户具体知识需求，挖掘海洋历史档案资源间语义关系，设计功能化、专业化、多样化和智能化的知识服务内容，实现档案资源信息交互与延申拓展；二是匹配用户检索数据，据此构建用户检索画像，深度探索用户需求，并匹配和推送其"可能喜欢"的档案内容，有针对性地提供知识推荐服务；三是实现海洋历史档案知识可视化和图谱化，建立知识共享平台，融入知识交互展示页面，设置放缩、跳转、截图等功能，显示各实体、事件及关系详情，提供给用户知识级信息服务；四是关注用户需求转变，聚焦知识增值服务与主动服务，构建并链接海洋历史知识服务环，供以一站式海洋历史档案知识服务。

5 结语

在数智时代，"知识孤岛""知识迷航"等现象日益普遍，单一传统的档案信息服务越发难以满足用户精细化、知识化、多元化的智能需求，知识服务代替信息服务已成数智时代趋势。本文结合富语义性、可计算性、可推理性、可追溯性、标签多维性等性质的智慧数据，引入本体概念实现海洋历史档案知识聚合，通过对档案文本进行语法结构处理与语义标注，深度挖掘知识单元间的多维关联关系，借助可视化技术实现海洋历史档案的细粒度知识组织与深层次知识关联，以用户知识检索查询、推理发现与一站式服务等应用为用户提供海洋历史档案个性化知识服务，为开展海洋治理、建设海洋强国贡献档案力量。

本文系教育部重大招标项目"元明清时期中国边疆治理文献整理与数据库建设研究"（21JZD042）的阶段性研究成果。

注释及参考文献

[1] 中国政府网 . 中共中央办公厅 国务院办公厅印发《关于推进实施国家文化数字化战略的意见》[EB/OL].(2022-05-22). https://www.gov.cn/xinwen/2022-05/22/content_5691759.htm.

[2] 许鑫 , 张悦悦 . 非遗数字资源的元数据规范与应用研究 [J]. 图书情报工作 ,2014(21):13-20.

[3] 华林 , 冯安仪 , 谭雨琦 . 关联数据环境下我国海洋历史文献资源知识组织研究 [J]. 数字图书馆论坛 ,2023(8):15-25.

面向"一线双核多应用"的
核电文档智慧转型框架构建

施千里

福建福清核电有限公司

摘要：本文阐释了核电文档智慧转型的"一线双核多应用"战略框架，对该框架的背景、主要内涵、实现方式以及实现步骤进行了论述，形成了核电文档智慧转型的基本目标与实践纲要。在核电文档智慧转型的总需求下，以"一线双核多应用"的战略框架能够为核电文档智慧转型提供具有动态性、灵活性、全景式、发展式的方法论基础。

关键词：核电；文档；智慧；转型

0 引言

随着人工智能技术的发展应用，核电文档智能化管理呼声渐高。近年来，话语转向、研究趋热、实践倒逼拧成一股力量，推动并加速了核电文档智能化管理跃迁进程。总的来看，核电文档智能化管理跃迁已经具有了一定的基础，有条件的文档部门可以在文档信息化的基础上谋划跃迁工作。然而，向什么方向跃迁却一直困扰着核电文档部门，当前政策层面尚无明确框架，具体实践也未达成共识。福清核电在推进文档智能化方面取得了一定的成果，创新提出了核电文档智慧转型的"一线双核多应用"总体战略框架，为核电文档智能应用体系的构建提供了基本纲领。

1 "一线双核多应用"战略框架的背景

我国企业、政府、社会组织的电子文件与档案管理工作朝向单套化、数据化、连续化、智能化、协同化与参与化等宏观目标不断迈进，基于区块链的电子文档管理模式、基于人工智能的电子文档管理程序设计、大数据时代的文档工作等业已成为信息管理科学尤其是档案学的研究重点和热点[1][2][3]。而关注各类智能技术对文档管理的深刻影响，考察文档的数据属性并探求大数据时代文档管理的模式，是技术与实践背景下文档研究者和工作者的应有之义。由带有智能属性的、能够在一定程度上代替人类完成文档管理工作的计算机成了解决大数据时代文档管理问题的突破点。因此，与核电行业的业务转型理念相应，"智慧"二字同样是文档管理转型的核心目标。综上可见，整体性的核电业务发展需求与相对个体性的核电文档管理变革需求，在"智慧转型"这一宏观愿景上达成一致。

另一方面，"一线双核多应用"的战略框架是对核电文档管理"智慧转型"理念进行详细研判与分析综合的基础上得出的，体现了核电文档管理智能化的基本思路。通过"一线双核多应用"的层次化部署与分阶段实践，能够有效完成核电文档管理"智慧转型"的宏观愿景与既定目标。

2 "一线双核多应用"战略框架的主要内涵

结合核电文档管理的应用需求与实践现状，福清核电提出了面向智慧转型的"一线双核多应用"结构框架，如图1所示。该框架以"一线双核多应用"理念为依据，可自底向上划分为"数据层""技术层"与"应用层"三个层次，分别与"一线""双核"及"多应用"的内容要素相对应，每一层均为上一层的基础层，为上层提供必要的数据来源和技术保证，最终实现于顶层的业务应用及知识服务，从而在纵向视角上分层次实现核电文档管理的"智能转型"。

2.1 "一线"内涵

"一线"理念以实践需求为准，探索核电业务全寿期与核电文档生命周期的交互关系，这一关系更侧重于数字环境下业务全寿期与核电文档生命周期之间多个阶段的数据灵活交互，实现核电业务连续与文档数字连续的双线并行，而非各阶段之间点对点的映射。同时以业务需求为导向前置文档干预，保证文档数据的真实性、完整性、可信性、可用性、全面性、针对性、高质量，并从中明确核电全寿期业务场景，实现业务流程管理与业务实践发展的文档赋能，把握好核电文档智能化建设的关键点。

2.2 "双核"内涵

"双核"分为"技术核"与"知识核"两个部分，分别代表核电文档 AI 中台与核电文档知识库。其中，"技术核"的文档 AI 中台技术体系是以通用性技术为基础，定制化技术算法为核心，在应用前台与数据后台之间创造性地架设中台，从而以算法调用需求为导向实现 AI 算法资源的灵活配置与集成，完成如图像识别、自然语言处理、语音翻译等不同文档处理任务，该体系将以文档智能管理系统为基础实现敏捷开发、快速迭代的技术体系目标，打破业务应用之间的技术壁垒，构建全企业的技术总体架构。"知识核"则以知识组织为核心方法、知识图谱为技术支持、知识聚合为操作目标，构建细粒度、多维度的核电文档知识库，从而形成各个业务领域知识库为内容的一体化知识体系。"双核"驱动是以"技术+知识"的模式带动各个领域业务应用的独立开发，定制化服务应用，提升文档利用率，增强企业文档管理水平，转变文档管理工作模式，进而实现"智慧转型"的总体目标。

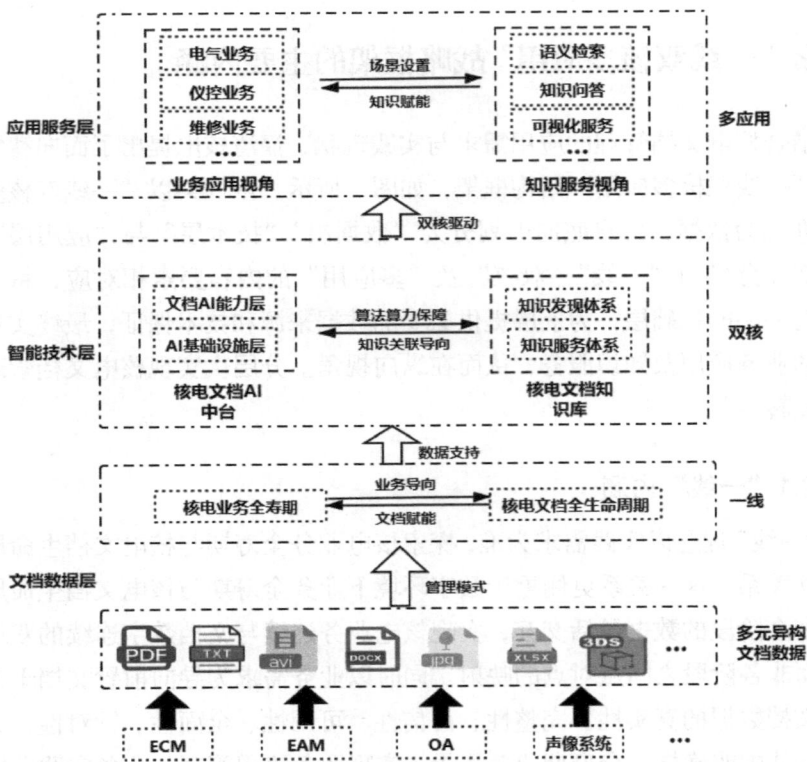

图 1　核电文档管理智慧转型的"一线双核多应用"战略框架

2.3 "多应用"内涵

在厘清"一线"及"双核"的技术基础与实践内涵的基础上，提出面向泛在业务场景的文档智能服务集成的"多应用"模式，该模式将直接面向场景进行服务型应用系统建设，将形式复杂的、技术难度较高的、重复性的数据整理工作在"一线"的框架下交由"双核"统一处理。"多应用"之"多"首先可以划分为两个认知维度，从核电业务应用视角来看，知识化的核电文档可涵盖电气、仪控、维修等不同技术操作内容，极大提升业务知识检索和利用效率；从知识服务角度看，可包括语义检索、个性化推荐、知识问答、知识计算、知识推理等不同服务内容，从而将不同维度的文档知识服务进行有效集成。整体而言，"多应用"模式能够减轻构建应用系统过程中的复杂度和长周期，使新的应用系统能够快速相应业务需求，规模构建并集成智能服务，快速调整业务状态，专注于痛点解决，更好地开展核电文档知识服务。

3 "一线双核多应用"框架的实现方式

"一线双核多应用"的结构框架决定了基于文档与业务"双重生命周期"部署、融合知识核与技术核完成对核电文档数据进行知识单元细粒度的组织分析，利用 AI 技术灵活组配建设应用能力，最终面向核电业务与企业管理活动提供智能服务的实现模式。

3.1 一线：核电全寿期与核电文档生命周期交互作用的部署引导

核电企业的工程业务流程与核电文档数据特征要求其文档管理更有必要从业务流程、项目管理的角度出发，将核电文档管理与核电厂的全寿期管理相结合，从而解决核电文档与业务的适配度问题，达到及时更新、实时应用的业务支撑效果。具体到核电设备的设计、施工、调试、运行直到退役各个阶段的全部环节，都要落实以业务为导向的全程管理思维，才能保证文档信息在部门间流转的互操作性与一致性；而仅有文档管理部门与业务部门的配合是不够的，还需要信息技术、制度规定等各方的参与，作为文档和业务流程"双周期"映射模型的前提、基础和根本条件。

在文档产生、捕获、保管、处置、利用、保存的全生命周期中实现文档标准化和编码管理活动的集成，是"双周期"管理的前提：结合业务人员的参与，对文档管理制度进行顶层规划、编写和发布，以保证各模块做到统一制度、分级管理；制定统一且唯一的文档编码，需包含与业务流程相关的物项信息等，用以贯穿业务文档管理始终；另外，建立统一的文档管理信息系统，确保数据信息的实时传输与共享、畅通文档流转过程。构建核电数据池，进而形成文档知识库，是贯彻全寿期与文档生命周期管理的基础：根据文件连续体理论和数字连续性思想，核电文档的管理应能随时实现文档再利用，甚至转化形成新的核电文档、重新流转到核电文档管理的循环中。因而，将核电文档放入数据池进行分类、整理、汇总和信息技术挖掘加工，提取内容知识信息，再按一定的知识表示和组织方法存入核电知识库中 [4]，也是"双周期"对于技术核、知识核建设的部署要求。最后，"一线"发挥指导作用的根本是将核电数据与企业发展决策紧密结合：在核电企业发展决策向下指导核电文档信息分析的同时，核电数据也应当反向驱动企业的策略部署；核电文档作为核电企业业务数据的来源，是核电企业进行量化的基础和依据，其信息分析处理的结果也对企业调整发展策略有重要意义。在这样的思路下面向业务需求部署上层应用，才能实现"文档—业务"的灵敏反馈。

3.2 双核："技术核"与"知识核"的双核驱动构建设计

"双核"的"技术核"与"知识核"是借助 AI 赋能、使得核电企业文档知识可视化的建构应用模式，二者相辅相成，共同推进知识服务智慧转型。

知识核的构建主要是提供一种基于知识库搭建来进行核电文档知识化组织与聚合的研究角度，从"知识单元"粒度分析挖掘文档内容，形成包含显隐性知识的多维知识体系，从而推动企业智慧转型。通过知识库实现文献传递到知识服务的转型，包括原始文档到知识单元的转化、知识单元关联形成知识图谱、知识图谱应用得出知识答案，最终形成不同形式的文档智能服务。其中，知识发现主要用到的技术包括实体识别、对象检测、关系抽取等：实体识别主要解决核电文档中诸如部门、岗位、业务、产品等业务活动中关心的专有名词知识提取；对象检测主要负责将图表内的知识挖掘出来对知识库进行补充完善；实体间语义关系的抽取则协助构建广泛的信息关联。这种以本体、语义网与知识图谱为代表的知识组织模式，实现文档知识的细粒度挖掘，并以三元组的形式表示、存储，再结合实体识别、关系解析等信息的自动理解过程，实现知识关联与推理。而智能化的知识可视及知识服务的实现则侧重挖掘个体单元、文献单元或知识单元之间的相关性规律，应当积极利用机器学习技术提高文本分类、实体消歧、关键词标引、情感分析等各环节的效率和质量。在这个过程中，对文档内容语义化、结构化的深度知识聚合是完成知识发现、知识组织的关键。采用自底向上的整体设计思路，从文档资源的"抽取""表达""聚合""利用"四大环节对核电文档数据进行处理，经过高效化知识抽取、概念化本体构建、关联化知识聚合以及智能化知识服务将其转变为文档知识，从而实现文档的表示结构化、组织知识化、利用智能化，最终实现知识导向的核电文档服务模式重构。

打造以核电文档 AI 中台为基础的技术核，是对各种 AI 技术、算法进行集成化管理和自由组合，以实现面对前台业务服务需求的敏捷化开发与快速响应。在具体实现上，考虑参考一般应用系统与中台架构的思路，再结合核电文档管理服务业务特点，搭建数据层、AI 基础设施层、文档 AI 能力层三层框架模型。其中，数据层的数据存储于数据库，数据库中的数据经过清洗、筛选、标注，被抽象封装成服务，作为 AI 中台模型训练的数据基础。AI 基础设施层强调各类通用技术的开源开放，以开放接口、模型库、算法包等形式向公众提供开放共享式的服务，利用数据层提供的数据进行进一步提取与解析，以此为基础进行 AI 学习、预测、分析，形成可复用的模型库；作为中台的底层通用算法训练层，它将各项最基本的 AI 算法能力池化，提供外部接口以便上层进行调用组装。文档 AI 能力层是根据具体的核电业务服务需求，对 AI 基础设施层中各项基本算法进行实时调用、拼接整合，形成面向不同智能服务的 AI 算法功能，即形成各种 AI"工具包"，完成系统 AI 能力的调用集成。而核电文档 AI 中台实现能力调配、发挥作用的关键在于架构解耦与应用能力的复用，通过不同能力的组配、功能逻辑的实现，构筑多种不同的应用。每个 AI 应用能力的敏捷化开发大体都经过业务需求理解、模型能力学习、模块集成处理三大环节的开发生命周期：基于业务场景、技术需求进行数据处理、模型学习和能力构建，经过评估和部署的模型完成开发并进入性能监控阶段，再进一步实现模型的应用、完成文档数据的分析与展示，实现 AI 能力开发后的模块化功能集成与接口调用，这是一个半闭环状态的过程。

3.3 多应用：打造核电文档多业务场景下的知识服务应用

以场景导向解决业务需求、以需求驱动搭建多类型应用，构建直接面向核电业务场景服务的文档服务系统，是核电文档智能管理、智慧转型的最终目标。"多应用"的实现基于知识库的构建完成知识服务应用的部署、基于文档 AI 中台减少应用能力的重复建设，最终达到规模构建智能服务的效果。

一方面，建设过程中需要根据核电厂运行的实际生产业务场景整理相关业务需求、整理相应的技术要求与知识要求，通过业务场景构建来实现用户群需求分析，进而有针对性地提供知识服务。由于核电企业服务的应用场景多，且功能需求各不相同，产生的文档类型也各类各样，可能的维度包括生产场景、设备管理、合同管理、技术场景等，需要对应的构建多种应用体系。另一方面，根据业务需求进行文档资源多应用类型的探究，其本质上讲是按需进行文档应用设计。考虑到业务需求更新变化速度之快，系统建设也应当采取先进成熟的技术与良好的分层设计，从而能够根据需求变化不断迭代，在保持原有业务处理不受影响的情况下、对 AI 能力进行模型更新或新算法模型的植入。随着企业管理模式的进步，智能文档服务不仅关注对于显性知识需求的满足程度，也要求进一步发现和匹配用户的隐性知识需求，从多方面提升服务质量。针对显性知识需求，应能够提供基础性知识服务，满足但不限于语义检索、智能问答、知识地图、路径发现、分类索引、关系抽取、内容分析等功能；而针对隐性知识需求，对于核电文档的知识利用不仅要求准确地实现简单的表层统计分析，还需要开展核电文档数据价值发现研究，通过文档知识化发挥其数据价值，从而支持生产决策、打造基于业务场景的定制化知识服务。最终，文档智能管理体系应当具有持续扩充 AI 能力、适度变化的能力，通过知识库为知识服务提供所需知识数据、通过智慧大脑提供所需的技术算法，以各种延伸性模块来实现个性化推荐、专业化定制智能化导航等应用能力，为后续各个业务场景接入全体系的文档知识管理提供可能。

4 "一线双核多应用"战略框架的实现步骤

核电文档管理的智慧转型并非一蹴而就，而是在"一线双核多应用"战略框架的主导下实现分阶段设计、迭代式推进，依据文档数据类型、文档管理需求、文档服务内容及文档赋能场景的变化而不断调整更新，使得核电文档的智慧转型在数据与业务相交互、知识与技术结合助力的基础上始终处于动态建构过程。

在既有的战略框架中，"一线"可作为核电文档智慧转型长期性的理论支撑，"双核"以及随"双核"而演进的"多应用"两个层次是阶段设计与内容演化的主体要素，AI 技术内核与集成模式的更新调整、知识库类型及功能的不断转变是阶段设计的重要表现。基于上述思想,本研究对"一线双核多应用"战略框架进行了阶段性部署,如图2所示。

初始阶段:总体设计与实证开发	进阶阶段:场景拓展与技术融合	成熟阶段:全面推广与开放技术
一线	文档生命周期与业务全寿期交互研究	文档数字连续与业务连续的关系进一步探索	基于数字连续的核电大数据全方位、多向度、一体化治理
双核-技术核	AI通用技术中台与基础平台搭建	AI进阶技术中台与核心应用验证	面向智慧大脑的AI技术持续集成与开发技术库
双核-知识核	文档知识图谱基础建设	面向多场景的文档知识库拓展建设	核电大数据知识库全面落地
多应用	专项文档开发利用实证测试平台	核心场景文档开发利用平台设计与建设	核电文档智能知识服务门户平台

图2 "一线双核多应用"战略框架的阶段性演化

4.1 总体设计与实证开发阶段

核电文档智慧转型模型的总体设计与相应的实证性研发是首阶段探索与试验的重点。首先,研究者应对本公司核电文档管理工作进行全面地梳理和调研,明确业务流程、业务相关流程(如业务管理流程、业务外包流程等)、文档管理流程的形式、内容及基本需求,完成核电文档管理智能转型的顶层设计规划,同时形成面向智能转型的新一代核电文档智能应用体系战略架构。其次,基于"一线双核多应用"战略思想,分别设计核电文档全生命周期与业务全寿期交互的管理模式、核电文档AI技术支持体系、核电文档知识库体系以及相关应用系统的具体规划设计。在集成多项通用性文档AI技术的基础上构建核电文档AI技术中台,完成基础计算平台的搭建;同时采用知识工程方法,集成知识表示、知识组织、知识推理技术构建核电文档知识库。最后,在实证阶段,以某类文档为管理对象,深度挖掘文档知识内容、构建知识图谱,形成文档专项知识库,基于"双核"系统平台的支撑能力,同时以该专项文档为管理目标,开发建设专项文档开发利用平台。

4.2 场景拓展与技术融合阶段

第二阶段在不断拓宽文档智能服务体系的应用范围并夯实技术基础的前提下，进一步回馈"一线"中提出的文档管理与业务管理深度交互诉求。首先，在通用性 AI 技术集成的基础上，建立更加系统化、规模化的核电文档 AI 技术中台，以前述维修类文档为经验基础开展面向其他核心业务需求的应用验证，同时进一步扩展建设核电企业智慧大脑进阶技术库。其次，基于第一阶段核电文档知识服务的实证开发成果，将系统平台推广至核电企业的多个核心业务场景，建立由多个垂直子领域知识库组成的核电大数据知识库。同时，在文档基础上，增加对图像、音视频、三维模型等其他类型文档数据的知识挖掘与开发利用服务。在具体的知识服务方面，进一步增加智能问答、个性化推荐、业务协同等功能，形成统一的核电文档知识服务门户平台。

4.3 全面推广与开放技术阶段

基于第二阶段形成的核电文档知识服务门户平台，第三阶段将进一步建立更为宏观的核电企业开放技术平台，在标准化基础上持续集成能够为核电领域所应用的 AI 前沿技术，为更多新型核电智能化技术提供研究、实践与应用平台，如核电厂多业务场景机器人的创新孵化与广泛部署。同时，通过统一的数据接口与规范提供服务，达到敏捷开发、多点复用、快速创新的目标，与核电企业智慧大脑相结合形成智慧大脑开发技术资源库；此外，"知识核"也将进一步进阶为核电大数据知识库，在物联网与人工智能的加持下形成核电厂业务宽领域、场景全覆盖的开放性、综合性总体知识库，完善智能化的知识服务功能，为各个业务场景充分提供定制化的知识服务功能开发与交互式的应用，全面提升"双核"支撑能力。

5 结语

福清核电在文档智慧转型的总需求下，以"一线"——核电业务全寿期与核电文档生命周期的交互关系，"双核"——核电文档 AI 中台与核电文档知识库体系设计与构建以及"多应用"——面向泛在业务场景的应用服务集成为主导的战略框架为核电文档智慧转型提供了具有动态性、灵活性、全景式、发展式的方法论基础，并在后续实践中不断展示了该框架的前瞻性和有效性。

注释及参考文献

[1] 冯惠玲. 走向单轨制电子文件管理 [J]. 档案学研究 ,2019(1):88-94.

[2] 钱毅. 从 "数字化" 到 "数据化" ——新技术环境下文件管理若干问题再认识 [J]. 档案学通讯 ,2018(5): 42-45.

[3] 周文泓. Web 2.0 环境中的参与式档案管理探析 [J]. 档案学研究 ,2017(4):83-90.

[4] 张斌，郝琦，魏扣. 基于档案知识库的档案知识服务研究 [J]. 档案学通讯 ,2016(3): 51-58.

语义组织在石刻档案信息开发中的应用研究
—— 以西安碑林博物馆馆藏《开成石经》为例

李姗姗　宋朵多

西北大学公共管理学院

摘要： 石刻档案是以石质材料为载体的重要历史文化遗产，其知识关联和检索利用层面的研究量却远不如依托其他载体而存在的文献。本文以西安碑林博物馆的馆藏《开成石经》为例，采用本体构建的方式，探索石刻档案语义组织以及搭建石刻档案的数字化处理与全文检索平台的方法。并通过建立清晰、系统化且易于管理的档案结构，提升石刻档案信息的完整性和连贯性，为档案的保护、研究和传承提供可靠支持。

关键词： 石刻档案；碑文档案；语义组织；知识图谱；开成石经

0 引言

近年来，中共中央办公厅、国务院办公厅印发的《关于推进实施国家文化数字化战略的意见》《数字中国建设整体布局规划》等重要文件，对数字时代公共文化的服务建设、事业产业发展、治理效能优化等作出战略擘画，标志着以"文化数字化"为核心的精神文明与文化事业发展格局将全面铺开。从当前档案事业数字化转型的进程看，已围绕红色革命文化、地域特色文化、非物质文化遗产等构建了一批赋能文化数字化战略的专题档案数据库。

石刻档案作为以石质为载体的特殊历史记录，是历史文化遗产中不可或缺的重要组成部分。目前，我国已建成"中华石刻数据库"，包含"宋代墓志铭数据库""三晋石刻大全数据库""汉魏六朝碑刻数据库""唐代墓志铭数据库""历代石刻拓片汇编"等精品专题库。相关研究多依托数字中国建设背景，以文化数字化战略为导向，聚焦碑刻档案资源的内容挖掘与利用，尤其是从更细粒度和更深层次对珍贵石刻档案文献进行语义组织和知识聚合，进而发掘跨馆际、跨区域、跨行业碑刻档案资源的潜在文化基因，确立统一的标识提取与资源集聚标准。本文拟以"中华文化数据库"建设方针为导向，基于档案多维价值理论，综合运用档案元数据、聚类分析、结构化知识模型等跨学科知识与方法，构建碑刻档案的领域本体，研究其语义组织与知识聚合路径，并以西安碑林博物馆馆藏《开成石经》为例进行实证研究，以期为石刻档案及相关文献的数据库搭建提供参考和借鉴，探索文化数字化转型的新方向。

1 相关概念与理论基础

1.1 石刻档案

石刻具有文物、古籍、档案等多元属性，是重要的历史资源，包含艺术、审美和文化等多重价值，内容包括但不限于其政治体系、经济发展、军事战略、民族关系、宗教信仰、文学艺术、科技创新、民俗风情、教育体制以及地理特征等诸多方面。对于石刻档案的定义，学界倾向于将其作为历史档案的一种，认为其起源于秦时期的"刻石纪功"[1]。石刻档案作为人类文化遗产的重要组成部分，正面临着自然侵蚀、战争摧残以及城市发展的严重威胁，其存续状态堪忧，急须通过数字化手段加以保护。而且，这些档案资源受时空限制，分布广泛且离散，相互之间的关联性较低，难以形成完整的体系。更为棘手的是，由于历史遗留问题，石刻文献往往分散于浩如烟海的各类文献之中，这无疑给研究者带来了极大的不便，使得这些珍贵档案的内在价值难以得到全面而深入的挖掘和展现。因此，对石刻档案进行系统的整理、保护和数字化利用，不仅是对人类文化遗产的尊重和保护，更是对学术研究的重要贡献。目前档案学界对于石刻档案的研究主要集中在西南、东部地区，例如对云南少数民族环保碑刻档案编研的研究[2]、对苏州书条石档案的研究[3]，然而对西北地区的石刻档案却鲜有研究，更缺少能够提升细粒度的对于石刻碑文的语义组织与知识聚合。

1.2 领域本体

"本体"这一概念，起源于18世纪的西方哲学，它原指事物固有的本质属性及其独特特征。到了20世纪，美国语义学家进一步拓展了其内涵，将其视为构建知识学科领域基础学术词汇和映射关系的核心工具。同时，这部分学者也强调了本体在确立学科术语间关系的应用规则和学术定义方面的重要性。在本文的探讨中，我们主张本体是对某一特定领域术语的集合化描述，其组织结构呈现为层次化架构，不仅为知识库提供了稳固的骨架，更是其构建的基础。元数据则被广泛地定义为描述数据的数据，在档案领域，在档案学领域则被认为是数字环境下的电子文件著录信息[4]。元数据在本体构件中起到至关重要的作用。

1.3 语义组织

回顾相关文献可以发现，目前学界对"语义组织"尚未形成统一的概念界定。部分学者认为是伴随语义网技术逐渐发展成熟起来的、从数据含义层面对信息进行多维度和细粒度组织[5]。语义组织包括知识抽取、本体构建、知识图谱、元数据、词表、关联数据等概念和技术。也有学者将语义组织分为"语义描述、本体转化、发布为关联数据"三个层面的内容[6]。本文的探讨中认为语义组织的本质在于运用本体构建与元数据描述的技术手段，对知识进行系统性的再加工与重塑。这一过程旨在将原本散乱无序的数字文化资源转化为结构清晰、有序排列的知识库体系，从而使用户能够高效、直接地进行基于语义的检索操作。

2 石刻档案文献资源语义组织模型设计

基于上述相关概念的界定，石刻档案文献的语义组织可以按照原始数据、机器理解、用户服务的层次进行设计，具体需要通过爬虫、Protégé、数据库等实现，见图1。第一层原始数据层是构建档案知识图谱的重要基石，其主要目标是依据选定的数据来源，获取与其相关的数据资源。石刻档案文献数据的来源包含石刻档案领域特定数据和开放领域数据两部分。石刻档案领域特定数据是与石刻档案相关的标准、规定、档案文件等，这类数据需要通过 OCR 识别、文档扫描等方式进行获取。开放领域数据则包含结构化数据、半结构化数据和非结构化数据，其中结构化数据来源于现有的第三方档案数据库，半结构化数据主要来源于网页类数据，非结构化数据则主要包括档案文献、政策文件等，这些开放领域的数据通常需要通过爬虫等技术进行抓取。

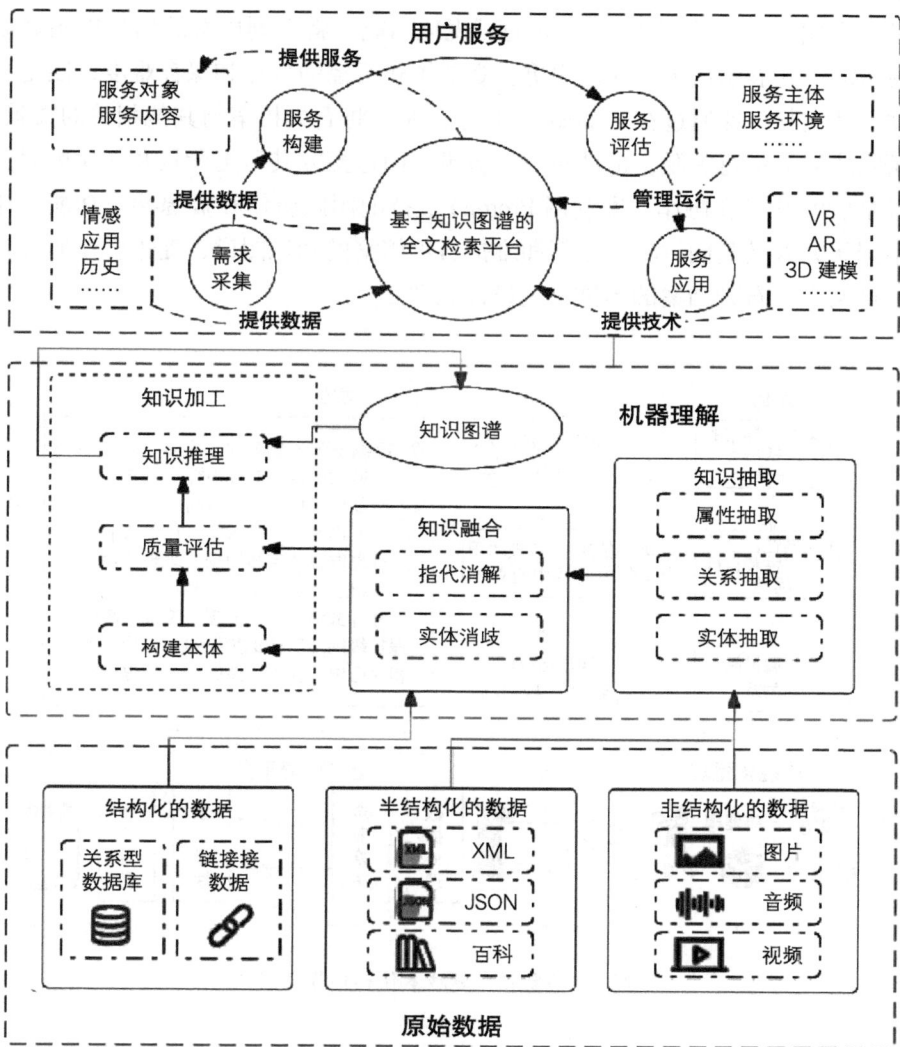

图 1 语义组织和知识聚合实现路径图

借助 Protégé，按照设置属性和添加实体的领域本体构建方法与步骤，构建石刻档案文献资源的领域本体。一是建立知识图谱，即利用 Protégé 创建知识图谱，将石刻档案的各个方面的信息进行结构化表示和组织，通过建立类、属性和关系来准确描述其特点、历史、内容等信息；二是数字化保存，即档案的文字内容、载体信息等数字化处理，通过 Protégé 建立元数据，记录石刻档案的保存状态、维护信息和修复历史，实现长期的数字化保存；三是语义化展示，即利用 Protégé 的可视化功能，将石刻档案的信息以图表或模型的形式展示出来，让用户更直观地了解石经的特点和保存难度；四是关联其他文献，即通过在 Protégé 中建立关系，将石刻档案与其他相关的文献、研究成果等进行关联，帮助研究人员更全面地探究其历史背景和文化内涵；五是资源共享和协作，即利用 Protégé 支持的团队协作和资源共享功能，让不同研究人员共同编辑、更新和维护石刻档案的知识图谱，促进合作研究和信息共享。石刻档案的本体构建设计见图 2。

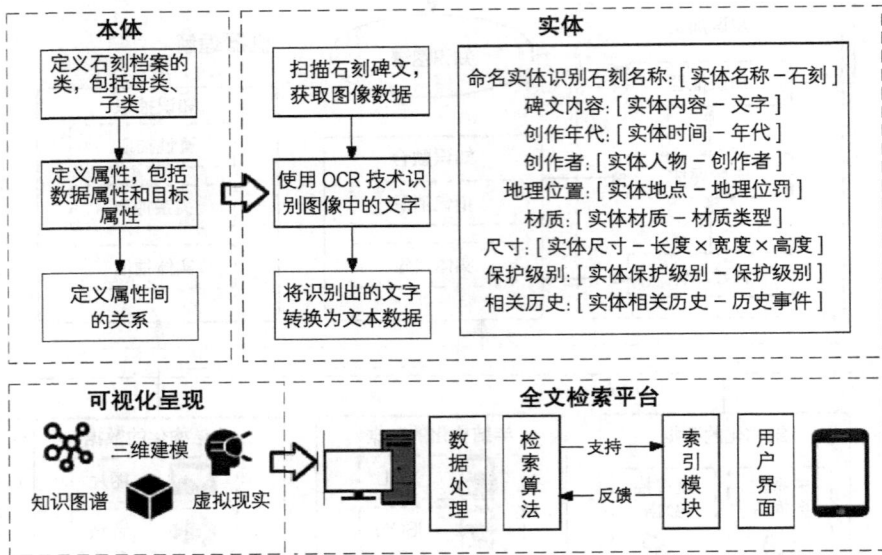

图 2　石刻档案领域本体构建模型图

档案语义组织的最终目标是优化档案服务，这些服务的内容广泛涵盖了档案信息的显性知识与相关隐性知识。档案服务的主体由专业的服务机构和管理人员构成，他们负责全面规划与运营档案服务。通过深度需求分析和专业的知识管理，这些主体为档案用户提供了个性化和精准化的服务。同时，他们还会根据用户的反馈，灵活调整服务策略，确保服务效果的最大化。在技术支持方面，档案服务涵盖了数字化处理、信息提取、知识融合、数据挖掘以及可视化呈现等关键技术。这些技术不仅支持了档案信息的有效采集、组织、分析和管理，还使得档案服务更加智能化和高效化，可视化技术如

VR、AR 和 3D 建模等，极大地提升了用户的感官体验。档案服务的对象主要是档案的使用者，如研究人员、学者和历史爱好者等。他们既是档案信息的接收者，也是档案知识的贡献者。通过对档案信息的深入学习和利用，他们为档案服务提供了更多样化和丰富的数据资源，推动了档案服务的持续优化。此外，档案服务的实施还需要良好的服务环境作为支撑，包括完善的档案管理制度和培育的档案文化氛围。制度的完善可以规范服务流程，提升服务效率；而档案文化的形成则有助于增强用户对服务的认同感，推动档案服务的广泛应用。

3 实证：《开成石经》石刻档案语义组织

3.1 《开成石经》档案数据收集

（1）文献调研

通过查阅图书、期刊、论文、档案等相关文献，获取关于《开成石经》的历史、背景、研究成果等信息，为后续的数据整理和分析提供资料支持。《开成石经》是唐代的十二经刻石，是文宗太和至开成年间刻造的石经，包括《周易》《尚书》《诗经》等十二部典籍。每块石经都由严格的楷书分写，雕刻精美，文字端正清晰，内容详尽，展示了唐代石刻技艺的高超水平。共114 块巨大的青石组成，总共刻字 650252 个，保存了 2000 多字的经文，是研究中国经书历史的重要资料。被公布为中国国家重点文物保护单位，在碑林博物馆展示，备受学者和游客青睐，具有极高的文化传承价值。然而由于其碑文和其他相关档案的解读难度大且关联度不高，使得其真正价值无法充分展现。

（2）实地调查

对《开成石经》进行实地考察，了解保存状态、材质特点、面临的风险等情况，为制定保护措施和修复计划做准备。经过调查发现，石刻材质易受自然侵蚀和人为破坏，保存环境要求高；石经表面容易出现裂痕、脱落等问题，需要专业保护和修复；巨大的石碑需要稳固的支撑和保护措施，避免倾倒或损坏；历经数百年，关中大地震等自然灾害导致石经破损，完整的拓本已罕见，保存难度较大。因此对其进行数字化的保护具有必要性，一方面，通过数字化，可以让更多人方便获取和研究《开成石经》的内容，促进学术研究和文化传承。数字化也有助于为《开成石经》的展览和推广提供更多可能性，让更多人了解和欣赏碑文文献。另一方面，语义组织与聚合能够将石经的信息数字化保存，提高信息的存储和传播效率，避免物理损害和数据丢失的风险。在碑文经文的清晰度和准确性方面，语义组织也可以提供更好的保障，让广大人们更轻松地解读和理解石经的内容。

表 1　石刻碑文档案属性和关系表

属性名称		描述
本体属性	石刻属性 材质	石刻碑使用的石材种类，包括石材的名称、产地、颜色、纹理、硬度等
	时间	石刻碑的制造年代，包括具体的年份或年代范围，以及可能的历史背景和文化意义
	形制	石刻碑的形状和尺寸，包括碑体的长、宽、高、厚度，以及碑顶、碑座、碑身、碑侧等部位的具体形状和装饰
	碑文属性 作者	石刻碑文的写作者或雕刻者，包括作者的姓名、身份、技艺特点等
	创作时间	石刻碑文的创作时间
	创作地点	石刻碑文的创作地点
	篇章与章节	石刻碑文的篇章和章节划分，以及各章节的主题和内容概述
	主题	石刻碑的主题或内容，包括碑文的主题、历史事件、人物事迹、文化内涵等
	经文内容	石刻碑上的文字内容，包括文字类型（如篆书、隶书、楷书等）、文字大小、文字排列方式等
客体属性	收藏年代及历代收藏者	石刻碑文历代的收藏者及其背景信息，如姓名、身份、收藏时间等
	汇编作者及汇编方案	石刻碑文的汇编作者及其汇编方案，包括汇编的目的、方法、内容选择等
	负责机构	负责石刻碑文保护、研究和管理的机构或组织，包括其名称、职责和联系方式
	其他史料	其他相关图片、文字、音频、视频等史料信息

属性名称		描述
采集信息	采集时间	石刻碑文的采集时间，包括具体的日期或时间段
	采集者	石刻碑文的采集者及其背景信息，如姓名、身份、所属机构等
	扫描设备	用于采集石刻碑文的设备和技术，如相机、扫描仪、无人机等
	图片格式及数量	采集得到的石刻碑文图片的格式和数量，如JPEG格式

3.2 《开成石经》档案语义组织

首先，进入 Protégé 的 Classes 模块进行本体（类）的构建，类分为母类和子类，类构建的目的是对本体实施划分，且可以针对类添加实例。此次将《开成石经》作为母类（后续可添加其他文献），子类分别为作者、地点、时间、术语、章节、篇章、经文。

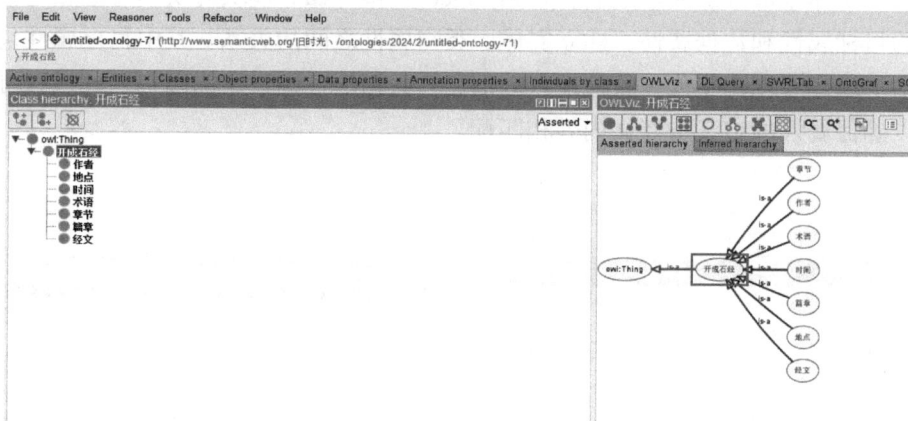

图 3 类的构建

其次，进入 Direct instances 模块，针对本体所建的类，去添加对应的实体，即在类－篇章中添加《周易》《尚书》《毛诗》《周礼》《仪礼》《礼记》《春秋左氏传》《公羊传》《榖梁传》《孝经》《论语》《尔雅》等经典及《五经文字》《九经字样》等实体，每个实体添加标签和注释，便于更好地理解和解释本体的结构，为后续添加属性奠定基础。

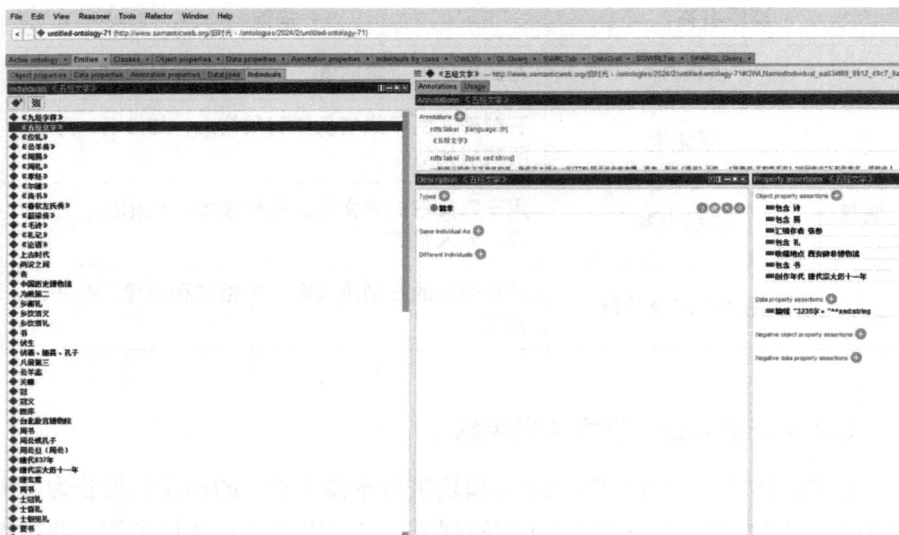

图 4 添加实体和标注

实体全部添加完毕之后，来到 Object P 和 Data P 模块对实例建立相对应的目标属性和数据属性，建立实体、类与属性之间的关系。其中目标属性包括汇编作者创作年代、收藏地点等信息，数据属性则设定为篇幅，此过程可以确保属性的定义与经文内容相匹配。

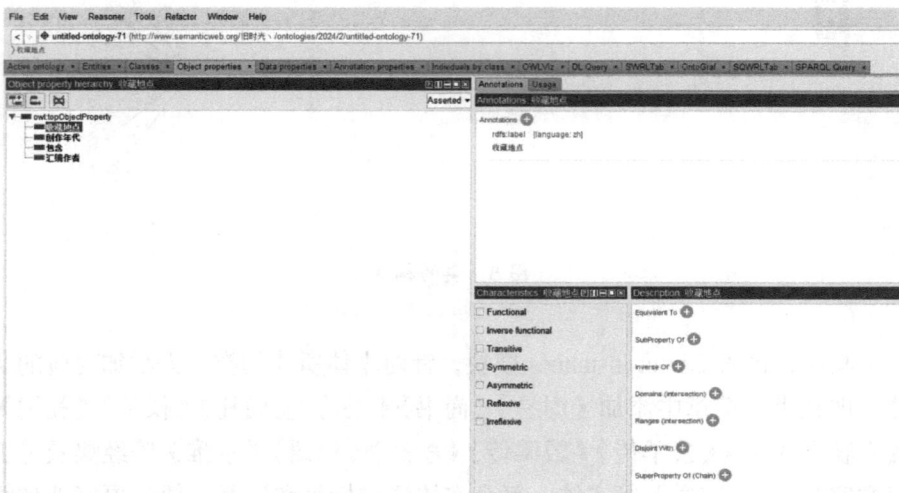

图 5 目标属性

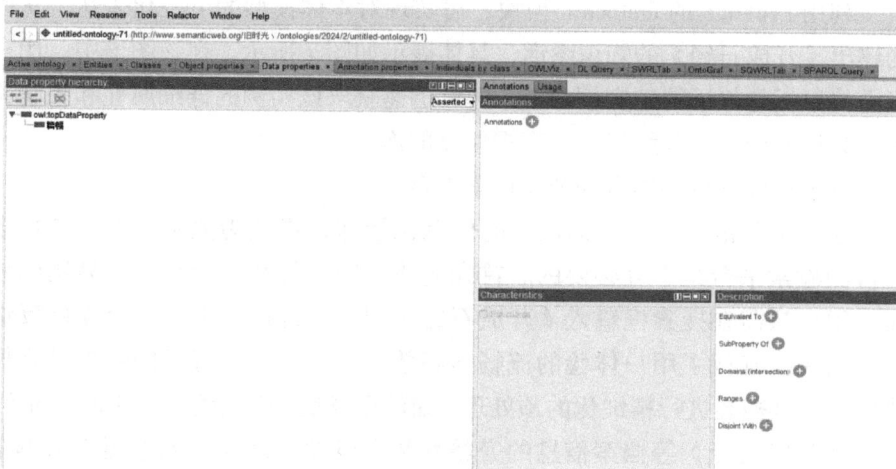

图 6　数据属性

4　《开成石经》档案知识聚合

（1）生成知识图谱

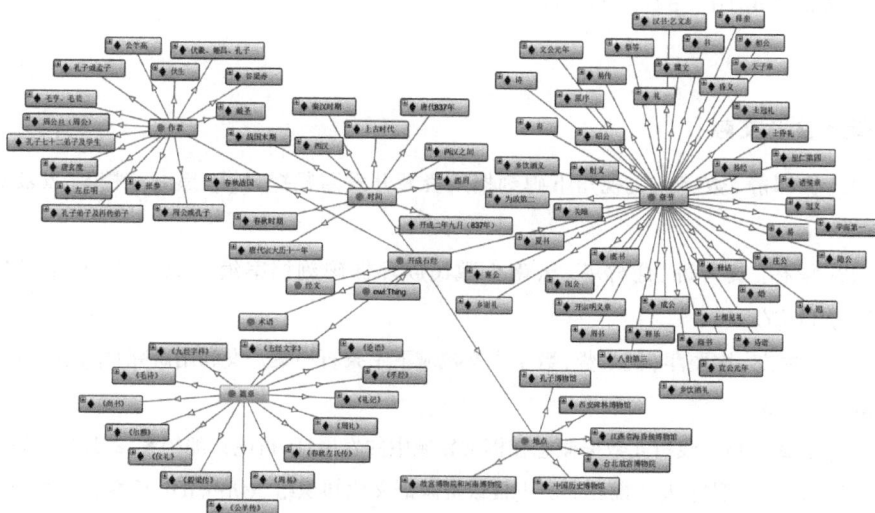

图 7　《开成石经》知识图谱

利用 Protégé 的 OntoGraf 模块，可实现对本体模型的可视化表达，从而构建出《开成石经》的知识图谱，具体展示如图 7 所示。在该图谱中，用户只需将鼠标悬停于特定实例之上，即可迅速获取该实例的详细属性和关联关系，为深入分析和理解提供了直观便捷的途径。

（2）形成支持多语言的全文检索平台

在数字化浪潮中，石刻档案的信息化管理显得尤为关键，形成支持多语言的检索平台是十分必要的。首先应该为用户打造一个直观、易用的界面。用户只需在搜索框输入《开成石经》相关关键词，平台便会立即反馈检索结果，确保了用户体验的流畅与高效。其次，平台背后的数据处理模块应对石刻档案进行精细化的预处理，如数据清洗、格式统一、专业分词等，确保《开成石经》等档案信息的完整性和准确性。这样，无论用户从哪个角度搜索，都能得到精准的结果。索引构建模块利用处理后的数据，为每份石刻档案建立索引。当用户进行检索时，平台能够迅速定位到档案的具体位置，提高检索速度。检索算法模块采用了多种算法融合的策略，以应对用户不同的检索需求。无论是全文检索还是关键词匹配，都能得到满意的结果。而对于《开成石经》这样的特定档案，平台还能提供模糊匹配和权重调整，确保用户能够轻松找到所需信息。最后，结果展示模块以清晰、直观的方式将检索结果呈现给用户。用户不仅可以看到档案的基本信息，还能通过高亮显示快速定位到关键内容。这一模块还提供了个性化设置选项，满足不同用户的浏览习惯。

注释及参考文献

[1] 徐海静. 数字人文视角下碑刻档案资源开发路径探讨 [J]. 黑龙江档案,2022(6):10-12.

[2] 华林,黄天娇,谢梓菲. 云南少数民族环保碑刻档案编研探析 [J]. 浙江档案,2021(3):36-37.

[3] 丁家友,廖丽萍,倪乐贤. 数字人文视域下书条石档案开发利用研究 [J]. 山西档案,2023(6):25-33.

[4] 于斌,周晶. 浅析元数据概念在档案领域中的发展 [J]. 机电兵船档案,2015(1):45-47.

[5] 孙绍丹. 数字人文视域下历史报纸资源语义化知识组织研究 [D]. 长春：吉林大学,2023.

[6] 陶俊. 词表语义组织研究的演进 (1998-2018)[J]. 图书情报工作,2018(21):140-148.

基于凭证中心的电子档案质量管控方法研究

闫亚元[1]　赵紫毫[2]　薛四新[3]

1 同方鼎新科技股份有限公司

2 北京展恒软件技术有限公司

3 清华大学档案馆

摘要： 电子档案管理的质量目标就是要忠实于其原始性、维护其凭证性，保障电子档案在接收入库、存储保管、迁移转换、鉴定处置和利用服务等生命周期全过程的安全与可用。本文在分析电子档案凭证性概念基础上，针对数字档案馆系统中电子档案巡检、认证和原件保存等应用场景和实际要求，提出在电子档案管理系统之外建立第三方的电子档案凭证中心，通过可信生成和安全保存电子档案凭证，来验证和认证电子档案质量管控方法，为档案管理机构和档案行政监管部门建立健全档案治理体系、开展电子档案网上监督检查提供思路与方法。

关键词： 电子档案；质量管控；凭证中心；电子档案管理系统；档案行政监管

0 引言

凭证性是档案与图书、情报和数据等信息资源的本质区别，是决定档案具有法律效力、提供司法证据的关键，是鉴定档案是否具有保存价值和能否再现历史的核心要素。由此，电子档案凭证性及其保障方法的研究和探索一直都是档案领域乃至世界各国、社会各界关注的重点和难点。在国内外现有研究中，有关电子档案凭证性研究主要聚焦于凭证概念模型、凭证保障、可信管理和标准规范等方面。其中，电子系统中文件真实性永久保障国际合作项目 (Inter PARES) 在凭证性概念模型和凭证价值等方面进行了多年的研究，该项目从档案后保管思想出发，探究归档电子文件真实性的概念模型，真实性认定方法与管理要求，提出了保障归档电子文件真实性的技术路线和实施

策略 [1]；国内学者的有关研究则聚焦于真实性与可靠性、原始性的概念比较、电子证据的法律有效性及其证明力、电子档案真实性概念、内涵、作用和价值，以及从技术、管理和法律等方面探索真实性保障、原始性维护等方面的相关要求 [2]；在电子档案凭证保障方面，国内外相关研究主要聚焦于档案管理系统自身的安全可信、功能完善、法规制度和凭证性保障要求方面 [3]；陶水龙、薛四新等曾提出了电子档案身份证概念并研究如何基于区块链技术保障电子档案身份证的真实性与安全性 [4]。本文电子档案凭证性理论研究的研究基础上，进一步提出将电子档案凭证划分为原始凭证和管理凭证，并探索如何在档案管理信息化系统（如数字档案馆或电子档案管理系统）之外建立独立于档案系统运行的电子档案凭证中心，采集、保存和管理电子档案凭证，研发电子档案凭证验证和认证服务功能以检查电子档案管理的质量，这不仅可以为档案管理机构内部自查电子档案是否被修改、变更提供了有力抓手，而且能够为档案行政监管和执法检查提供信息化手段和创新服务模式，为电子档案的质量检查和电子档案业务审计、溯源及其可信认证提供了电子化处理方法。

1 电子档案凭证的概念与内涵

原始凭证性是电子档案区别于其他数字资源的本质，在档案管理过程中，档案人员需要能够方便地获取其背景、来源、真实性和完整性等信息，赋予语义即能够被利用者方便理解和访问是档案作为真凭实证以提供证据、证明的根本要求。陶水龙、薛四新等人在开展"基于异构系统的电子档案凭证性保障核心技术开放与应用""云计算环境下电子文件凭证性保障的原理与方法"等研究的过程中，开创性地提出电子档案身份证即电子档案凭证这个概念 [5]。将电子档案凭证定义为"采用密码技术，将电子档案及其关键元数据与管理过程记录，按照一定的逻辑生成一个唯一的、可以用于检验和证明电子档案及其管理过程真实可信的数字对象"。其原理是将需要认证和检验的电子档案关键信息如电子档案凭证编号、立档单位、形成时间、电子档案全文数字摘要等电子档案核心元素数据，采用密码设备配置的立档单位私钥对其进行数字签名，生成立档单位数字签名，与电子档案的凭证编号、立档单位、电子档案全文数字摘要及其核心元数据一起构成电子档案的凭证要素，并将电子档案的凭证单独进行安全可信管理，与电子档案及其管理系统实行物理分离。当然，要想获取和保存电子档案管理原始凭证并在电子档持续管理过程中其凭证性不被修改，则需要从接收前归档和入库后保管两个关键环节研究电子档案的凭证要素，接收前归档环节是电子档案原始凭证性生成的关键过程；入库后保管是电子档案在档案管理、利用、处置过程中的凭证留存和证据价值发现与使用的关键过程。由此可进一步将电子档案凭证分为原始凭证和管理凭证两大类，以便在档案信息化系统中进行量化管控。

1.1 电子档案的原始凭证

电子档案的原始凭证是证明其身份的、与生俱来的本质特征，它是电子文件归档时传递给电子档案的来源信息。归档电子文件的内容、结构、背景、关联关系等关键信息是电子档案的原始凭证的重要组成部分，也就是说电子档案的原始凭证不是由档案管理机构所能决定，而是由归档电子文件的形成单位及其业务活动所形成的。电子档案的原始凭证其实就是档案管理机构归档接收的电子文件的身份证明。在电子档案接收入库时，档案管理机构应对电子档案的原始凭证进行确认、固化和留存，为电子档案登记入库后的管理提供原始性验证服务。

电子档案原始凭证的价值在于证明电子档案的存在，认证电子档案的原始凭证性，描述这份电子档案的关键属性，验证电子档案在管理过程中是否被变更，溯源电子档案自身的原始性及其来源身份，主要用于对于档案管理机构接收入库的电子档案原件进行凭证性验证。另外，由于电子档案在管理过程中，档案管理机构可能根据其网络运行环境、系统部署模式而对电子实行分库管理，那么在档案管理库、利用库中的电子档案的复制件或者衍生件，如果也需要定期进行凭证性验证时，电子档案凭证维护的方法同样也使用该场景。

1.2 电子档案的管理凭证

电子档案的管理凭证是对电子档案管理业务行为记录（或称业务日志）进行凭证化处理，通过第三方的凭证中心来管理并提供电子档案管理记录真实性的验证服务。在电子档案登记入库后，档案管理机构将基于电子档案管理系统对电子档案进行存储保管、鉴定处置、开放公布、清点统计、检查维护、格式转换等，同时还需要面向档案利用者提供电子档案的利用服务如编制检索目录、出具证明、开发档案信息、挖掘档案内容、推送档案信息、开放档案访问权限、授权用户访问档案等。在电子档案管理系统进行更新、升级换代，以及电子档案从档案室向档案馆移交时，还需要将系统中的电子档案进行迁移，在新系统中持续保存电子档案自身及其管理过程记录的完整性。

电子档案管理凭证的价值在于溯源电子档案管理过程中的运动轨迹、发现电子档案管理过程是否中被篡改、变更甚至被破坏。其主要使用场景是为电子档案管理业务的审计、跟踪、检查、统计等业务提供证据服务，方便档案行政管理机构及其人员了解、督导和治理电子档案管理业务活动，提高电子档案管理的质量与合规性。

2 电子档案凭证中心

电子档案凭证概念的提出，是对档案信息化系统的建设内容和管理机制的一种创新，是从信息化系统建设角度为档案治理体系的构建提供了一种可实施方法。如图 1 描述了电子档案凭证中心与电子档案管理系统、档案行政管理业务系统之间的集成应用关系。由图 1 可以看出，电子档案凭证中心是独立于电子档案管理系统之外的一个中立系统，它为每个电子档案管理系统保存和维护其电子档案凭证，目的是档案行政监督检查人员或档案利用者在进行电子档案质量检查、质量认证时提供服务。

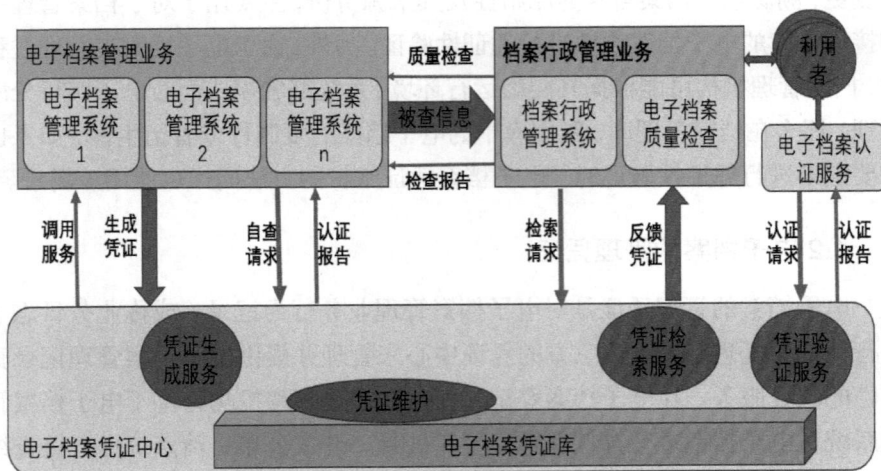

图 1　电子档案凭证中心的应用方法

档案管理机构和档案行政管理机构是推动档案事业发展的主力军。档案管理机构主要是接收、保管、处理和提供档案利用服务，主要使用的系统为电子档案管理信息系统；档案行政管理机构主要是对档案管理机构开展档案工作的情况进行监督、检查、治理和指导，主要借助于档案行政管理系统开展工作。本文提出的电子档案凭证中心系统是在这两类系统之外建设的一个中立的系统，用于存储和管理电子档案的凭证，为电子档案凭证的生成与验证提供服务。

（1）电子档案管理系统中增加电子档案凭证生成和质量自查功能，电子档案在登记入库、系统迁移、格式转换、鉴定处理等关键业务活动后，电子档案数字对象、元数据、管理记录等通常会发生变化，为了认证这些关键业务活动之后电子档案没有被丢失、被修改，通常需要在这些关键业务活动结束后生成电子档案凭证，登记入库主要是生成电子档案的原始凭证，入库后的其他关键业务过程主要是生成电子档案的管理凭证，电子档案原始凭证与管理凭证在电子档案的认证服务过程联合发挥作用。

（2）档案行政管理系统中增加电子档案质量检查功能，支持档案行政执法人员通过系统有计划定期检查或者随机抽样检查电子档案管理的质量。此功能的实现需要档案行政管理系统与电子档案凭证中心、电子档案管理系统之间开发数据交互功能，通过自动或半自动方式履行行政监管任务。

（3）档案利用者可以根据自身需要，对获取的电子档案的真实性、原始性进行认证，可以请求档案行政管理机构协助进行认证，也可以通过档案管理机构提供的认证服务中心进行认证。

（4）电子档案凭证中心的功能主要包括凭证管理和凭证服务两大核心功能。凭证管理旨在采用各种技术方法存储凭证并保障电子档案凭证的不被篡改；凭证服务是以组件或接口服务的方式向档案管理系统、档案行政管理系统、档案认证系统提供电子档案凭证的生成、检索与验证等服务。另外，为实现电子档案凭证管理和凭证服务的功能，系统还需要采用相关密码技术、对密钥进行管理、对与凭证中心接口的应用系统访问权限进行管控、对系统用户进行授权、对系统参数进行配置等支撑性功能。

3 凭证中心在档案管理机构内部应用场景

电子档案凭证中心建设目的在于验证电子档案保管过程中是否被篡改，从而证明档案管理工作的合规性和有效性。由此，电子档案凭证中心既可以在一个档案管理机构内部建立用于内部自查，也可以由档案行政管理机构建立用于行政执法。

3.1 凭证中心应用于档案机构内部

档案管理机构进行电子档案管理的基本业务主要包括接收电子档案进馆（室）、保存和维护电子档案的原始凭证性、提供电子档案的利用服务。在接收电子档案时，需要检查其质量是否符合进馆（室）要求；在电子档案日常管理的过程中也需要定期对电子档案的原始凭证性、电子档案各种副本未被损坏的情况进行检查。本文提出的电子档案凭证中心的解决方案可以用在电子文件归档验证、电子档案入库登记、电子档案巡检、档案系统迁移等多个关键环节，以有助于档案管理机构在一些关键的环节对电子档案质量进行验证，对电子档案管理工作进行溯源。机构内部电子档案凭证中心的应用方案如图 2。

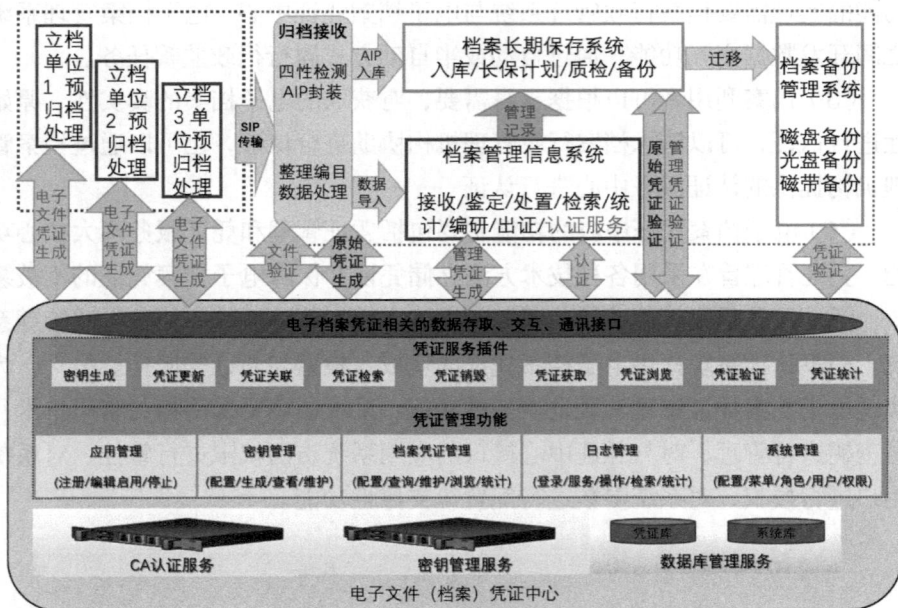

图 2　机构内档案管理应用电子档案凭证中心应用方案

从图 2 中，可以看出，机构内部进行电子档案凭证应用的几个关键场景，主要包括但不限于归档电子文件凭证生成与验证、电子档案原始凭证生成与验证、电子档案管理凭证生成与验证、电子档案认证服务、各份电子档案凭证验证。

3.2 凭证中心应用于档案行政管理部门

档案行政管理机构如北京市档案局等档案行政管理部门，需要对其管辖区的档案管理机构的工作进行执法检查，特别是应检查各级各类档案管理机构基于系统开展电子档案的工作情况，以及是否在管理的过程能够保存电子档案原始凭证性、保障电子档案在网络环境下没有被破坏，电子档案的凭证中心可以为档案行政机构基于系统开展电子档案的质量检测提供解决方案。

在实际应用过程中，电子档案凭证中心既可以采取集中式部署，也可以采取分布式部署模式。图3和图4分别为凭证中心集中式和分布式部署模式的典型应用场景。

3.2.1 凭证中心集中式部署方案

图3中电子档案凭证中心是以集中式方式部署在档案局行政机构建立的信息化系统环境中，作为档案行政管理系统的一个后来运行的凭证维护功能，档案行政管理系统中可以增加电子档案质量检测和认证服务功能，通过自动和人工方式对多个档案馆的电子档案系统或数字档案馆系统中长期保存的电子档案进行凭证验证和质量认证，当然这首先需要各档案馆在电子档案登记入库时将电子档案的档案信息包（AIP）调用档案行政管理系统中电子档案凭证中心的生成服务，生成电子档案凭证并保存在电子档案凭证中心。

3.2.2 凭证中心集中式部署方案

电子档案凭证中心是用来保存各级各类档案馆电子档案凭证，用来检验各档案馆管理电子档案的质量、检查电子档案是否在长期保存和管理过程中没有被修改，因此电子档案凭证中心的安全与可靠是非常关键的。为了保障电子档案凭证中心中电子档案凭证的安全性，在建设电子档案凭证中心时可以考虑使用区块链的分布式存储、区块安全加密和多节点冗余存储等信息化安全存储和数据管控技术，以保障电子档案凭证的安全性与凭证中心应用和服务运行的可信性，如图4所示。这种方式可以应用于更广区域的电子档案的保全。譬如以国家档案局、科研所以及一些典型的省或直辖市档案局为节点，建立由各节点构成的分布式电子档案凭证中心，为更多区域的档案行政管理机构对档案馆的电子档案管理质量和电子档案的原始凭证性进行检查、验证，以便及时发现问题、反馈并进行改进。

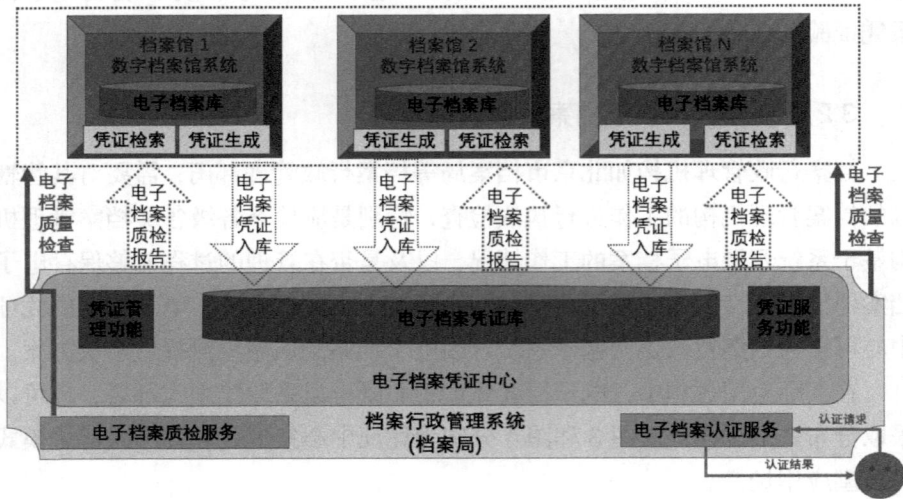

图 3   电子档案凭证中心在档案行政管理机构的应用场景 1

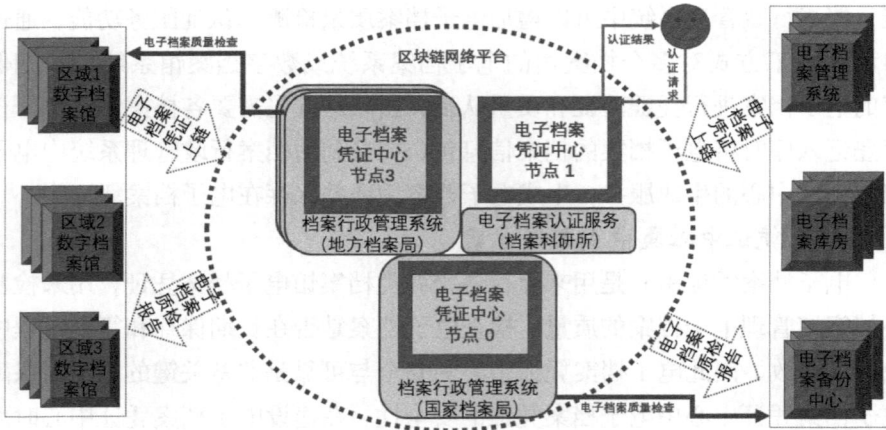

图 4   电子档案凭证中心在跨地区行政管理服务的应用场景 2

4 结束语

为降低档案系统和管理维护成本，档案管理机构内部使用的电子档案凭证中心系统，通常采用中心化的数据管理和运行管控。该方式部署的电子档案凭证中心系统，一旦遭受攻击，容易造成电子档案凭证的丢失或被篡改。当电子档案凭证被篡改后，电子档案的原始凭证性、真实完整性就无法检测和认证了。当凭证无法确定真伪时，电子数据文档，电子档案是否被修改更无法进行验证。

面向跨区域的数字档案馆系统建立的电子档案凭证中心，其管理和维护，可以采用分布式数据存储和可信的区块链网络架构来保存电子档案凭证。区块链是一种由多方共同记录和维护的分布式账本技术，通常采用密码学保证传输和访问安全，最终实现数据一致存储，难篡改，防抵赖的记账。作为一种在不可信的竞争环境中，低成本建立信任的新型计算方式和协作模式。因此，基于区块链的凭证中心系统建设模式，适用于多机构共同参与，权力分散，且完全自治的电子档案凭证应用场景下，可以发挥出最大优势。

注释及参考文献

[1] 谢丽,王健,马林青.InterPARES 项目：成果回顾与未来方向 [J]. 档案学研究,2017(4):14-20.

[2] 薛四新,闫亚元,赵利平.云计算环境下电子文件凭证性保障方法研究 [M]. 中国文史出版社,2021.

[3] 石进,薛四新,赵小柯.基于区块链技术的电子文件真实性保障系统模型研究 [J]. 图书情报知识,2019(6):111-119.

[4] 徐静,薛四新.高等院校电子文件可信管理方法研究 [J]. 中国档案,2019(4):64-66.

[5] 陶水龙,田雷,柳晶.电子文件身份证系统的架构与实现 [J]. 信息安全研究,2019(2):176-182.

基于OFD的审评审批类
电子档案单套制管理系统设计思路探析

宋宇

中国第一历史档案馆

摘要：本文从审评审批类电子档案单套制管理的背景、特点与趋势，结合OFD文件契合电子档案管理的技术特性，从前端业务系统归档、移交与接收、电子档案管理与长期保存等环节，探析基于OFD的审评审批类电子档案单套制管理系统的业务流程、系统架构和数据架构设计思路与思考，为系统设计提供借鉴。

关键词：电子档案；单套制归档；电子档案管理系统；OFD

0 引言

随着《DA/T 92-2022电子档案单套管理一般要求》《GB/T 42133-2022信息技术OFD档案应用指南》等标准推出，基于OFD的电子档案单套制管理逐渐成为单套制试点单位新的技术方案路线。目前基于OFD的业务系统电子档案单套制管理大都还处在试点阶段。鉴于审评审批类系统在前端业务系统接收电子档案的特点且档案数量较大，其采用电子档案单套制管理对于各项效能提升具有十分重要的现实意义。

1 审评审批类电子档案单套制管理的背景与趋势

1.1 政策背景

随着信息技术的迅猛发展，电子档案日益成为信息记录、传输、交换、利用与共享的主流方式，成为国家档案资源的重要组成部分，国家陆续出台相关政策大力支持并推动电子档案单套制管理。2020 年新修订的《中华人民共和国档案法》，明确提出了"电子档案与传统载体档案具有同等效力，可以以电子形式作为凭证使用"。2021 年中办、国办印发的《"十四五"全国档案事业发展规划》中要求"大力推进增量电子化""切实推动来源可靠、程序规范、要素合规的电子文件以电子形式单套制归档"。2023 年 8 月国办印发《政务服务电子文件归档和电子档案管理办法》，就推动各行业各领域政务服务电子文件从形成办理到归档管理全流程电子化提出明确要求，并指出来源可靠、程序规范、要素合规的政务服务电子文件，可以以电子形式归档并向档案部门移交，除法律、行政法规另有规定外，不再以纸质形式归档和移交。

1.2 审评审批类电子档案的特点

1.2.1 电子化提交并带有数字签名签章

审评审批类电子档案来源于企业或个人为注册、上市等用途提交给审评审批单位的一系列电子文件。这些文件通常由用户在互联网上通过审评审评单位的业务系统以电子方式提交，部分文件带有数字签名、签章，防止档案内容被篡改或伪造。

1.2.2 具有高度的信息集成性

这类档案通常涵盖了申请、审核、批准等全过程的各类信息，包括文本、图像、数据等多种类型，且这些信息在电子档案中存在一定关联关系，以全面、系统地记录审评审批的详细情况。

1.2.3 审评审批类电子档案数据量较大

由于审评审批过程涉及的信息种类繁多、细节详尽，因此电子档案中包含的数据量通常较大。这些数据不仅包括基本的申请文件，还可能包括生产企业信息、试验过程、证明文件、多环节审批评审过程文件等。

1.3 审评审批类电子档案适合开展单套制管理

审评审批类档案一般带有数字签名签章，来源可靠，且办理过程程序规范，具有电子档案单套制管理的先天优势。通过全流程电子文件流转，审评审批过程中的各个环节都能实现无缝对接，减少了纸质档案的打印、传递和整理等环节，从而加快了审评审批进度，也避免了传统纸质档案在移交接收过程中可能出现的丢失、损坏等问题，使得档案移交接收过程变得简单高效。同时，电子档案通过数字化存储，节省大量物理库房空间。随着电子政务和智慧城市建设深入推进，审评审批类电子档案单套制管理将促进政府部门、企事业单位之间的跨部门、跨地区协作，实现档案信息的共享和互通，成为发展趋势。

2 OFD 文件的特性契合电子档案管理系统与单套制管理

OFD，全称 Open Fixed-layout Document，是一种开放的固定版式文档格式，具有开放、中立、安全、自主可控的特点。OFD 格式采用先进的技术架构，包括文件头、内容区、结构区、资源区和交互区五个部分，并持多种数据类型封装打包、国产加密算法、签名和元数据描述。OFD 格式的特性满足（DA/T 47-2009）《版式电子文件长期保存格式需求》规定的用于长期保存版式电子文件应具有格式开放、不绑定软硬件、信息自包含、格式自描述等要求，使得它与电子档案管理系统以及单套制管理模式的契合度非常高。

2.1 OFD 的开放性和自描述特性适合作为归档格式长期保存

在单套制管理模式下，电子档案是唯一的归档形式，OFD 的开放性确保了不同厂商和开发者可以基于这种格式开发自己的软件和工具，从而实现对电子档案的互操作性，便捷地与其他系统或平台进行对接，实现数据共享、移交接收、传输迁移。OFD 通过资源文件（PublicRes.xml,DocumentRes.xml,PageRes.xml），资源文件夹（Res,PageRes）和注释文件夹（Annots）进行内容描述并显示，可以通过主入口文件（OFD.xml）中的文档信息（DocInfo）、签名文件夹（Signs）等进行元数据描述和真实性特征记录，实现信息自包含和格式自描述 [1]。

2.2 OFD 文件基于容器的多格式封装整合特性适合电子档案管理系统统一管理

OFD 采用的是"容器 + 文档"的方式描述和存储数据，通过开放的 ZIP 打包算法，将要打包的文件以附件的形式导入后封装，并将各类数据的描述文件聚合起来，并与对应的文件建立关联，生成 OFD 文件。打包文件的类型支持 jpg、ofd、pdf、doc、docx、zip、rar 等多种类型文件。具备了"一个文件可包含一到多个文档，一个文档包含多个页面"的信息聚合能力，支持多层次的电子文件和电子档案数据保存，包括电子文件原文、扫描图像、文件附件、元数据和语义等[2]。OFD 的这种多类型文件整合能力，使电子档案管理和利用变得极为便捷。同时，OFD 作为开放标准，还可以通过扩展和定制来满足支持更多的功能和新需求，使电子档案管理系统能够与时俱进。

2.3 OFD 文件的安全性保障使得其在文件的真实性检测和防篡改上具有优势

在电子档案管理系统中，特别是在单套制管理模式下，电子档案的安全性至关重要。OFD 支持国产加密算法、数字签名等安全机制，保障档案内容不被篡改。OFD 格式中签名文件夹（Signs）可以记录封装包中每个文件原始的签名、签章值（需满足签名数据按照 GB/T 35275 要求组织，签章数据按照 GB/T 38540 要求组织）或原始文件的数字摘要算值，可以在迁移等环节，对每个原始文件进行签章签字或摘要值比对验证，保障封装包内每个文件的真实性。此外，还可以对签名文件夹（Signs）通过 SM3 等国密算法进行整体签名，在以后迁移等环节，仅对整个封装包的签名值进行核对，而不用一一核对封装包中每个文件的签名、签章或数字摘要值，从而提高验证效率。OFD 的安全特性，有助于在电子档案单套制管理的长期保存环节保护档案内容不被篡改，保障数据真实性。

3 系统总体设计思路

鉴于以上审评审批类电子档案形成和流转特点，以及 OFD 的特性，探讨审评审批类电子档案单套制管理系统设计思路。业务流程以审评为例，审批类同。

3.1 系统总体流程设计

3.1.1 在线移交

审评审批系统在办理完成一笔业务事项后，由归档人员对待归档文件材料进行预归档审核，检查申请和办理流程中电子文件是否符合归档要求。经过"四性"检查后，由系统根据电子文件归档接口规范形成归档电子文件（PDF 格式等）和元数据文件（XML 格式），并加密放在外网文件服务器中。

需要注意的是业务系统在进行文件签名签章等校验后，去除 PDF 文件数字签章、签名，并使用 SM3 等国密算法对每个 PDF 文件计算出数字摘要值（此时数字摘要值简称为"移交前摘要值"，该摘要将作为真实性检测凭据一直带到长期保存环节）。

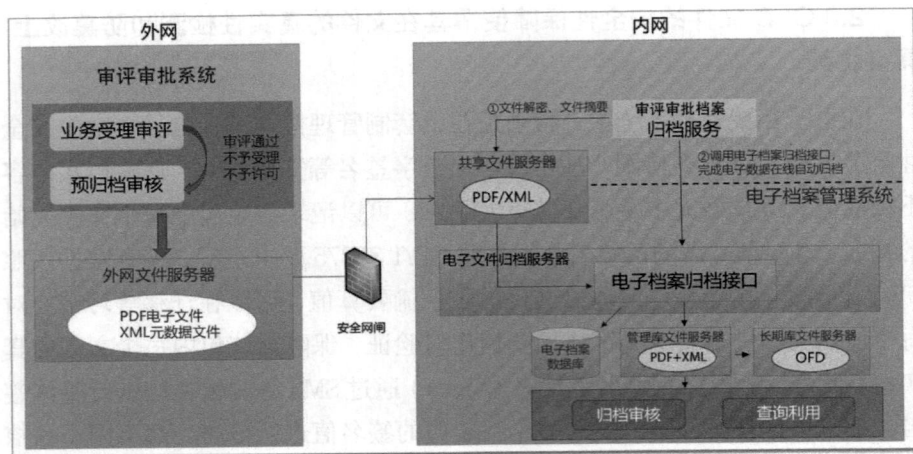

图 1　系统总体流程示意图

3.1.2 数据摆渡

通过安全网闸将预归档数据由外网文件服务器摆渡到内网共享文件服务器上。

3.1.3 在线接收

对摆渡到内网的电子文件进行解密，并计算摘要值，与移交前摘要值进行核对，如果结果一致，证明数据摆渡过程中文件没有被篡改。随后，电子档案管理系统从指定的共享文件服务器上获取电子文件及元数据，根据元数据方案对文件进行四性检测。

3.1.4 电子文件预归档

电子档案管理系统进行电子文件及元数据接收登记和预归档处理。根据预先设定的档案分类定义、元数据定义和鉴定处置定义等，系统自动进行电子文件分类、编目和组卷，生成电子档案。

3.1.5 归档入库

由档案管理人员对预归档电子档案进行审核，审核通过后正式归档（审核后可根据需要附加签名或签章），并可提供查阅利用。入库过程将 PDF 等格式电子文件存入电子档案管理库文件服务器中；将 XML 元数据文件解析存入电子档案系统数据库中。管理库中，经鉴定可以对外开放的档案存入利用库中。

3.1.6 进行 OFD 格式转换和长期保存

将管理库文件服务器中归档的电子档案 (PDF 格式) 和对应的元数据，按件或卷封装为 OFD 文件长期保存，存入长期保存文件服务器，其他相关的管理元数据等可以存入长期保存库。

3.2 系统架构设计

系统总体架构体现对电子档案"收、管、存、用"全过程、全生命周期管理功能。总体架构图如下：

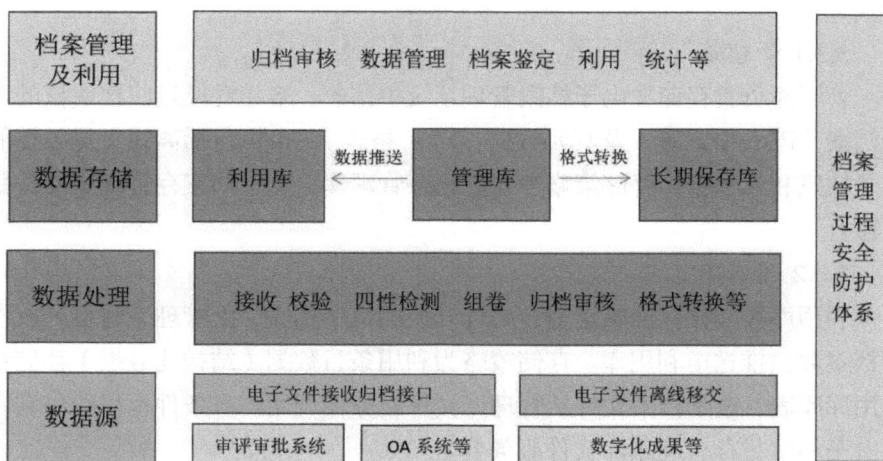

图 2 系统总体架构图

3.2.1 数据源

档案数据主要是来自前端业务审批系统，也可对接其他业务系统、OA 系统等。电子档案系统提供电子文件接收归档接口供其他业务系统调用，实现电子文件自动在线预归档。

3.2.2 数据处理

系统对自动预归档的数据进行接收、校验、四性检测、组卷、归档审核、格式转换等操作，确保入库保存的档案数据真实性、完整性、可用性、安全性。

3.2.3 数据存储

系统分为档案管理库、利用库和长期保存库，并保持之间的数据推送。系统将档案元数据信息存储在管理库数据库中（结构化数据），档案原文电子文件存储到管理库文件服务器（非结构化数据），通过管理库提供档案管理服务，利用库对外提供利用服务，长期保存库进行长期保存。

3.2.4 档案管理及利用

提供相关电子档案管理功能，主要包括归档审核、数据管理、档案鉴定、利用、统计等。相关功能设计遵循《电子档案管理系统通用功能要求》（GB/T 39784-2021），在此不赘述。

3.3 数据架构设计和电子文件归档格式

系统将电子档案资源库划分为管理库、利用库和长期保存库进行分别管理。

3.3.1 管理库

管理库负责存储在电子档案管理系统中接收、组卷并经过归档审核的电子档案（PDF 格式等）及其元数据（XML 格式），也可包括离线上传归档的电子档案和元数据。存储策略为元数据存管理库，电子档案存管理库文件服务器。

3.3.2 利用库

利用库负责存储经鉴定适合对外开放的电子档案，由管理库将可开放电子档案数据推送至利用库。存储策略为利用条目数据（结构化数据）存储在利用库库表，电子档案文件从管理库文件服务器调用。有条件也可以将利用库电子档案另存于利用库文件服务器。

3.3.3 长期保存库

长期保存库负责存储经格式转换的长期保存电子档案（OFD 格式）。通过文件格式转换服务，对管理库及其文件服务器存储的档案元数据和电子档案文件，以件或卷为单位按照文件归档顺序进行 OFD 封装，电子档案文件的元数据也封装于 OFD 文件内。存储策略为管理行为元数据长期保存库存，封装后的 OFD 文件存于长期保存库文件服务器。

原始电子文件预归档数字摘要码或归档人员的电子签名、签章信息存入 OFD 的签名文件（Signs）。还可以对整体的签名列表再次进行数字摘要运算，算值作为未来迁移后数据真实性整体核验凭据（如文中 2.3 所述）。

在长期保存环节，一般不对已经完成封装的 OFD 文件进行修改。如需对

OFD 归档文件包内个别文件名等进行修改，须记录相关修改元数据并可存入 OFD 文件的自定义扩展区，描述修改的过程。相应修改后文件的数字摘要值需要重新计算，并存入 OFD 签名文件夹（Signs）相应位置。

4 系统设计的几点思考

4.1 归档、移交与接收、长期保存环节的"四性检测"

在归档、移交接收、长期保存过程中，进行各阶段的真实性、完整性、有效性、安全性检测十分必要。以下列出"四性检测"的几点考量，实际设计过程中的检测方案不限于此。

4.1.1 归档环节

根据审评审批业务系统的元数据方案，进行元数据比对。真实性验证，可以根据文件原始签名、签章信息验签，验证为真后去除签章，并进行元数据的值域验证等；完整性检测，可以根据件数、字节数等与元数据相符性，以及元数据约束项等验证；可用性检测，可使用 PDF 工具对象加载 PDF 格式的电子文件，并获取总页数等元数据，检测其可用性；安全性检测，可通过杀毒软件等进行。

4.1.2 移交与接收环节

真实性检测，根据归档接收数据项，检查数据长度、类型、格式、值域与元数据相符性等，还可以对接收后的每个电子文件摘要值计算并与移交前摘要值进行比对；完整性检测，检查元数据文件中登记的电子文件数量、页数与实际归档的电子文件数量、页数相符性；可用性检测和安全性检测同上。

4.1.3 长期保存环节

真实性检测，根据对 OFD 文件整体签名值或数字摘要值进行检测核对，或对 OFD 文件拆包并对原始 PDF 文件进行数字摘要或签名运算，与 OFD 文件中记录的对应文件的数字摘要值或签名值核对；完整性检测，对元数据中记录的总件数相符、字节数相符、元数据项完整性进行检测；可用性、安全性检测同上。

4.2 已经上线运行的审评审批业务系统做轻量级修改，组卷归档功能通过电子档案管理系统实现

随着数字政府和电子政务审批的推进，很多单位审评审批系统都已处于上线运行状态。为减少对前端数据来源业务系统的大幅程序修改，并兼容其他系统预归档，在系统设计时，可考虑将前端业务系统主要实现电子文件收集、元数据收集捕获及移交前检查功能。在后续电子档案管理系统中，设计预归档服务，对接收的电子文件根据规则组卷归档。

4.3 对前端业务系统采用 PDF 格式文件的考量，如有条件可以直接采用 OFD 格式文件

对于审评审批类业务，现阶段个人和公司用户使用 PDF 格式上传电子文件较为普遍，在 OFD 格式没有在国内全面普及之前，前端业务系统采用 PDF 等格式较为实际可行。电子档案管理系统管理库对应使用 PDF 格式及 XML 元数据。如有条件，前端业务系统可以使用 OFD 格式，在电子档案管理库也可对应采用 OFD 格式。

注释及参考文献

[1] GB/T 42133–2022. 信息技术 OFD 档案应用指南 [S].

[2] 黄建峰，戴敏，袁平 .OFD 标准在"三包两结构一体化"电子档案规范管理模式中的应用研究 [J]. 档案学研究 ,2022(6)：103–107.